¡Claro que sí!

AN INTEGRATED SKILLS APPROACH

SECOND EDITION

Activities Manual

Workbook/Lab Manual/Video Workbook

¡Claro que sí!

AN INTEGRATED SKILLS APPROACH

SECOND EDITION

Activities Manual

Workbook/Lab Manual/Video Workbook

Lucía Caycedo Garner
University of Wisconsin–Madison

Debbie Rusch
Boston College

Marcela Domínguez
University of California, Los Angeles

HOUGHTON MIFFLIN COMPANY   **BOSTON**   **TORONTO**

Geneva, Illinois   Palo Alto   Princeton, New Jersey

Senior Sponsoring Editor: F. Isabel Campoy Coronado
Senior Development Editor: Sandra Guadano
Project Editor: Judith Ravin
Electronic Production Specialist: Victoria Levin
Senior Design/Production Coordinator: Renée Le Verrier
Senior Manufacturing Coordinator: Priscilla Bailey
Marketing Manager: George Kane

CREDITS

page 9, © *Vanidades Continental:* page 54, © Lecturas; page 84, Reprinted with permission of AT&T; page 121, © Revista *Mucho Más;* page 139, From "El Mundo a Su Alcance con Hertz." Reprinted by permission of The Hertz Corporation; page 165, © Asociación CONCIENCIA—Folleto de Campaña "Vivamos en un paisaje limpio," Argentina; page 285, © Giraudon/Art Resource, New York, © 1993 ARS, N.Y./SPADEM, Paris; page 357, © Alinari/Art Resource, New York

The publisher would like to thank **Radio Televisión Española** (RTVE) for permission to use copyrighted material from their archives in the creation of Set III videos to accompany *¡Claro que sí! Second Edition.*

The video stills on pp. 293, 307, 311, 317, 321, 322, 324, 328, 330, 331, 333, 338, 341, 345, 347, 351, 352, 362, and 363 come directly from RTVE programming. The exercises and other portions of the Video Workbook are original material by Marcela Domínguez, based on the programs.

ILLUSTRATIONS

Joyce A. Zarins: pages 4, 30, 45, 48, 49, 92, 100, 109, 124, 125, 136, 146, 155, 173, 217, 223, 225, 234 (top), 236, 249, 261 (bottom), 266, 267, 270

Will Winslow: pages 3, 5, 17, 35, 36, 39, 43, 50, 58, 59, 61, 67, 105, 116, 118, 123, 141, 148, 149, 154, 206, 207, 210, 211, 214, 216, 218, 220, 226, 231, 234 (bottom), 257, 261 (top), 275, 276, 284

Conrad Bailey: pages 8, 27

Tim Jones: page 252

Printed in the U.S.A.

ISBN: 0-395-63990-5

56789-PO-99 98 97 96 95

CONTENTS

Workbook Activities

Lab Manual Activities

Video Workbook

TO THE STUDENT

The Activities Manual to accompany *¡Claro que sí! Second Edition* consists of four parts:

- Workbook
- Answer Key to the Workbook activities
- Lab Manual
- Video Workbook

Workbook and Answer Key

The Workbook activities are designed to reinforce the chapter material and to help develop your writing skills. Each chapter in the Workbook contains four parts:

- *Práctica mecánica I:* Contains mechanical drills to reinforce and practice the vocabulary and grammar presented in the first part of the textbook chapter. You should do this section after studying the first grammar explanation.

- *Práctica comunicativa I:* Contains open-ended activities that allow you to use the concepts learned in the first part of the chapter. Many times the activities will focus on more than one concept. Do this section after having completed the activities in the first *Hacia la comunicación* section.

- *Práctica mecánica II:* Contains mechanical drills to reinforce and practice the vocabulary and grammar presented in the second part of the textbook chapter. You should do this section after studying the second grammar explanation.

- *Práctica comunicativa II:* Integrates all vocabulary, grammar, and functions presented in the chapter and allows you to express yourself in meaningful and more open-ended contexts. You should do this section after having completed *Hacia la comunicación II,* and before any exams or quizzes.

You will find the answers to the Workbook activities at the end of the Activities Manual.

Here are some tips to follow when working with the Workbook.

- Before doing the exercises, study the vocabulary and grammar sections in the text.
- Do the exercises with the text closed.
- Say what you have learned to say. Be creative, but not overly so. Try not to overstep your linguistic boundaries.
- Try to use dictionaries sparingly.
- Check your answers with the answer key, marking all incorrect answers in a different color ink.
- Check wrong answers with grammar explanations and vocabulary lists. Make notes to yourself in the margins to use as study aids.
- Use the notes to help prepare for your exams and quizzes.
- If you feel you need additional work with particular portions of the chapter, do the corresponding exercises in the Computer Study Modules.

Lab Manual

The activities in the Lab Manual are designed to help improve your pronunciation and listening skills. Each chapter contains three parts:

- *Mejorando tu pronunciación:* Contains an explanation of the sounds and rhythm of Spanish, followed by pronunciation exercises. This section should be done at the beginning of a chapter.

- *Mejorando tu comprensión:* Contains numerous listening comprehension activities. As you listen to these recordings you will be given a task to perform (for example, complete a telephone message as you hear the conversation). This section should be done after studying the second grammar explanation and before taking any exams or quizzes.

- Each chapter tape ends with the corresponding conversations from the text, so that you can listen to them outside of class.

Here are some tips to follow when doing Lab Manual activities:

- While doing the pronunciation exercises listen carefully, repeat accurately, and speak up.

- Read all directions and items before doing the listening comprehension activities.

- Pay specific attention to the setting and type of spoken language (i.e. an announcement in a store, a radio newscast, a conversation between two students about exams, etc.).

- Do not be concerned with understanding every word; being able to do the task that is asked of you in the activity should be your goal.

- Replay the activities as many times as needed.

- Listen to the tapes again after correction to hear what you missed.

Video Workbook

The Video Workbook accompanies a series of authentic videos from Radio Televisión Española, a Spanish television network. Through these videos and the activities, you will be exposed to Hispanic culture and language in the most natural of settings. Although the language has not been graded for a beginning student, you will be amazed at how much you can understand when you combine your knowledge of the language with the visual images provided by the video. These views of Hispanic culture vary from historic themes to graffiti written on the walls of the subway.

Some tips for using the videos and the Video Workbook:

- Follow the same tips for listening comprehension in the Lab Manual section.

- Be attentive to cultural differences (i.e. how people greet one another, gestures, etc.).

- Use the images, background noises, and your own general knowledge to help you understand the concepts.

Conclusion

Through conscientious use of the Workbook, Lab Manual, and Video Workbook you should make good progress in your study of the Spanish language. Should you need additional practice, do the Computer Study Modules. The computer program, for MAC or IBM and compatibles, is an excellent tool to use for reviewing for quizzes and exams.

Workbook

Capítulo preliminar

PRÁCTICA MECÁNICA

Actividad 1: *Llamarse.* Complete the following sentences with the correct form of the verb **llamarse.**

1. Ud. se _____ Pedro Lerma, ¿no?

2. Me _____ Francisco.

3. ¿Cómo te _____?

4. ¿Cómo se _____ Ud.?

5. Ud. _____ _____ Julia Muñoz, ¿no?

6. _____ llamo Ramón.

7. ¿Cómo _____ _____ tú?

8. ¿Cómo _____ _____ Ud.?

Actividad 2: *Ser.* Complete the following sentences with the correct form of the verb **ser.**

1. Yo _____ de Cali, Colombia.

2. ¿De dónde _____ Ud.?

3. Tú _____ _____ de California, ¿no?

4. La capital de Honduras _____ Tegucigalpa.

5. Ud. _____ de Valencia, ¿no?

6. ¿De dónde _____ tú?

7. ¿Cuál _____ la capital de Chile?

8. Yo _____ de San José.

Actividad 3: *Estar.* Complete the following sentences with the correct form of the verb **estar.**

1. ¿Cómo _____ Ud.?

2. Pepe, ¿cómo _____?

3. Sr. Guzmán, ¿cómo _____?

4. Srta. Ramírez, ¿cómo _____?

Actividad 4: ¿Cómo se escribe?   Write out the spellings for the following capitals.

   I●I Asunción   *A–ese–u–ene–ce–i–o con acento–ene*

1. Caracas _____

2. Tegucigalpa _____

3. San Juan _____

4. Quito _____

5. Santiago _____

6. La Habana _____

7. Managua _____

8. Montevideo _____

Actividad 5: El diccionario.   Put the following words in alphabetical order as you would find them in the dictionary.

   I●I __*1*__ doctora   __*3*__ televisión   __*2*__ lápiz

1. ____ cometa   ____ chocolate   ____ condición

2. ____ nocturno   ____ noción   ____ noche

3. ____ llave   ____ luna   ____ lobo

Actividad 6: Los acentos.   Write accents on the following words where needed. The stressed syllables are in boldface.

1. televi**sor**   5. **Ra**mon   9. fi**nal**

2. **fa**cil   6. **Me**xico   10. fan**tas**tico

3. impor**tan**te   7. ri**di**culo   11. ciu**dad**

4. **dis**co   8. conti**nen**te   12. invita**cion**

Actividad 7: Puntuación.   Punctuate the following conversation.

Manolo: Cómo te llamas

Ricardo: Me llamo Ricardo   Y tú

Manolo: Me llamo Manolo

Ricardo: De dónde eres

Manolo: Soy de La Paz

PRÁCTICA COMUNICATIVA

Actividad 8: ¿Cómo te llamas?   Finish the following conversation between two college students who are meeting for the first time.

Álvaro:	¿Cómo te _____?
Teresa:	Me _____. ¿Y _____?
Álvaro:	_____.
Teresa:	¿De _____ eres?
Álvaro:	_____ Córdoba, España. ¿Y _____?
Teresa:	_____ Ponce, Puerto Rico.

Actividad 9: ¿Cómo se llama Ud.?   Two businesspeople are sitting next to each other on a plane, and they strike up a conversation. You can hear the woman, Mrs. Beltrán, but not the man, Mr. García. Write what you think Mr. García's part of the following conversation is.

Sra. Beltrán: Buenas tardes.

Sr. García: _____.

Sra. Beltrán: Me llamo Susana Beltrán, y ¿cómo se llama Ud.?

Sr. García: _____.

¿_____?

Sra. Beltrán: Soy de Guatemala, ¿y Ud.?

Sr. García: _____.

Actividad 10: Buenos días.   Today is Pepe's first day at a new school. He is meeting his teacher, Mr. Torres, for the first time. Complete the following conversation. Remember that Pepe will show respect for Mr. Torres and use **usted.**

Sr. Torres: Buenos días.

Pepe: _____.

Sr. Torres: ¿_____?

Pepe: _____ Pepe.

Sr. Torres: ¿De dónde _____?

Pepe: _____ Buenos Aires.

Sr. Torres: Ahhhhh . . . Buenos Aires.

Pepe: Señor, ¿_____?

Sr. Torres: Soy el señor Torres.

Actividad 11: La capital es . . . A few days later, Mr. Torres is teaching Latin American capitals and asks the students the following questions. Write the students' answers, using complete sentences.

1. ¿Cuál es la capital de Panamá? _____

_____

2. ¿Cuál es la capital de Honduras? _____

_____

3. ¿Cuál es la capital de Colombia? _____

_____

4. ¿Cuál es la capital de Puerto Rico? _____

_____

5. ¿Cuál es la capital de Chile? _____

_____

Actividad 12: Países. As a student, Luis Domínguez has many opportunities to travel. Look at the button collection on his backpack and list the countries he has visited.

_____

_____

_____

Actividad 13: ¡Hola!   Two friends see each other on the street.   Complete their brief conversation with what you think they said.

Mariel: Hola, Carlos.

Carlos: _____, _____.

   ¿_____?

Mariel: Bien, ¿_____?

Carlos: Muy bien.

Mariel: Hasta luego.

Carlos: _____.

Actividad 14: ¿Y Ud.?   Rewrite the preceding conversation so it takes place between two business acquaintances who meet at a conference.

Sr. Martín: _____.

Sr. Camacho: _____, _____.

   ¿_____?

Sr. Martín: _____. ¿_____?

Sr. Camacho: _____.

Sr. Martín: _____.

Sr. Camacho: _____.

Capítulo 1

PRÁCTICA MECÁNICA I

Actividad 1: Los números.   Write out the following numbers.

1. 25 _____

2. 15 _____

3. 73 _____

4. 14 _____

5. 68 _____

6. 46 _____

7. 17 _____

8. 54 _____

9. 39 _____

10. 91 _____

Actividad 2: Verbos.   Complete the following sentences with the appropriate form of the indicated verbs.

1. ¿Cómo _____ _____ él?   (llamarse)

2. ¿Cuántos años _____ tú?   (tener)

3. Yo _____ de España.   (ser)

4. Ella _____ veinticinco años.   (tener)

5. ¿Cómo _____ _____ Ud.?   (llamarse)

6. Laura, ¿cuántos años _____?   (tener)

7. Felipe _____ de Santo Domingo.   (ser)

8. ¿De dónde _____ tú?   (ser)

9. Ana _____ diecinueve años y Pepe _____ veinte.   (tener, tener)

10. Sra. Gómez, ¿de dónde _____ Ud.?   (ser)

Actividad 3: En orden lógico. Put the following conversation in a logical order.

____ ¿De dónde es?

____ ¿España?

____ ¿Quién, ella?

____ Ah. Hola, ¿cómo estás?

____ Antonio.

____ Bien . . . ¿Cómo se llama?

____ Es de Córdoba.

_1_ Hola, Carlos.

____ No, Argentina.

____ No, él.

Actividad 4: ¿Quién es? Write a brief paragraph saying all that you can about the two people shown in the accompanying student I.D.'s.

Universidad Complutense de Madrid	Universidad Complutense de Madrid
Nombre: Claudia	**Nombre:** Vicente
Apellidos: Dávila Arenas	**Apellidos:** Mendoza Durán
Ciudad: Bogotá **País:** Colombia	**Ciudad:** San José **País:** Costa Rica
Edad: 21 **Pasaporte:** 57968	**Edad:** 26 **Pasaporte:** 83954

_____

_____

_____

_____

_____

Actividad 5: La suscripción. Fill out the accompanying card to order *Bazaar* magazine for yourself or a friend.

RECIBA EN SU CASA

BAZAAR HARPER'S
EN ESPAÑOL

Lo último en moda y belleza para la mujer refinada.

6 ejemplares por sólo $15⁹⁰

¡Suscríbame hoy!

AHORRESE UN 10%

La dieta que camb LA QUIM de su cua

La solución al pelo "FRIZZY"

la cura de HIERBAS el secreto del Oriente

LOS MEJORES COLEGIOS EN SUIZA quienes van... cuanto valen...

en primera fila

¡¡LO MEJOR!

Esta oferta es válida
SOLO PARA NUEVAS
SUSCRIPCIONES,
en Estados Unidos
y Puerto Rico.

Hacer cheque o giro postal a nombre de:
EDITORIAL AMERICA, S.A.

Nombre_____

Dirección_____

_____

Ciudad_____ Estado_____ Z. Postal_____

Incluyo mi ☐ CHEQUE o ☐ GIRO POSTAL

Cargar a mi ☐ VISA ☐ MASTERCARD

Tarjeta No. ☐☐☐☐☐☐☐☐☐☐☐☐☐☐☐☐☐☐☐

Fecha de Vencimiento *junio 1995*
                  Mes   Año

Firma autorizada

J9104

Su primer ejemplar será puesto en correo dentro de ocho semanas.

Actividad 6: ¿Cuál es tu número de teléfono? You are talking to a friend on the phone, and she asks you for a few phone numbers. Write how you would say the numbers.

|●| Juana   *dos, cincuenta y ocho, setenta y seis, quince*

Nombre	Teléfono
Juana	258 76 15
Paco	473 47 98
Marisa	365 03 52
Pedro	825 32 14

1. Paco _____

2. Marisa _____

3. Pedro _____

PRÁCTICA MECÁNICA II

Actividad 7: Las ocupaciones.   Change the following words from masculine to feminine or from feminine to masculine. Make all necessary changes.

1. ingeniero _____

2. doctora _____

3. actriz _____

4. abogada _____

5. secretaria _____

6. artista _____

7. profesora _____

8. director _____

9. camarero _____

10. dependiente _____

Actividad 8: Verbos.   Complete the following sentences with the appropriate form of the indicated verbs.

1. Ellos _____ de Asunción.   (ser)

2. ¿Cuántos años _____ Uds.?   (tener)

3. Nosotros _____ abogados.   (ser)

4. Él _____ veinticinco años y _____ ingeniero.   (tener, ser)

5. Juan y yo _____ veintiún años.   (tener)

6. ¿De dónde _____ Clara y Miguel?   (ser)

7. Ella _____ _____ Pilar, _____ veinticuatro años y
_____ artista.   (llamarse, tener, ser)

8. El Sr. Escobar y la Sra. Beltrán _____ de Buenos Aires.   (ser)

Actividad 9: Preguntas y respuestas.   Answer the following questions both affirmatively and negatively in complete sentences.

1. ¿Eres de Chile? Sí, _____.

   No, _____.

2. Ud. es de Colombia, ¿no? Sí, _____.

   No, _____.

3. Ella se llama Piedad, ¿no? Sí, _____.

   No, _____.

4. ¿Son de España Pedro y David? Sí, _____.

   No, _____.

5. Uds. tienen veintiún años, ¿no? Sí, _____.

   No, _____.

Actividad 10: Las preguntas.   Write questions for the following answers.

1. —¿_____? —Sí, es Ramón.

2. —¿_____? —Ellos son de Panamá.

3. —¿_____? —Tenemos treinta años.

4. —_____, ¿no? —No, me llamo Felipe.

5. —¿_____? —Se llaman Pepe y Ana.

6. —¿_____? —Es abogado.

7. —_____, ¿no? —No, es abogada.

8. —_____, ¿no? —No, no es abogado.

PRÁCTICA COMUNICATIVA II

Actividad 11: ¿Recuerdas?   How many characters from the text can you remember? Try to answer the following questions in complete sentences. You might have to scan the text for answers.

1. ¿De dónde son Isabel y Juan Carlos? _____

2. ¿Es Álvaro de Perú? _____

3. ¿Cuántos años tiene Isabel? _____

4. ¿Qué hace el padre de Claudia y de dónde es él? _____

5. ¿Es Juan Carlos el Sr. Moreno o el Sr. Arias? _____

6. Teresa es de Colombia, ¿no? _____

7. ¿De dónde es Diana? _____

8. ¿Qué hace el padre de Vicente? ¿Y su madre? _____

   _____

9. ¿De dónde son los padres de Vicente y cuántos años tienen? _____

   _____

Actividad 12: La respuesta correcta. Choose the correct responses to complete the following conversation.

Persona A: ¿Quiénes son ellas?   *Persona B:* ____

  a. Felipe y Juan.   b. Felipe y Rosa.   c. Rosa y Marta.

Persona A: ¿De dónde son?   *Persona B:* ____

  a. Soy de Ecuador.   b. Son de Ecuador.   c. Eres de Ecuador.

Persona A: Son estudiantes, ¿no?   *Persona B:* ____

  a. No, son abogadas.   b. No, no son abogadas.   c. No, son estudiantes.

Persona A: Y tú, ¿qué haces?   *Persona B:* ____

  a. Soy economista.   b. Soy doctor.   c. Somos ingenieros.

Persona A: ¡Yo también soy economista!

Actividad 13: En el aeropuerto.   You are in the airport, and you overhear bits and pieces of four different conversations. Fill in the missing words.

  1. —¿De dónde eres?

    —_____ de Monterrey, México.

  2. —¿De dónde _____ Uds.?

    —_____.

    —Yo _____ de Panamá, también.

  3. —¿Cómo se _____ ellos?

    —Felipe y Gonzalo.

  4. —¿_____?

    —¿Cómo?

    —¿_____?

    —¡Ah! Yo tengo veinte años y ella veintidós.

Actividad 14: Un párrafo.   Write a paragraph about yourself and your parents. Tell your names, how old you are, what each of you does, and where you are from.

_____

_____

_____

_____

_____

_____

NOMBRE_____ FECHA_____

Actividad 15: La tarjeta. Look at the accompanying business card and answer the questions that follow in complete sentences.

```
┌─────────────────────────────────────────────┐
│   SOCIEDAD INDUSTRIAL DE PRODUCTOS SIDERURGICOS S.A. │
│                                               │
│         HUMBERTO  HINCAPIE  VILLEGAS          │
│              INGENIERO INDUSTRIAL             │
│                                               │
│  CARRERA 13 No. 26-45, OF. 1313   TELS. 828-107 - 828-147 │
│       TELEX 044-1435                 BOGOTA, D. E.   │
└─────────────────────────────────────────────┘
```

1. ¿Es el Sr. Hincapié o el Sr. Villegas? _____

_____

2. ¿Qué hace Humberto? _____

3. ¿De qué país es? _____

4. ¿Cuáles son sus números de teléfono? _____

_____

Actividad 16: Jorge Fernández Ramiro. Jorge is a contestant on a TV show and is being interviewed by the host. Read the following description of Jorge and his family. Then, complete the conversation between Jorge and the host.

Se llama Jorge Fernández Ramiro. Tiene veinticuatro años y es ingeniero civil. Su padre también es ingeniero civil. Él también se llama Jorge. Su madre, Victoria, es ama de casa. Ellos tienen cincuenta años. Jorge tiene una novia, que se llama Elisa. Ella es estudiante y tiene veinte años. Ellos son de Managua, la capital de Nicaragua.

Animador: _____

Jorge: Me llamo _____.

Animador: _____

Jorge: Jorge, también.

Animador: _____

Jorge: Victoria.

Animador: _____

Jorge: Tienen cincuenta años.

Animador: _____

Jorge: Veinticuatro.

Animador: _____

Jorge:	Se llama Elisa. (¡Hola Elisa!)			
Animador:	_____			
Jorge:	Soy ingeniero civil y ella es estudiante.			
Animador:	_____			
Jorge:	Él es ingeniero también y ella es ama de casa.			
Animador:	_____			
Jorge:	Somos de Managua.			
Animador:	Muchas gracias, Jorge.			

Actividad 17: ¿Quién es quién?   Read the clues and complete the following chart. You may need to find some answers by process of elimination.

Nombre	Primer apellido	Segundo apellido	Edad	País de origen
Ricardo	*López*	*Navarro*	25	*Venezuela*
Alejandro				
		Martínez		
			24	
				Argentina

La persona de Bolivia no es el Sr. Rodríguez.

La persona que tiene veinticuatro años es de Chile.

Su madre, Carmen Sánchez, es de Suramérica pero su padre es de Alemania.

Miguel es de Colombia.

La madre de Ramón se llama Norma Martini.

La persona de Chile se llama Ana.

La persona que es de Argentina tiene veintiún años.

El primer apellido de Ramón es Pascual.

El Sr. Rodríguez tiene veintidós años.

El segundo apellido del Sr. Fernández es González.

El primer apellido de Ana es Kraus.

La persona que tiene veintiún años no se llama Miguel.

El señor de Bolivia tiene diecinueve años.

Capítulo 2

PRÁCTICA MECÁNICA I

Actividad 1: *El, la, los o las*.   Add the proper definite article for each of the following words.

1.	_____ calculadora	6.	_____ escritorios	11.	_____ estéreo
2.	_____ plantas	7.	_____ televisor	12.	_____ guitarras
3.	_____ papel	8.	_____ sillas	13.	_____ jabón
4.	_____ discos	9.	_____ cama	14.	_____ novelas
5.	_____ lámparas	10.	_____ champú	15.	_____ peines

Actividad 2: Plural, por favor.   Change the following words, including the articles, from singular to plural.

1. la ciudad _____

2. la nación _____

3. un estudiante _____

4. una grabadora _____

5. un reloj _____

6. el papel _____

7. el artista _____

8. el lápiz _____

Actividad 3: La posesión.   Create sentences from the following words. You may need to add words or change forms.

▮●▮ mesa / Carlos   *La mesa es de Carlos.*

1. lápiz / Manuel _____

2. papeles / el director _____

3. estéreo / mi madre _____

4. libro / la profesora _____

5. computadora / el ingeniero _____

Actividad 4: Los gustos.   Complete the following sentences with the appropriate form of the verb **gustar** and the words **me, te, le, a mí, a ti, a él, a ella,** or **a Ud.**

1. A mí _____ _____ las novelas.

2. Sr. García, _____ _____ le _____ la computadora, ¿no?

3. A Juan _____ _____ las cintas de rock.

4. A _____ me _____ las plantas.

5. ¿A _____ te _____ el vídeo de Harrison Ford?

6. A Elena _____ _____ la universidad.

PRÁCTICA COMUNICATIVA I

Actividad 5: La palabra no relacionada.   In each of the following word groups, circle the word that doesn't belong.

1. champú, pasta de dientes, crema de afeitar, silla

2. cama, mesa, disco, sofá

3. periódico, lápiz, revista, papel

4. estéreo, cinta, radio, grabadora

5. cepillo, lámpara, escritorio, libro

Actividad 6: Las asignaturas.   *(a)* Write the letter of the item in Column B that you associate with each subject in Column A.

A	B
1. ____ matemáticas	a. animales y plantas
2. ____ sociología	b. fórmulas y números
3. ____ historia	c. Wall Street
4. ____ economía	d. Picasso, Miró, Velázquez
5. ____ literatura	e. adjetivos, sustantivos, verbos
6. ____ arte	f. 1492
7. ____ inglés	g. H_2O
8. ____ biología	h. Freud
9. ____ psicología	i. la sociedad
10. ____ química	j. Miguel de Cervantes y Gabriel García Márquez

(b) Now answer these questions based on the subjects listed in Column A.

1. ¿Qué asignaturas tienes? _____

_____

2. ¿Qué asignatura te gusta? _____

_____

3. ¿Qué asignatura no te gusta? _____

_____

4. ¿Te gusta más el arte o la biología? _____

_____

Actividad 7: ¿De quién es?   Look at the drawing of different people moving into their apartments. Tell who owns which items. Follow the example.

׀●׀ Pablo y Mario   *El televisor es de Pablo y Mario.*

1. Pablo y Mario _____

_____

2. Ricardo _____

_____

3. Manuel _____

_____

Actividad 8: Los gustos. Form sentences by selecting one item from each column.

A mí			el café de Colombia
A ti			el jazz
A él	me		la música clásica
A ella	te		las novelas de Cervantes
A Ud. (no)	le	gusta	las computadoras
A nosotros	nos	gustan	los discos de Metallica
A vosotros	os		el actor Raúl Julia
A ellos	les		los exámenes
A ellas			la televisión
			los relojes de Rolex

1. _____

2. _____

3. _____

4. _____

5. _____

PRÁCTICA MECÁNICA II

Actividad 9: Los días de la semana. Complete the following sentences in a logical manner.

1. Si hoy es martes, mañana es _____.

2. Si hoy es viernes, mañana es _____.

3. No tenemos clases los _____ y _____.

4. Si hoy es lunes, mañana es _____.

5. Tengo clase de español los _____.

Actividad 10: Verbos. Complete the following sentences with the appropriate form of the indicated verbs.

1. Mañana ellos _____ a _____ en Navacerrada.   (ir, esquiar)

2. A mí _____ _____ _____ mucho.   (gustar, nadar)

3. Nosotros _____ que _____.   (tener, estudiar)

4. ¿Qué _____ a _____ tú el fin de semana?   (ir, hacer)

5. Yo _____ a _____ una composición.   (ir, escribir)

6. Ud. _____ que _____, ¿no?   (tener, trabajar)

Actividad 11: Preguntas y respuestas. Answer the following questions in complete sentences according to the cues given.

1. ¿Qué vas a hacer mañana? (leer / novela) _____

_____

2. ¿Qué tiene que hacer tu amigo esta noche? (trabajar) _____

_____

3. ¿A Uds. les gusta nadar? (sí) _____

4. ¿Tienes que escribir una composición? (sí) _____

_____

5. ¿Tienen que estudiar mucho o poco los estudiantes? (mucho) _____

_____

6. ¿Van a tener una fiesta tus amigos el sábado? (no) _____

_____

Actividad 12: Asociaciones. Associate the words in the following list with one or more of these actions: **escribir, leer, escuchar, hablar, mirar.**

1. estéreo _____   6. periódico _____

2. novela _____   7. radio _____

3. televisión _____   8. guitarra _____

4. computadora _____   9. grabadora _____

5. revista _____   10. teléfono _____

PRÁCTICA COMUNICATIVA II

Actividad 13: Tus gustos. *(a)* On the first line of each item, state whether you like or dislike what is listed. On the second line, state whether your parents like it or not.

I●I comer pizza   *A mí me gusta comer pizza.*
                    A mis padres no les gusta comer pizza.

1. vídeos de Eddie Murphy

_____

_____

2. escuchar música rock

_____

_____

3. correr

_____

_____

4. cintas de U2

_____

_____

5. discos compactos

_____

_____

6. usar computadoras

_____

_____

(b) Look at the preceding list and indicate the things that both you and your parents like or dislike.

▌●▌ *(No) nos gusta leer novelas.*

1. _____
2. _____
3. _____
4. _____
5. _____

Actividad 14: Planes y gustos.   Complete the following paragraph to describe yourself and your friends.

A mí me gusta _____; por eso, tengo _____.

A mis amigos les gusta _____. Este fin de semana yo tengo que

_____, pero también mis amigos y yo vamos a _____

_____.

Actividad 15: Yo tengo discos.   It's Saturday night, and Marisel is trying to get things organized for the party. Read the entire conversation, then go back and fill in the missing words.

Marisel: ¿Quién _____ discos de Juan Luis Guerra?

Isabel: Yo _____ tres discos _____ él.

Marisel: ¡Perfecto!

Teresa: Claudia y yo _____ cintas de Rubén Blades.

Marisel: Bien . . . Ah, Juan Carlos, Vicente, ¿qué tienen Uds.?

Vicente:	_____ la sangría y _____ tortillas.
Marisel:	Muy bien.
Teresa:	Marisel, tú _____ cintas, pero nosotros no _____ grabadora.
Marisel:	Álvaro va a _____ la grabadora.
Vicente:	¿Tenemos guitarra?
Marisel:	¡Claro! Yo _____ guitarra.

Actividad 16: Gustos y obligaciones.   Answer the following questions.

1. ¿Qué tienes que hacer mañana?_____

_____

2. ¿Qué van a hacer tus amigos mañana? _____

_____

3. ¿Qué les gusta hacer a ti y a tus amigos los sábados? _____

_____

4. ¿Qué van a hacer Uds. el sábado? _____

_____

Actividad 17: Hoy y mañana.   *(a)* List three things that you are going to do tonight. Use **ir a** + *infinitive.*

1. _____

2. _____

3. _____

(b) List three things that you have to do tomorrow. Use **tener que** + *infinitive.*

1. _____

2. _____

3. _____

Actividad 18: La agenda de Álvaro. Look at Álvaro's datebook and answer the following questions.

octubre	actividades
lunes 15	estudiar cálculo; comer con Claudia
martes 16	examen de cálculo; ir a bailar
miércoles 17	salir con Diana y Marisel a comer; nadar
jueves 18	leer y hacer la tarea
viernes 19	mirar un vídeo con Juan Carlos
sábado 20	nadar; ir a la fiesta -- llevar cintas y grabadora
domingo 21	comprar una novela nueva

1. ¿Adónde va a ir Álvaro el sábado? _____

   _____

2. ¿Qué tiene que hacer el lunes? _____

   _____

3. ¿Cuándo va a salir con Diana y Marisel y qué van a hacer? _____

   _____

4. ¿Qué tiene que llevar a la fiesta? _____

   _____

5. ¿Cuándo va a nadar? _____

   _____

Actividad 19: Tus planes. *(a)* Use the accompanying datebook to list the things that you have to do or are going to do next week, and indicate with whom you are going to do them. Follow the model.

mes:	actividades
lunes	
martes	Pablo y yo tenemos que estudiar-- examen mañana
miércoles	
jueves	
viernes	
sábado	
domingo	

(b) Based on your datebook notations, write a description in paragraph form of what you are going to do or what you have to do next week. Be specific.

El lunes _____

_____

_____

_____

_____

Capítulo 3

PRÁCTICA MECÁNICA I

Actividad 1: Nacionalidades. In complete sentences, indicate the nationality of the following people.

|●| Juan es de Madrid.   *Juan es español.*

1. María es de La Paz. _____

2. Hans es de Bonn. _____

3. Peter es de Londres. _____

4. Gonzalo es de Buenos Aires. _____

5. Jesús es de México. _____

6. Ana y Carmen son de Guatemala. _____

7. Irene es de París. _____

8. Nosotros somos de Quito. _____

9. Frank es de Ottawa. _____

10. Somos de los Estados Unidos. _____

Actividad 2: *Al* o *a la*.   Complete the following sentences with **al** or **a la.**

1. Tengo que ir _____ banco.

2. Los domingos Juana va _____ iglesia.

3. Mañana vamos a ir _____ cine.

4. Tengo que comprar champú. Voy _____ tienda.

5. Tenemos que trabajar. Vamos _____ oficina.

Actividad 3: Verbos.   Complete the following sentences with the appropriate form of the logical verb.

1. Pablo _____ francés muy bien.   (hablar, caminar)

2. Ellos _____ en la discoteca.   (nadar, bailar)

3. Tú _____ en la cafetería.   (comer, llevar)

4. Nosotros _____ novelas.   (leer, visitar)

5. Me gusta _____ discos.   (mirar, escuchar)

6. ¿_____ Uds. estéreos?   (vender, aprender)

7. Yo _____ Coca-Cola.   (beber, comer)

8. Carlota y yo _____ a las ocho.   (regresar, necesitar)

9. Uds. tienen que _____ champú.   (estudiar, comprar)

10. Nosotros _____ mucho en clase.   (vender, escribir)

11. Mi padre _____ el piano.   (molestar, tocar)

12. Tú _____ cinco kilómetros cada día.   (recibir, correr)

13. Ellos _____ en Miami.   (vivir, hacer)

14. Margarita _____ en una biblioteca.   (esquiar, trabajar)

15. Yo _____ con Elisa, mi novia.   (salir, mirar)

16. Mis padres _____ en Puerto Vallarta.   (desear, estar)

17. Guillermo, Ramiro y yo _____ la televisión.   (mirar, escuchar)

18. Mis amigos siempre _____ en Vail, Colorado.   (esquiar, regresar)

19. Paula _____ álgebra en la escuela.   (recibir, aprender)

20. Uds. _____ un vídeo.   (mirar, tocar)

Actividad 4: Más verbos.   Change the following sentences from **nosotros** to **yo**. Follow the model.

    |●| ¿Salimos mañana?   *¿Salgo mañana?*

1. Conocemos a los señores García. _____

   _____

2. Traducimos cartas al francés. _____

   _____

3. Nosotros salimos temprano. _____

   _____

4. Traemos la Coca-Cola. _____

   _____

5. Vemos bien. _____

6. Sabemos las respuestas. _____

7. ¿Qué hacemos? _____

8. Ponemos los papeles en el escritorio. _____

   _____

PRÁCTICA COMUNICATIVA I

Actividad 5: ¿De dónde son?   Look at the accompanying map and, using adjectives of nationality and complete sentences, state each person's nationality.

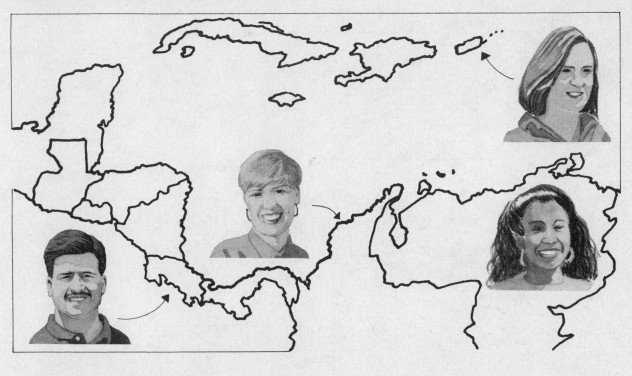

1. _____

2. _____

3. _____

4. _____

Actividad 6: Los lugares. Fill in the following crossword puzzle with the appropriate names of places.

Horizontales

2. Un lugar donde estudias

4. _____ de viajes

7. El _____ Central está en Nueva York.

8. El hotel tiene una _____ para las personas que nadan.

10. Para comprar cosas vas a una _____ .

11. Los profesores trabajan en una _____ .

Verticales

1. Una tienda que vende libros

3. Vas allí para ver un ballet o un concierto de música clásica.

5. Mis amigos católicos van a la _____ los domingos.

6. Un lugar donde compras Coca-Cola, vegetales, etc.

7. Para nadar, vamos a la _____ de Luquillo en Puerto Rico.

9. Adonde vas para ver *Psycho*, *E.T.*, etc.

Actividad 7: ¿Dónde están?   While Salvador is at home alone, he receives a phone call from his wife, Paquita, asking where their children are. Read the entire conversation, then go back and fill in the missing words.

Salvador: ¿Aló?

Paquita: Hola, Salvador. ¿Está Fernando?

Salvador: No, no _____.

Paquita: ¿Dónde _____?

Salvador: Fernando y su novia _____ _____ el cine.

Paquita: ¿Y Susana?

Salvador: Susana _____ _____ la librería. Tiene que trabajar esta tarde.

Paquita: ¿_____ _____ Pedro y Roberto?

Salvador: _____ _____ la piscina. Yo _____ solo en

casa. ¿Dónde _____ tú?

Paquita: _____ _____ la oficina. Voy a ir al supermercado y después voy

a casa.

Salvador: Bueno, hasta luego.

Paquita: Chau.

Actividad 8: Una nota.   Teresa has promised her uncle (**tío**) to baby-sit his children. The accompanying note from him confirms the dates and gives her some instructions. Complete the sentences with the appropriate form of the verbs indicated.

Teresa:

Nosotros _____ que ir a Salamanca el viernes y _____ el domin-
                 (tener)   (regresar)

go por la mañana. Vas a estar con los niños, ¿no? En general, los niños _____ la tele-
                                                                       (mirar)

visión después del colegio y luego _____ al parque. Por la noche ellos
                                                (ir)

_____ y _____ poco. Mientras[1] los niños _____ el
    (comer)   (beber)   (estudiar)

sábado por la mañana, tú debes[2] comprar unos sándwiches para comer después en la piscina. En la pis-

cina no vas a _____ problemas porque Carlitos siempre _____ con
                 (tener)   (estar)

sus amigos y Cristina _____ y ellos no _____. Generalmente los
                          (nadar)   (molestar)

niños van al cine el sábado por la tarde. Y tú, ¿_____, o _____ y
                                         (salir)   (estudiar)

_____ mi computadora? Tú decides.
    (usar)

Gracias por todo. Tu tío,

Alejandro

_____

[1]while   [2]you should

Actividad 9: Dos conversaciones. Complete these conversations with the correct form of the indicated verbs.

En la oficina

Ramón: Yo no _____ bien. ¿Quién está con el abogado?   (ver)

Paco: No _____ . . . Ah sí, es Hernando Beltrán.   (saber)

Ramón: No _____ a Hernando.   (conocer)

Paco: ¿No? Él _____ documentos oficiales del inglés al español.   (traducir)

Ramón: ¡Ah, Nando! Mi padre _____ a Nando.   (conocer)

En el museo—Preparaciones para una exhibición de arte

Ana: ¿Qué _____ yo?   (traer)

Germán: Tú _____ las cintas de música clásica, ¿no?   (traer)

Ana: Bien. ¿Quién va a _____ el café?   (hacer)

Germán: Yo _____ un café muy bueno. _____ un café de Costa Rica que es delicioso.   (hacer, tener)

Ana: Perfecto.

Germán: ¿Dónde _____ el estéreo?   (poner)

Ana: En la mesa.

Actividad 10: Los problemas. Ignacio wrote a note to his friend Jorge, who replied. Read both notes first, then go back and fill in the missing words with the appropriate forms of the following verbs: **bailar, cantar, conocer, escuchar, estar, estudiar, gustar, leer, ser, tener, tocar.** You can use a verb more than once.

Querido Jorge:

Yo _____ una persona muy simpática y _____

una novia que también es simpática. Nos gusta hacer muchas cosas:

nosotros _____ muchos tipos de música,

_____ en las discotecas, yo _____ la gui-

tarra y ella _____. Ella y yo _____ litera-

tura en la universidad, nos _____ mucho

_____ poemas. Nosotros _____ enamorados,

pero yo _____ un problema: ella _____ muy

alta. Yo no _____ contento porque _____ muy

bajo.

Ignacio

Querido Ignacio:

Yo _____ a tu novia y es fantástica. Tú

_____ un problema: ¡tu ego!

Jorge

Actividad 11: La rutina diaria. Answer the following questions about yourself.

1. Cuando vas al cine, ¿con quién vas? _____

_____

2. ¿Nadas? Si contestas que sí, ¿con quién nadas? ¿Dónde nadan Uds.? _____

_____

3. ¿Corres con tus amigos? ¿Corren Uds. en un parque? _____

_____

4. En las fiestas, ¿qué beben Uds.? _____

_____

5. ¿Viajas mucho o poco? ¿Viajas con tu familia? _____

_____

6. ¿Adónde viajan tú y tus amigos? _____

_____

7. Cuando estás en la universidad, ¿escribes muchas cartas o hablas mucho por teléfono? _____

_____

PRÁCTICA MECÁNICA II

Actividad 12: Opuestos. Write the opposites of the following adjectives.

1. guapo _____

2. alto _____

3. bueno _____

4. tonto _____

5. nuevo _____

6. moreno _____

7. simpático _____

8. joven _____

9. delgado _____

10. aburrido _____

Actividad 13: El plural. Change the following sentences from singular to plural.

1. Pablo es guapo. Pablo y Ramón _____.

2. Yo soy inteligente. Miguel y yo _____.

3. Ana es simpática. Ana y Elena _____.

4. Maricarmen es delgada. Maricarmen y David _____.

Actividad 14: ¿Cómo son? Complete the following sentences with the correct form of the indicated descriptive and possessive adjectives.

1. Lorenzo y Nacho son _____. (simpático)

2. La chica _____ está en la cafetería. (guapo)

3. _____ amigas están _____. (mi, aburrido)

4. _____ padres son _____. (su, alto)

5. _____ clases son muy _____. (nuestro, interesante)

6. Ellos están _____. (borracho)

7. Necesito comprar discos de música _____. (clásico)

8. Daniel y Rodrigo están _____. (listo)

9. Marcos y Ana tienen un estéreo. _____ estéreo es muy _____.

   (su, bueno)

10. No tengo _____ cosas.   (mi)

Actividad 15: *¿Ser* o *estar*?   Complete the following sentences with the correct form of **ser** or **estar.**

1. Mis amigos _____ en la residencia.

2. Ellos _____ peruanos.

3. Yo _____ aburrida, porque el profesor _____ terrible.

4. Carmen, tenemos que salir. ¿_____ lista?

5. Nosotros _____ nerviosos porque tenemos un examen.

6. Mi novio _____ muy alto.

7. Mi profesor de historia _____ joven.

8. Tú _____ muy simpático.

9. Es muy tarde y Felipe no _____ listo.

10. Julián y yo _____ enojados.

Actividad 16. En orden lógico.   Form complete sentences by putting the following groups of words in logical order.

1. altos / Pablo / son / y Pedro

   _____

2. profesores / los / inteligentes / son

   _____

3. disco / un / tengo / de / Bon Jovi

   _____

4. amigos / muchos / simpáticos / tenemos

   _____

5. madre / tres / tiene / farmacias / su

   _____

PRÁCTICA COMUNICATIVA II

Actividad 17: Una descripción.   Describe your aunt and uncle to a friend who is going to pick them up at the bus station. Base your descriptions on the accompanying drawing. Use the verb **ser.**

_____

_____

_____

_____

_____

Actividad 18: ¿Cómo están?   Look at the accompanying drawings and describe how each person feels. Use the verb **estar** and an appropriate adjective in your responses. Remember to use accents with **estar** when needed.

1. _____ 2. _____ 3. _____

4. _____ 5. _____

Actividad 19: La familia típica. Look at the accompanying drawing and describe the mother, the father, and their son, Alfonso. Tell what they look like (**ser**) and how they feel at the moment (**estar**).

_____

_____

_____

_____

_____

_____

Actividad 20: Eres profesor/a.   You are the teacher. Correct the grammar in the following sentences. The highlighted sections contain no errors and may help you find the mistakes. (There are nine mistakes.)

Mi familia y yo regreso mañana de nuestro **vacaciones** en Guadalajara. Mi hermano, Ramón, no regresa porque **él** viven en Guadalajara. Su novia es **en Guadalajara,** también. **Ella** es guapo, inteligente y simpático. Ellos van a una fiesta esta noche y van a llevar sus **grabadora. A ellos** le gusta la música mucho. Siempre baila en las fiestas.

Actividad 21: Hoy estoy . . .   Finish the following sentences in an original manner.

1. Me gustaría _____, porque hoy estoy _____.

2. Hoy voy a _____, porque estoy muy _____.

3. Hoy necesito _____, porque no tengo _____.

4. Deseo _____, porque estoy _____.

Actividad 22: El cantante famoso.   Freddy Fernández, a famous Mexican rock singer, was interviewed by a reporter. Write an article based on the following notes that the reporter took.

Descripción

alto, guapo, simpático

Estado

contento, enamorado

Un día normal

cantar por la mañana / guitarra

leer / periódico

correr / 10 kilómetros / parque

comer / con / agente

él / novia / comer / restaurante

él / novia / mirar / vídeos

Planes futuros

él / novia / ir / Cancún / sábado

él / ir / cantar / Mazatlán / programa de televisión

Le gustaría

cantar / el coliseo de Los Ángeles

viajar / novia / una playa / el Pacífico

_____

_____

_____

_____

_____

_____

_____

_____

_____

_____

_____

_____

————————— ▬▬▬ —————————

————————— *Capítulo 4* —————————

————————— ▬▬▬ —————————

PRÁCTICA MECÁNICA I

Actividad 1: Las partes del cuerpo.   Look at the following drawing and label the body parts.

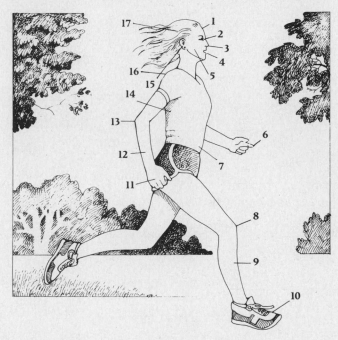

1. _____   10. _____

2. _____   11. _____

3. _____   12. _____

4. _____   13. _____

5. _____   14. _____

6. _____   15. _____

7. _____   16. _____

8. _____   17. _____

9. _____

Actividad 2: ¿Qué están haciendo?   Say what the following people are doing right now, using the indicated verbs.

1. José Carreras _____ _____ ópera.   (cantar)

2. Sy Sperling _____ _____ el pelo.   (lavarse)

3. Michael Jackson y Liz Taylor _____ _____.   (bailar)

4. Yo _____ _____ la actividad.   (escribir)

5. Alberto Tomba _____ _____.   (esquiar)

Actividad 3: Los verbos reflexivos.   Complete the following sentences with the appropriate form of the indicated reflexive verbs.

1. Los domingos yo _____ _____ tarde.   (levantarse)

2. Mi novio no _____ _____ porque me gusta la barba.   (afeitarse)

3. Todos los niños _____ _____ el pelo con champú Johnson para no llorar.
   (lavarse)

4. Nosotros siempre _____ _____ tarde y no _____
   _____ porque no tenemos tiempo.   (levantarse, desayunarse)

5. ¿_____ _____ o _____ _____ tú por la mañana?
   (ducharse, bañarse)

6. Yo _____ _____ los dientes después de comer.   (cepillarse)

7. El niño tiene cuatro años pero _____ _____ la ropa solo.   (ponerse)

8. Las actrices de Hollywood _____ _____ mucho.   (maquillarse)

Actividad 4: Posición de los reflexivos.   Write the following sentences a different way without changing their meaning.

1. Voy a lavarme el pelo. _____

2. Nos estamos maquillando. _____

3. Juan está afeitándose. _____

4. Tenemos que levantarnos temprano. _____

   _____

Actividad 5: *A, al, a la, a los, a las.* Complete the following sentences with **a, al, a la, a los,** or **a las** only if necessary; otherwise, leave the space blank.

1. Voy a ir _____ ciudad.

2. No veo bien _____ actor.

3. ¿_____ ti te gusta esquiar?

4. ¿Conoces _____ David?

5. Escucho _____ música clásica.

6. Tengo _____ un profesor muy interesante.

7. Siempre visitamos _____ padres de mi novio.

8. Vamos a ver _____ la película mañana.

9. Deseo caminar _____ parque.

10. Los niños siempre molestan _____ camareras.

PRÁCTICA COMUNICATIVA I

Actividad 6: ¡Qué tonto! Rewrite the following sentences in a logical manner, changing whatever elements are necessary.

1. El señor se afeita los brazos. _____

   _____

2. La señora se maquilla el pelo. _____

   _____

3. Me levanto, me pongo la ropa y me ducho. _____

   _____

4. Después de levantarme, me peino las piernas. _____

   _____

5. Antes de salir de la casa, me cepillo la nariz y me maquillo las orejas. _____

   _____

   _____

Actividad 7: Una carta. Finish the following letter to your Spanish-speaking grandmother, who has asked you to describe a typical day at the university.

Universidad de _____

12 de septiembre de 19____

Querida abuela:

¿Cómo estás? Yo _____. Me gusta mucho _____

_____. Estudio mucho pero también _____. Tengo

muchos amigos que son _____.

A ellos les gusta _____.

Todos los días son iguales; normalmente me levanto y _____

_____

_____.

Por la noche _____

_____.

Un abrazo,

_____

(tu nombre)

Actividad 8: También tiene interés Claudia. Finish the following story about Claudia, Juan Carlos, Vicente, and Teresa. Use **a, al, a la, a los,** or **a las** only if necessary; otherwise, leave the space blank.

Claudia desea saber más de Juan Carlos; por eso llama _____ Teresa porque Teresa conoce

_____ Juan Carlos. Teresa sabe que Juan Carlos va _____ llamar _____ Claudia

para salir con él. Teresa sabe también que _____ Juan Carlos le gusta ir _____ montañas a

esquiar, pero no le gusta mucho escuchar _____ jazz. Teresa también sabe que Juan Carlos va

_____ discotecas porque le gusta bailar _____ salsa.

Vicente también conoce _____ Juan Carlos. Claudia sabe que _____ Teresa le gusta

mucho Vicente. Teresa ve _____ Vicente todos los días en la cafetería. Ella va _____

hablar con Vicente para ir _____ cine con Claudia y Juan Carlos el domingo.

Actividad 9: El detective. A detective is following a woman. Write what he says into the microphone of his tape recorder.

|●| hablar / micrófono   *Él está hablando en el micrófono.*

|●| 1.   2.   3.

4.   5.   6.   7.

1. maquillarse _____

_____

2. cepillarse / pelo _____

_____

3. salir / apartamento _____

_____

4. caminar / parque _____

_____

5. comprar / grabadora _____

_____

6. hablar / grabadora _____

_____

7. vender / cassette _____

_____

Actividad 10: Una familia extraña. Pedro's family seems to be caught in a routine. First read the entire paragraph, then go back and fill in the missing words with the appropriate forms of the verbs in the list. You can use verbs more than once. When finished, reread the paragraph and check to see that each verb agrees with its subject. Note: some verbs are reflexives and some aren't.

afeitarse	desayunarse	leer	maquillarse	peinarse
cepillarse	ducharse	levantarse	mirar	salir

En mi casa todos los días son iguales. Mis padres _____ temprano. Mi madre va al

cuarto de baño y _____ . Mi padre prepara el café. Después él _____

el periódico. Al terminar de ducharse, mi madre _____ los dientes con Crest (mi padre

usa Colgate) y _____ la cara con Mary Kay. Entonces, mi padre

_____ , _____ con su Bic Schick, _____ los dientes

y _____ (¡tiene poco pelo, pero tiene peine!). Al final ellos _____

con café y tostadas. Después, ellos _____ los dientes otra vez y

_____ para el trabajo. Entonces, yo _____ y _____

café y yogur. _____ los dientes y _____ la televisión. Voy a la

universidad, pero por la tarde, no por la mañana.

PRÁCTICA MECÁNICA II

Actividad 11: Las fechas. Write out the following dates and state what season it is in the Northern and Southern Hemispheres. Remember that the day is written first in Spanish.

Fecha	Hemisferio norte	Hemisferio sur
1. 4/3 _____	_____	_____
2. 15/12 _____	_____	_____
3. 30/8 _____	_____	_____
4. 25/10 _____	_____	_____
5. 1/2 _____	_____	_____

Actividad 12: El tiempo.   Look at the accompanying drawings. Using complete sentences, state what the weather is like in each case.

1.   2.   3.   4.

5.   6.   7.   8.

1. _____   5. _____

2. _____   6. _____

3. _____   7. _____

4. _____   8. _____

Actividad 13: ¿*Saber* o *conocer*?   Complete the following sentences with the appropriate form of the verbs **saber** or **conocer.**

1. ¿_____ tú a mi padre?

2. Yo no _____ tu número de teléfono.

3. ¿_____ Uds. dónde es la fiesta?

4. Ellos _____ Caracas muy bien porque trabajan allí.

5. ¿_____ nadar Teresa?

6. ¿_____ Uds. cómo se llama el profesor nuevo?

7. Yo no _____ la película nueva de Saura.

8. Jorge _____ bailar muy bien. Es bailarín profesional.

Actividad 14: ¿*Éste, ése* o a*quél*? Complete these miniconversations by selecting the appropriate demonstrative and writing the correct form.

1. —Me gustan las plantas que están cerca de la puerta.

   —¿_____ plantas?   (este, ese)

2. —¿Te gustan _____ discos compactos que tengo en la mano?   (este, aquel)

   —Sí, me gustan mucho.

3. —¿Dónde está tu carro?

—Tenemos que caminar mucho. Es _____ carro que está allí.   (este, aquel)

4. —¿Vas a comprar una revista?

—Sí, pero ¿cuál quieres? ¿_____ que tengo aquí o _____ que está allí?   (este, ese) (este, aquel)

—Me gusta más *Cambio 16*.

Actividad 15: ¿*Se* impersonal o *se* pasivo?   Complete the following sentences with the appropriate form of the impersonal or passive **se**.

1. Aquí _____ _____ libros.   (vender)

2. _____ _____ español en la clase de español.   (hablar)

3. El supermercado _____ _____ temprano.   (abrir)

4. En esta tienda _____ _____ muchos discos.   (comprar)

5. También _____ _____ mucho aquí.   (estudiar)

PRÁCTICA COMUNICATIVA II

Actividad 16: Fechas importantes.   Complete the following lists with dates that are important to you.

Cumpleaños: Nombre   Fecha

1. *madre* _____   _____

2. *padre* _____   _____

3. _____   _____

4. _____   _____

5. _____   _____

Aniversarios

6. *mis padres* _____   _____

Exámenes

7. *español* _____   _____

8. _____   _____

9. _____   _____

10. _____   _____

Fechas misceláneas

11. *último día del semestre* _____   _____

12. _____   _____

Actividad 17: Asociaciones.   Associate the following words with others.

   |●| otoño　　　　　*clases, estudiar*

1. julio _____

2. primavera _____

3. Acapulco _____

4. diciembre _____

5. invierno _____

6. hace viento _____

7. octubre _____

Actividad 18: Lógica.   Finish the following series of words in a logical manner.

1. junio, julio, _____

2. hace frío, hace fresco, _____

3. afeitarse, crema de afeitar; lavarse el pelo, champú; cepillarse los dientes,

   _____

4. este libro, ese libro, _____

5. verano, _____, _____, primavera

6. noviembre, _____, enero

7. el brazo, el codo, _____, los dedos

Actividad 19: ¿Qué tiempo hace?   You are on vacation in the Dominican Republic, and you call a friend in Cleveland. As always, you begin your conversation by talking about the weather. Complete the following conversation based on the accompanying drawings.

Tu amigo: ¿Aló?

Tú: Hola. ¿Cómo estás?

Tu amigo: Bien, pero _____

_____.

Tú: ¿Llueve también?

Tu amigo: _____.

                 ¿_____?

Tú: ¡Fantástico! _____

_____.

Tu amigo: ¿Cuántos grados hace?

Tú: _____.

Tu amigo: Creo que voy a visitar la República Dominicana.

Actividad 20: El fin de semana.   Look at the accompanying map and plan your weekend. Say where you are going to go and why. Use phrases such as **voy a ir a . . .** , **porque hace . . .** , and **me gusta . . . .**

_____

_____

_____

_____

Actividad 21: Una conversación.   Complete the following telephone conversation between Luis and Marcos, two students, by selecting the correct response.

Luis:		¿Qué estás haciendo?
Marcos:	a. ____	Estás comiendo.
	b. ____	Voy a ir a Ávila mañana.
	c. ____	Estoy lavando el carro.
Luis:	a. ____	Yo estoy estudiando y tengo una pregunta.
	b. ____	No tengo carro.
	c. ____	¿Qué es?
Marcos:	a. ____	Ud. es el profesor.
	b. ____	Bueno, pero no sé mucho.
	c. ____	Eres experto.
Luis:	a. ____	¡Hombre! Por lo menos sabes más que yo.
	b. ____	Claro que soy inteligente.
	c. ____	Siempre saca buenas notas.
Marcos:	a. ____	O.K., ¿conoces al profesor?
	b. ____	¿Por qué no hablas con el médico? Sabe mucho.
	c. ____	O.K., pero estoy lavando el carro. Más tarde, ¿eh?

Actividad 22: Muchas preguntas pero poco dinero. You work for a low-budget advertising agency that makes ads for TV and radio. Complete your boss's questions, using **saber** or **conocer,** and then answer them in complete sentences.

1. ¿_____ el número de teléfono de la compañía del champú?

   _____

2. ¿_____ tú personalmente a un actor famoso?

   _____

3. Necesito un pianista para un anuncio comercial. ¿_____ tocar el piano?

   _____

4. Necesito un fotógrafo. ¿_____ a un fotógrafo bueno?

   _____

5. ¿_____ tus amigos nuestros productos?

   _____

Actividad 23: *Éste, ése* y *aquél*. You and a friend are at a party and you begin discussing the physical variety that exists among people. Look at the drawing and finish the conversation that follows describing the people you see.

Tú: No hay dos personas iguales. Este señor es _____

               _____.

Tu amiga: Sí, y _____ es muy alto.

Tú: _____

               _____.

Tu amiga: ¿Y aquella señora?

Tú: ¡Uy! Aquella señora es _____.

Tu amiga: Es verdad, todos somos diferentes.

Actividad 24: Palabras.   Write a list of at least ten words related to university life.

escribir, exámenes, fiestas, _____

_____

_____

Actividad 25: Un día normal.   You are going to explain university life to a high school student. Use the impersonal and passive **se** as well as the words from the list you made for *Actividad 24*.

Cuando se vive en la universidad, _____

_____

_____

_____

_____

_____

Capítulo 5

PRÁCTICA MECÁNICA I

Actividad 1: ¿Qué hora es?   Write out the following times in complete sentences.

　▮●▮ 2:00 　　　*Son las dos.*

1. 9:15 _____

2. 12:05 _____

3. 1:25 _____

4. 5:40 _____

5. 12:45 _____

6. 7:30 _____

Actividad 2: En singular.   Change the subjects of the following sentences from **nosotros** to **yo** and make all other necessary changes.

1. Podemos ir a la fiesta. _____

2. Dormimos ocho horas cada noche. _____

_____

3. No servimos vino. _____

4. Nos divertimos mucho. _____

5. Nos acostamos temprano. _____

6. Jugamos al fútbol. _____

Actividad 3: Verbos.   Complete the following sentences by selecting a logical verb and writing the appropriate form.

1. María no _____ venir hoy.   (poder, entender)

2. Los profesores siempre _____ las ventanas.   (jugar, cerrar)

3. Carmen y yo _____ estudiar esta noche.   (volver, preferir)

4. Marisel siempre _____ bien.   (vestirse, encontrar)

5. Yo no _____ francés.   (entender, pedir)

6. ¿A qué hora _____ el concierto?   (despertarse, empezar)

7. Juan _____ ir a bailar esta noche.   (decir, pensar)

8. Pablo es camarero; ahora está _____ cervezas.   (servir, comenzar)

9. Nosotros _____ a casa esta tarde.   (volver, poder)

10. ¿Qué _____ hacer Uds.?   (querer, dormir)

11. ¿_____ Ricardo y Germán mañana?   (despertar, venir)

12. Los niños están jugando al fútbol y están _____ mucho.   (querer, divertirse)

13. Yo siempre _____ la verdad.   (sentarse, decir)

14. ¿Cuándo _____ Ud. las clases?   (comenzar, servir)

15. Ellos dicen que _____ ir.   (decir, querer)

PRÁCTICA COMUNICATIVA I

Actividad 4: ¿A qué hora?   Look at this page from a Spanish-language guide to TV programs and answer the questions that follow in complete sentences.

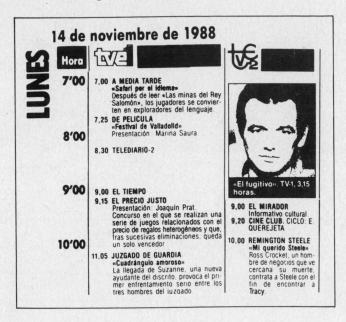

1. ¿A qué hora empieza "El tiempo"? _____

_____

2. ¿Te gustaría ver "Remington Steele"? _____

_____

3. ¿Puedes ver "A media tarde" o tienes clase? _____

_____

4. ¿A qué hora empieza "Juzgado de guardia"? _____

_____

5. ¿A qué hora termina "El mirador"? _____

_____

6. ¿Qué programa viene después de "El precio justo"? _____

_____

7. ¿Qué piensas del programa "Remington Steele"? _____

_____

8. ¿Prefieren ver "El precio justo" o "Remington Steele" tú y tus amigos? _____

_____

Actividad 5: ¿Tiene calor, frío o qué?   Read the following situations and indicate how each person or group of people feels: hot, cold, hungry, etc. Use complete sentences. Remember to use the verb **tener** in your responses.

1. Una persona con una pistola está en la calle y le dice a Esteban que quiere todo su dinero. Esteban

_____.

2. Estoy en los Andes de Chile en el mes de julio. _____

3. Son las tres y media de la mañana y estamos estudiando en la biblioteca. _____

_____

4. Estoy en clase y veo mis medias. ¡Por Dios! Son de diferentes colores. _____

_____

5. Después de jugar al fútbol, Sebastián quiere una Coca-Cola. Sebastián _____

_____.

6. Volvemos de estudiar, vemos una pizzería, entramos y pedimos una pizza grande con todo. _____

_____

7. Mis amigos están en San Juan, Puerto Rico, en el invierno porque no les gusta el frío de Minnesota.

Mis amigos_____.

Actividad 6: Una carta a Chile. Here you have one page from a letter that Isabel is writing to a friend in Chile. First read the entire page, then reread the letter and complete it with the appropriate forms of the verbs found to the left of each paragraph.

	y cómo están tus clases? ¿Tienes mucho trabajo?
	Tengo unos amigos fantásticos. Una se llama Diana;
querer	_____ de los Estados Unidos, pero
entender	_____ en España estudiando literatura.
ser	Habla y _____ el español como tú y yo
divertirse	porque su madre _____ española. Yo
estar	_____ mucho cuando _____ con
salir	ella porque siempre pasa algo interesante. Nosotras
ser	_____ ir a Barcelona el fin de semana que
	viene y después irnos a Sitges para _____
	en la playa.
	Tengo otra amiga que a ti te gustaría. Se llama
	Marisel; _____ de Venezuela. Tiene ropa,
saber	ropa y más ropa. _____ siempre con ropa
encontrar	muy moderna. Yo siempre tengo problemas con la ropa;
ser	no _____ cosas bonitas. _____
vestirse	que no soy fea, pero es un problema. En cambio
probarse	Marisel _____ algo y siempre es perfecto
	para ella.
vivir	Si vienes a España, vas a _____ a dos
poder	hombres muy simpáticos. _____ en un
querer	apartamento y si _____, _____
conocer	vivir con ellos. Debes _____
pensar	en venir porque te gustaría y necesitas

Actividad 7: Dos conversaciones.   Complete the following conversations with verbs from the lists provided. Follow this procedure: first, read one conversation; then go back, select the verbs, and fill in the blanks with the appropriate forms; when finished, reread the conversations and check to see that all the verbs agree with their subjects. Note: you may use verbs more than once.

costar, divertirse, empezar, mirar, querer, saber, volver

Una conversación por teléfono

—¡Aló!

—¿Jesús?

—Sí.

—Habla Rafael. Carmen y yo _____ ver la película de Indiana Jones. ¿Quieres ir?

—¿A qué hora _____ la película?

—No _____ .

—¿Por qué no _____ en el periódico?

—Buena idea . . . a las siete y cuarto en el Cine Rex.

—¿_____ Uds. comer algo antes?

—Claro. Siempre tengo hambre. Hoy Carmen _____ a casa a las cinco. ¿Adónde

_____ ir tú?

—La comida en la Perla Asturiana _____ poco dinero y es un lugar bonito.

—Buena idea, yo siempre _____ en esa cafetería.

acostarse, despertarse, dormir, dormirse, entender

Una conversación con el médico

—¿A qué hora _____ Ud. por la noche nomalmente?

—A la una y media.

—¡Qué tarde! ¿Y a qué hora _____ ?

—_____ a las siete.

—¡Cinco horas y media! ¿No _____ Ud. en la oficina?

—No, pero yo _____ la siesta todos los días.

—Ah, ahora _____ . En mi casa, nosotros también _____ la siesta.

Actividad 8: El detective. The detective is still watching the woman. Today is very boring because the woman isn't leaving her apartment and the detective has to watch everything through the windows. Write what the detective says into his microphone, including the time and what activity is in progress. Use the verb **estar** + *a present participle* (**-ando, -iendo**) to describe the activity in progress.

1.

2.

3.

4.

5.

6.

7.

1. estar / despertarse _____

_____

2. estar / vestirse _____

_____

3. estar / preparar / almuerzo _____

_____

4. hombre / estar / volver _____

_____

5. estar / servir / almuerzo _____

_____

6. hombre / estar / salir _____

_____

7. estar / dormir _____

_____

PRÁCTICA MECÁNICA II

Actividad 9: La ropa. Identify the clothing items in this drawing.

1._____

2._____

3._____

4._____

5._____

6._____

7._____

8._____

9._____

10._____

Actividad 10: En orden lógico. Put the following words in logical order to form sentences. Make all necessary changes.

1. tener / suéter / ella / de / azul / lana / mi _____

_____

2. camisas / el / para / comprar / yo / verano / ir a / algodón / de _____

_____

3. gustar / rojo / me / pantalones / tus _____

_____

Actividad 11: *Por* o *para*. Complete the following sentences with **por** or **para**.

1. La blusa es _____ mi madre. Mañana es su cumpleaños.

2. Salimos el sábado _____ Lima.

3. Voy a vivir en la universidad _____ dos años más.

4. Álvaro estudia _____ abogado.

5. Ahora Carlos trabaja los sábados _____ la noche.

6. Vamos a Costa Rica _____ dos semanas.

7. No me gusta ser camarero pero trabajo _____ tener dinero.

8. Tenemos que leer la novela _____ mañana.

Actividad 12: *Ser* o *estar*.   Complete the following sentences with the appropriate form of **ser** or **estar**.

1. Tu camisa _____ de algodón, ¿no?

2. Mis padres _____ en Paraguay.

3. ¿De dónde _____ tus zapatos?

4. ¿Dónde _____ tus zapatos?

5. El concierto _____ en el Teatro Colón.

6. Tus libros _____ en la biblioteca.

7. ¿Dónde _____ la fiesta?

8. ¿Dónde _____ Daniel?

9. Daniel _____ de Cuba, ¿no?

10. ¿_____ de plástico o de cristal tus gafas de sol?

PRÁCTICA COMUNICATIVA II

Actividad 13: La importación.   Answer the following questions in complete sentences based on the clothes you are wearing.

1. ¿De dónde es tu camisa? _____

_____

2. ¿De qué material es? _____

3. ¿Son de los Estados Unidos tus pantalones favoritos? _____

_____

4. ¿De dónde son tus zapatos? _____

_____

5. ¿Son de cuero? _____

Actividad 14: Descripción.   Look at the accompanying drawing and describe what the people in it are wearing. Use complete sentences and be specific. Include information about colors and fabrics.

_____
_____
_____
_____
_____

Actividad 15: Tu ropa.   Using complete sentences, describe what you normally wear to class.

_____
_____
_____

Actividad 16: ¿Dónde están?   Read the following miniconversations and complete the sentences with an appropriate verb. Afterward, tell where each conversation is taking place.

1. —¿A qué hora _____ la película, por favor?

    —A las nueve y cuarto.

    ¿Dónde están? _____

2. —¿Cuánto _____ la habitación?

    —2.000 pesetas.

    —¿Tiene dos camas o una cama?

    —Dos.

    ¿Dónde están? _____

3. —¿Qué hora es?

—_____ las dos y media.

—¿Siempre _____ aquí?

—Sí, es un lugar excelente para comer.

¿Dónde están? _____

4. —¿Aló?

—Hola, Roberto. _____ hablar con tu padre.

—Está _____ en el sofá.

—Bueno. Voy a llamar más tarde.

¿Dónde están Roberto y su padre? _____

Actividad 17: Viajando.   All of the following people are presently traveling. Say where they are from and imagine where they are right now. Use complete sentences.

1. La princesa Diana _____

_____

2. Sting _____

_____

3. Tus padres _____

_____

4. Julio Iglesias _____

_____

Actividad 18: ¡A comprar!   Complete the following conversation between a store clerk and a customer, who is looking for a gift for his girlfriend.

Cliente: Buenos días.

Dependiente: ¿En qué _____ servirle?

Cliente: Me gustaría ver una blusa.

Dependiente: ¿_____ quién?

Cliente: _____ mi novia. Es que ella _____ _____

Ecuador y yo salgo _____ Quito mañana.

Dependiente: Muy _____. ¿De qué color?

Cliente: _____, _____ o _____.

Dependiente: Aquí tiene blusas.

Cliente: ¿Son de _____?

Dependiente: Ésta es de algodón, _____ las otras _____

                     _____ seda.

Cliente: No, no quiero una de algodón, _____ una blusa de seda.

Dependiente: ¿_____?

Cliente: Creo que es un 36.

Dependiente: Bien, 36. Aquí están. Son muy _____.

Cliente: ¡Ay! Éstas sí. Me gustan mucho.

Dependiente: Y _____ solamente 10.000 pesetas. ¿Cuál quiere?

Cliente: Quiero la blusa _____.

Dependiente: Es un color muy bonito.

Cliente: También necesito una corbata _____ mí.

Dependiente: ¿Con rayas o de un solo color? ¿De qué material?

Cliente: Todas mis corbatas son de _____. Es que tengo muchas de rayas.

              Creo que quiero una azul claro.

Dependiente: Aquí hay _____ que _____ muy elegante.

Cliente: Perfecto.

Dependiente: ¿Cómo va a _____?

Cliente: Con la tarjeta Visa.

Dependiente: Si la talla no le queda _____ a su novia, yo siempre estoy aquí

              _____ las tardes.

Cliente: Muchas gracias.

Capítulo 6

PRÁCTICA MECÁNICA I

Actividad 1: Los números.   Write out the following numbers. Remember that in Spanish a period is used instead of a comma when writing large numbers.

1. 564 _____

2. 1.015 _____

3. 2.973 _____

_____

4. 4.743.010 _____

_____

Actividad 2: ¿Dónde están?   State whether the following sentences are true (**cierto**) or false (**falso**). Correct the false statements by crossing out the preposition and writing the correct one above it. All questions are based on the following configuration of letters.

```
                                            LH
        AB                                  I
        C         D           E F G         J
```

1. La ce está debajo de la a.   _____

2. La cfe está encima de la e y la ge.   _____

3. La ele está cerca de la be.   _____

4. La i está entre la ele y la jota.   _____

5. La ge está a la izquierda de la efe.   _____

6. La jota está debajo de la i.   _____

7. La be está cerca de la a.   _____

8. La e está a la derecha de la efe.   _____

9. La ge está al lado de la efe.   _____

10. La ele está encima de la i.   _____

Actividad 3: El pasado.   Complete the following sentences by selecting a logical verb and writing the appropriate preterit form.

1. Ayer yo _____ con el Sr. Martínez.   (hablar, costar)

2. Anoche nosotros no _____ cerveza.   (beber, comer)

3. Esta mañana Pepe _____ al médico.   (empezar, ir)

4. ¿Qué _____ Ramón ayer?   (hacer, vivir)

5. Anoche Marcos y Luis _____ cinco kilómetros.   (llevar, correr)

6. El verano pasado yo _____ a Buenos Aires.   (despertarse, ir)

7. Yo _____ un buen restaurante, pero al final _____ en una

    cafetería.   (buscar, nadar) (correr, comer)

8. Guillermo, ¿_____ anoche con Mariana?   (bailar, entender)

9. ¿_____ Ud. mi carta?   (vivir, recibir)

10. Tú _____ la composición, ¿no?   (escuchar, escribir)

11. Ayer yo _____ en la tienda.   (pagar, salir)

12. Ellos _____ una tortilla de patatas.   (hacer, beber)

13. Después del accidente, el niño _____ .   (llorar, conocer)

14. Anoche yo _____ a estudiar a las siete.   (asistir, empezar)

15. ¿A qué hora _____ la película?   (pensar, terminar)

Actividad 4: ¿Qué hiciste?   Answer the following questions in complete sentences.

1. ¿Adónde fueron Uds. el sábado pasado? _____

_____

2. ¿Recibió mi carta la Sra. Ramírez? _____

_____

3. ¿A qué hora volvieron Uds. anoche? _____

_____

4. ¿Visitaste a tus padres el verano pasado? _____

_____

5. ¿Pagaste? _____

6. ¿Tomaste el autobús esta mañana? _____

7. ¿Compró vino Felipe? _____

_____

8. ¿Aprendieron Uds. mucho ayer en clase? _____

_____

9. ¿Escribieron Pablo y Paco la carta? _____

_____

10. ¿Quién llamó? _____

Actividad 5: ¿Infinitivo o no?   Complete the following sentences with the appropriate form of the indicated verbs (present, preterit, infinitive) and add the preposition **a** if necessary.

1. Ayer nosotros _____ y _____.   (cantar, bailar)

2. Ayer Margarita _____ la clase de biología.   (asistir)

3. Los músicos van _____ tocar a las ocho.   (empezar)

4. Necesito _____; tengo hambre.   (comer)

5. Todos los días yo _____ cuatro horas.   (estudiar)

6. Debes _____ más.   (estudiar)

7. Me gusta _____ en el invierno.   (esquiar)

8. Ayer yo _____ a la piscina, pero no _____.   (ir, nadar)

PRÁCTICA COMUNICATIVA I

Actividad 6: ¿Dónde está?   Using the accompanying drawing and different prepositions of location, write six sentences that describe where things are in Ricardo's bedroom.

|●| *El estéreo está al lado de la silla.*

1. _____

2. _____

3. _____

4. _____

5. _____

6. _____

Actividad 7: ¿Qué ocurrió?   Last night you went out to a restaurant and a club with some friends, including Carmen, Ramón's ex-girlfriend. Since Ramón couldn't go, he wants to know all the details of the evening. Read all of Ramón's questions first, then complete your part of the conversation.

Ramón: ¿Carmen salió contigo anoche?

Tú: _____

Ramón: ¿Quiénes más fueron?

Tú: _____

Ramón: ¿Adónde fueron y qué hicieron?

Tú: _____

Ramón: ¿Habló Carmen mucho con Andrés?

Tú: _____

Ramón: ¿Qué más hizo con él?

Tú: _____

Ramón: Bueno, ¿y tú qué?

Tú: _____

Actividad 8: Un día horrible.   Complete this conversation between two friends. First, read the entire conversation. Then, fill in the missing words by selecting verbs from the list and writing them in the appropriate forms. Note: you may use verbs more than once.

comer	ir	perder	ser
dejar	llegar	recibir	ver
encontrar	pagar	sacar	volver
hacer			

—Ayer _____ un día increíble.

—¿Qué _____ Uds.?

—_____ a ver una película. Después _____ algo en un restaurante.

—¿Y?

—Yo _____ el dinero en el cine. Por eso María _____ su reloj con un camarero. ¡Un Rolex! Y _____ al cine. Por fin, yo _____ el dinero.

—¡Huy! Gracias a Dios.

—No termina la historia.

—_____ al restaurante y no _____ al camarero.

—¿Qué _____?

—Por fin, el camarero _____ y María _____ su reloj. Yo _____ el dinero y _____.

Actividad 9: Una carta.   Write a letter to a friend telling him/her what you did last weekend and with whom, as well as what you are going to do next week.

_____ , _____ de _____
(ciudad)   (día)   (mes)

Querido/a _____ :

   ¿Qué tal? ¿Cómo está tu familia? Por aquí todo bien. El viernes pasado _____

_____

_____

_____

   El sábado pasado _____

_____

_____

   El domingo pasado nosotros _____

_____

_____

   La semana que viene yo _____

_____

                         Un abrazo,

                                    _____
                                            (tu firma)

Actividad 10: La telenovela.   One of your friends is in Hispanic America and can't see her favorite soap opera. Complete the following summary for her of what happened during this week's episodes. First, read the entire summary. Then, complete the story by writing one or more words in each of the spaces.

Maruja dejó a su esposo, Felipe, y se va a casar _____ Javier, el mecánico de la señora rica (entre _____ y _____ , ella está loca porque Javier no es simpático). Entonces, Felipe _____ de ir a Alcohólicos Anónimos y _____ a beber otra vez. Él cree que no puede vivir _____ ella. Felipe compró un regalo muy caro y en la tarjeta escribió, "Para _____ , con todo mi amor para siempre, tu Felipe". Después de _____ el regalo, ella _____ y Javier _____ .

   Pero más tarde ella fue a _____ , _____ la puerta y encontró a Javier con _____ . Ella empezó a llorar y fue corriendo _____ la casa de Felipe. Y así terminó el programa del viernes.

PRÁCTICA MECÁNICA II

Actividad 11: La familia. Complete the following sentences.

1. La hermana de mi madre es mi _____.

2. El padre de mi padre es mi _____.

3. Los hijos de mis padres son mis _____.

4. La hija de mi tío es mi _____.

5. Mi _____ es la hija de mi abuelo y la esposa de mi padre.

6. La esposa del hermano de mi madre es mi _____.

7. Mi _____ es el hijo de mis abuelos y el padre de mi primo.

8. Los hijos del hijo de mi madre son mis _____.

9. Mis hermanos son los _____ de mis abuelos.

10. No es mi hermana pero es la nieta de mis abuelos; es mi _____.

Actividad 12: Complementos indirectos. Complete the following sentences with the appropriate indirect-object pronouns.

1. ¿_____ escribiste una carta a tu hermano?

2. Ayer _____ diste (a mí) el dinero.

3. A ti _____ gusta esquiar.

4. Ayer _____ mandé el regalo a ellos.

5. ¿_____ diste (a nosotros) el dinero?

Actividad 13: Preguntas y respuestas. Answer the following questions in complete sentences.

1. ¿Te dio dinero tu padre el fin de semana pasado? _____

   _____

2. ¿Le ofrecieron el trabajo a Carlos? _____

   _____

3. ¿Le dieron a Ud. el dinero Pablo y Fernando? _____

   _____

4. ¿Me vas a escribir? _____

5. ¿Les explicaron a Uds. la verdad? _____

   _____

6. ¿Me estás hablando? _____

Actividad 14: Negativos.   Rewrite the following sentences in the negative. Use **nada, nadie,** or **nunca**.

1. Siempre estudio. _____

2. Hago muchas cosas. _____

3. Él sale con su novia. _____

4. Voy al parque todos los días. _____

5. Compró mucho. _____

Actividad 15: La negación.   Using complete sentences, answer the following questions in the negative. Use **nada, nadie,** or **nunca.**

1. ¿Esquías siempre? _____

2. ¿Bailaste con alguien anoche? _____

3. ¿Quién fue a la fiesta? _____

4. ¿Qué le regalaste a tu madre para su cumpleaños? _____

    _____

5. ¿Siempre usas el metro? _____

6. ¿Tiene Ud. dinero? _____

PRÁCTICA COMUNICATIVA II

Actividad 16: El transporte.   Complete the following travel guide description about the modes of transportation in Barcelona.

Al aeropuerto de Barcelona llegan _____ de vuelos nacionales e internacionales. Como el aeropuerto está a diez kilómetros de la ciudad, se puede tomar un _____, pero hay un servicio de _____ a la ciudad que cuesta menos. Como Barcelona está en la costa, también llegan _____ de Italia y de otras partes del Mediterráneo. Existen dos estaciones de _____; a muchas personas les gusta este modo de transporte porque pueden dormir durante el viaje en una cama. Dentro de la ciudad el transporte público es muy bueno y cuesta poco: hay _____, _____ y, por supuesto, los _____, que cuestan más. El _____ es el modo más rápido porque no importan los problemas de tráfico. Muchas personas prefieren viajar en _____, pero es difícil encontrar dónde dejarlo, más que nada en la parte vieja de la ciudad. Como en todas las ciudades grandes, el aparcamiento es un gran problema.

Actividad 17: Mi familia. *(a)* List five of your relatives. For each of these relatives, indicate his/her name, relationship to you, age, occupation, marital status (single, married, or divorced), any children he/she may have, and whether he/she is a favorite relative. Follow the format shown in the example.

ı●ı *Betty: abuela — 74 años — jubilada (retired) — divorciada — 4 hijos — mi abuela favorita*
Clarence: abuelo — 69 años — pintor — casado (con Helen) — 2 hijos
Helen: abuela — 71 años — escritora — casada (con Clarence) — 2 hijos
Robert: hermano — 31 años — piloto — soltero — mi hermano favorito
Phoebe: madre — 52 años — profesora — viuda (widowed) — 4 hijos

1. _____

_____

2. _____

_____

3. _____

_____

4. _____

_____

5. _____

_____

(b) Use information from part *(a)* to write a short composition about a member of your family.

_____

_____

_____

_____

_____

_____

Actividad 18: ¿Hiciste todo?   Your roommate is sick and asked you to do a few things. He/She still has a few more requests. Answer his/her questions, using indirect-object pronouns.

Compañero/a: ¿Le mandaste a mi tía la carta que te di?

Tú: _____

Compañero/a: ¿Me compraste el champú y la pasta de dientes, y cuánto te costaron?

Tú: _____

_____

Compañero/a: ¿Le diste la composición al profesor de historia?

Tú: _____

_____

Compañero/a: ¿Le dejaste la nota al profesor de literatura?

Tú: _____

_____

Compañero/a: ¿Nos dio tarea la profesora en la clase de cálculo?

Tú: _____

_____

Compañero/a: ¿Me buscaste el libro en la biblioteca?

Tú: _____

_____

Compañero/a: ¿Les vas a decir a Adrián y a Pilar que no puedo ir a esquiar mañana?

Tú: _____

_____

Compañero/a: ¿Me puedes comprar papel para la computadora esta noche?

Tú: _____

_____

Actividad 19: Niño triste.   Complete the following paragraph with affirmative or negative words. Use **algo, alguien, siempre, nada, nadie,** and **nunca.**

Es el primer día de clases y Paul está triste porque está en un país nuevo. No tiene amigos, y no juega

con _____ en el parque. No estudia _____ porque no entiende

_____. _____ habla inglés y _____ comprende sus

problemas. No tiene _____ que hacer. Quiere volver a su país. La madre de Paul no

está preocupada porque ella sabe que Paul va a aprender a decir _____ en el idioma

pronto y que _____ va a empezar a jugar con su hijo. Los niños

_____ hacen amigos y se adaptan a diferentes situaciones en poco tiempo.

Capítulo 7

PRÁCTICA MECÁNICA I

Actividad 1: En el hotel.   Complete the following sentences with the logical words.

1. Una habitación para una persona es _____.

2. Una habitación para dos personas es _____.

3. La persona que limpia *(cleans)* el hotel es _____.

4. La persona que trabaja en recepción es _____.

5. Una habitación con desayuno y una comida es _____.

6. Una habitación con todas las comidas es _____.

Actividad 2: Hablando por teléfono.   Match the sentences in Column A with the logical responses from Column B.

A

1. _____ ¿Aló?

2. _____ ¿De parte de quién?

3. _____ 2-33-44-54

4. _____ Operadora internacional,
   buenos días.

5. _____ Quisiera hacer una llamada
   persona a persona.

6. _____ Quisiera hacer una llamada a cobro
   revertido.

7. _____ Información, buenos días.

8. _____ No estamos ahora mismo. Puede dejar
   un mensaje después del tono.

B

a. Tiene Ud. un número equivocado.

b. ¿Para hablar con quién?

c. Buenos días, ¿está Tomás?

d. ¿Cómo se llama Ud.?

e. Quisiera el número del cine Rex,
   en la calle Luna.

f. Quisiera hacer una llamada a Panamá.

g. No me gusta hablar con máquinas.
   Te veo esta tarde.

h. ¿Para pagar Ud.?

i. De parte de Félix.

Actividad 3: Los verbos en el pasado. Complete the following sentences with the appropriate preterit form of the indicated verbs.

1. ¿Dónde _____ tú las cartas? (poner)

2. Ayer yo no _____ ver a mi amigo. (poder)

3. ¿A qué hora _____ ayer el concierto? (comenzar)

4. La semana pasada la policía _____ la verdad. (saber)

5. Nosotros _____ la cerveza. (traer)

6. ¿Por qué no _____ los padres de Ramón? (venir)

7. La profesora _____ las preguntas dos veces. (repetir)

8. Yo no _____ tiempo. (tener)

9. Martín _____ la carta que Paco le _____ a Carmen. (leer, escribir)

10. Yo le _____ el número de teléfono de Beatriz. (pedir)

11. Yo _____ ir, pero no _____. (querer, poder)

12. La compañía _____ unas oficinas nuevas en la calle Lope de Rueda. (construir)

13. Ellos no nos _____ la verdad ayer. (decir)

14. ¿_____ tú que _____ el padre de Raúl? (oír, morirse)

15. Anoche Gonzalo _____ en su carro. (dormir)

Actividad 4: ¿Cuánto tiempo hace? Answer the following questions in complete sentences, using the construction **hace** + *time expression* + **que** + *verb in the preterit.*

1. ¿Cuánto tiempo hace que empezaste la universidad? _____

_____

2. ¿Cuánto tiempo hace que terminaste la escuela secundaria? _____

_____

3. ¿Cuánto tiempo hace que visitaste a tus abuelos? _____

_____

4. ¿A qué hora te desayunaste? _____

_____

5. ¿Cuándo escuchaste las cintas para la clase de español? _____

_____

Actividad 5: Negativos.   Complete the following sentences with **algún, alguno, alguna, algunos, algunas, ningún, ninguno,** or **ninguna.**

1. No tengo _____ clase interesante.

2. —¿Cuántos estudiantes vinieron anoche?

   —No vino _____.

3. ¿Tienes _____ libro de economía?

4. Necesitamos _____ discos de salsa para la fiesta.

5. ¿Discos de salsa? Sí, creo que tengo _____.

PRÁCTICA COMUNICATIVA I

Actividad 6: En el hotel.   Complete the following conversation between a guest and a hotel receptionist. First, read the entire conversation. Then, go back and complete it appropriately.

Recepcionista: Buenos días. ¿_____ puedo servirle?

Huésped: Necesito una _____.

Recepcionista: ¿Con una o dos camas?

Huésped: Dos, por favor.

Recepcionista: ¿_____?

Huésped: Con baño.

Recepcionista: ¿_____?

Huésped: Con media pensión.

Recepcionista: Bien, una habitación doble con baño y media pensión.

Huésped: ¿_____?

Recepcionista: 7.900 pesetas. ¿_____?

Huésped: Vamos a estar tres noches.

Recepcionista: Bien. Su habitación es la 24.

Actividad 7: La vida universitaria.   In complete sentences, answer the following survey questions from a student newspaper.

1. ¿Cuántas horas durmió Ud. anoche? _____

   _____

2. ¿Cuándo fue la última vez que mintió? _____

   _____

3. ¿Estudió Ud. mucho o poco para su último examen? _____

   _____

4. ¿Qué nota sacó en su último examen? _____

_____

5. ¿Cuánto tiempo hace que fue Ud. a una fiesta? _____

_____

6. La última vez que salió de la universidad por un fin de semana, ¿llevó Ud. los libros? _____

_____

7. ¿Cuánto tiempo hace que leyó una novela para divertirse? _____

_____

8. ¿Comió Ud. bien anoche o comió mal (papas fritas, Coca-Cola, etc.)? _____

_____

Actividad 8: Las obligaciones.   In Column A of the accompanying chart, list three things you had to do and did do yesterday (**tuve que . . .**). In Column B, list three things you wanted to do but couldn't (**quise . . .**). In Column C, list three things you have to do tomorrow (**tengo que . . .**). Use complete sentences.

A	B	C

Actividad 9: La lista de compras.   Use affirmative and negative words, such as **ningún, algún, ninguna,** etc., to complete the following note to Pilar from her roommate.

Pilar:

        Por favor, sólo hay dos Coca-Colas; ¿puedes comprar más? Busqué y no encontré

_____ toalla. Si tienes tiempo, favor de lavarlas. Voy a ir al supermercado esta tarde

para comprar _____ cosas; si quieres algo en especial, voy a estar en la oficina y no hay

_____ problema, puedes llamarme allí. Ah, otra cosa, fui a poner un disco de Mecano

en el estéreo y no encontré _____ . Sé que tenemos _____ discos de

ellos; ¿dónde están?

                                Camila

P.D.: Van a venir _____ amigos esta noche para estudiar.

PRÁCTICA MECÁNICA II

Actividad 10: *Lo, la, los, las.* Rewrite the following sentences, replacing the direct object with the appropriate direct-object pronoun.

1. No veo a Juan. _____

2. No tenemos los libros. _____

3. Elisa está comprando cerveza. _____

4. No conoció a tu padre. _____

5. Juan y Nuria no trajeron a sus primos. _____

6. Vamos a comprar patatas fritas. _____

Actividad 11: De otra manera. Rewrite the following sentences in a different manner without changing their meaning. Make all necessary changes.

1. Tengo que comprarlos. _____

2. Te estoy invitando a la fiesta. _____

   _____

3. Lo estamos escribiendo. _____

4. Van a vernos mañana. _____

Actividad 12: Pronombres de los complementos directos. Answer the following questions in complete sentences, using direct-object pronouns.

1. ¿Me quieres? _____

2. ¿Vas a traer las cintas? _____

3. ¿Nos estás invitando? _____

4. ¿Llevas la grabadora? _____

5. ¿Compraste la pasta de dientes? _____

Actividad 13: ¿Presente o pretérito? Answer the following questions in complete sentences, using either the present or the preterit.

1. ¿Cuánto tiempo hace que estudias español? _____

   _____

2. ¿Cuánto tiempo hace que comiste? _____

   _____

3. ¿Cuánto tiempo hace que viven Uds. aquí? _____

   _____

4. ¿Cuánto tiempo hace que nos estás esperando? _____

_____

5. ¿Cuánto tiempo hace que asistes a esta universidad? _____

_____

PRÁCTICA COMUNICATIVA II

Actividad 14: El itinerario. You work at a travel agency. Refer to the accompanying itinerary to answer the questions from the agency's clients. Use complete sentences.

ITINERARIO DE VUELOS

DESDE CARACAS	Nº de Vuelo	Hora	Día
Caracas/Maracaibo	620	7:00	miércoles/sábado
Caracas/Porlamar	600	21:00	viernes/domingo
Caracas/Barcelona/ Pto. La Cruz	610	16:55	viernes
Caracas/Barcelona/ Pto. La Cruz	614	21:00	viernes
HACIA CARACAS	**Nº de Vuelo**	**Hora**	**Día**
Maracaibo/Caracas	621	19:00	miércoles/sábado
Porlamar/Caracas	601	22:25	viernes/domingo
Barcelona/Caracas	611	18:20	viernes
Barcelona/Caracas	615	22:25	viernes

1. —Quiero ir de Caracas a Barcelona el sábado. ¿Es posible?

   — _____

2. —¿Puedo ir de Maracaibo a Caracas el lunes que viene?

   — _____

3. —¿Qué días y a qué horas puedo viajar de Porlamar a Caracas?

   — _____

   _____

Actividad 15: Información.   Give or ask for flight information based on the accompanying arrival and departure boards from the international airport in Caracas.   Use complete sentences.

Llegadas internacionales

Línea aérea	Número de vuelo	Procedencia	Hora de llegada	Comentarios
Iberia	952	Lima	09:50	a tiempo
VIASA	354	Santo Domingo	10:29	11:05
LAN Chile	988	Santiago/Miami	12:45	a tiempo
Lacsa	904	México/N.Y.	14:00	14:35

Salidas internacionales

Línea aérea	Número de vuelo	Destino	Hora de salida	Comentarios	Puerta
TWA	750	San Juan	10:55	11:15	2
Avianca	615	Bogotá	11:40	a tiempo	3
VIASA	357	Miami/N.Y.	14:20	a tiempo	7
Aeroméxico	511	México	15:00	16:05	9

1. —Información.

   —¿_____?

   —Llega a las 12:45.

   —¿_____?

   — No, llega a tiempo.

2. —Información.

   —Quisiera saber si hay retraso con el vuelo de VIASA a Miami.

   —_____

   —¿A qué hora sale y de qué puerta?

   —_____

   —Por favor, una pregunta más. ¿Cuál es el número del vuelo?

   —_____

   —Gracias.

   —_____

Actividad 16: La respuesta apropiada. Construct a logical dialogue by selecting the correct options.

Cliente:		Quiero ver estas blusas pero en azul.
Dependiente:	a. _____	Aquí los tienes.
	b. _____	No las tenemos en azul.
	c. _____	No la tengo.
Cliente:	a. _____	Entonces, en otro color.
	b. _____	Pues, deseo verlo en rosado.
	c. _____	Bueno, si no hay en otro color, quiero azul.
Dependiente:	a. _____	Las tengo en color rosado.
	b. _____	Voy a ver si los tengo en amarillo.
	c. _____	Sí, hay mucha.
Cliente:	a. _____	Éste es muy elegante. Lo llevo.
	b. _____	No me gusta éste. Lo siento.
	c. _____	Ésta es muy bonita. La voy a llevar.
Dependiente:	a. _____	¿La va a pagar?
	b. _____	¿Cómo va a pagarla?
	c. _____	¿Cómo va a pagarlas?
Cliente:	a. _____	Las pago con la tarjeta de crédito.
	b. _____	La pago con la tarjeta Visa.
	c. _____	No, no voy a pagarla.

Actividad 17: Las definiciones. Write definitions for the following objects without naming the objects themselves. To do this, you will need to use direct-object pronouns, as shown in the example. Remember that the word "it" is never expressed as a subject in Spanish.

   |●| libros *Los compramos para las clases. Los usamos cuando estudiamos.*
Tienen mucha información. Son de papel. Los leo todas las noches.
Me gustan mucho.

1. computadora _____

_____

_____

2. pantalones _____

_____

_____

_____

Actividad 18: Número equivocado. Complete the following conversations that Camila has as she tries to reach her friend Imelda by telephone.

Señora: ¿Aló?

Camila: ¿_____ Imelda?

Señora: No, _____.

Camila: ¿No es el 4-49-00-35?

Señora: Sí, pero _____.

Operadora: Información.

Camila: _____ Imelda García Arias.

Operadora: El número es 8-34-88-75.

Camila: _____

Señor: ¿_____?

Camila: ¿_____?

Señor: Sí, ¿_____?

Camila: _____ Camila.

Señor: Un momento. Ahora viene.

Actividad 19: Los descuentos. Complete the following items based on the accompanying information that AT&T provides for its Spanish-speaking customers.

EL PLAN REACH OUT AMÉRICA.

■■ Horas incluidas en el plan Reach Out América con el descuento.

La tarifa por una hora de uso cubre las llamadas marcadas directamente de estado a estado con la Larga Distancia de AT&T, todo el fin de semana desde el viernes a las 10 p.m. hasta las 5 p.m. del domingo, y de domingo a viernes desde las 10 p.m. hasta las 8 a.m. Aunque las llamadas hechas durante el horario de la tarde (domingo a viernes de 5 p.m. a 10 p.m.) no están incluidas en la tarifa por hora del plan, usted recibirá un descuento adicional del 15% sobre la tarifa ya reducida, en todas las llamadas hechas con AT&T durante dicho horario.

■ Horas incluidas en el plan Reach Out América sin el descuento.

Si usted llama generalmente por las noches o los fines de semana, puede suscribirse al plan "Reach Out" América, por sólo $8.00 al mes. Esta tarifa por una hora de uso cubre las llamadas marcadas directamente de estado a estado con la Larga Distancia de AT&T, todo el fin de semana desde las 10 p.m. del viernes hasta las 5 p.m. del domingo, y de domingo a viernes desde las 10 p.m. hasta las 8 a.m. Este precio incluye todas las ventajas del plan, menos el descuento adicional del 15% en sus llamadas hechas durante el horario de la tarde.

---

1. Imagina que tienes el plan "Reach Out" América con el descuento. Quieres hacer unas llamadas de tu estado a otro estado durante las siguientes horas. Marca **a** si puedes usar el plan durante esa hora, **b** si no puedes usar el plan pero recibes un descuento de quince por ciento y **c** si no puedes usar el plan y no recibes un descuento.

   |●| __*a*__ lunes, 7:30   ____ sábado, 10:30

   ____ martes, 14:30   ____ domingo, 18:00

   ____ miércoles, 23:00   ____ jueves, 17:30

2. ¿Cuánto cuesta hablar por una hora con el plan "Reach Out" América durante el horario cubierto por el plan? _____

   _____

3. ¿Con el plan "Reach Out" América puedes llamar a través del/de la operador/a o hay que marcar directamente? _____

   _____

Actividad 20: ¿Cuánto tiempo hace que . . . ?   Look at this portion of Mario Huidobro's résumé. Complete the questions with the appropriate forms of the verbs **trabajar, tocar, vender,** or **terminar.** Remember: use **hace** + *time period* + *present tense* to refer to actions that started in the past and continue to the present; use **hace** + *time period* + *preterit tense* to refer to an action that no longer goes on.

> Guadalajara, de 1986 a 1990: estudiante universitario y reportero para el *Diario*
> Querétaro, de 1990 al presente: pianista profesional
> Querétaro, de 1990 al presente: vendedor de computadoras para IBM

1. ¿Cuánto tiempo hace que Mario _____ como reportero?

   _____

2. ¿Cuánto tiempo hace que Mario _____ el piano profesionalmente?

   _____

3. ¿Cuánto tiempo hace que Mario _____ sus estudios universitarios?

   _____

4. ¿Cuánto tiempo hace que Mario _____ computadoras para IBM?

   _____

Actividad 21: Una conversación.   Read this conversation between two friends who haven't seen each other in a long time. After reading it, go back and fill in each missing word with a logical verb from the list in the appropriate tense.

dar	estar	mentir	trabajar
decir	explicar	pedir	ver
escribir	ir	ser	

Marta: Hace ocho años que te _____ por última vez. ¿Cómo estás?

Antonio: Bien. ¿Todavía _____ en el banco?

Marta: No, te _____ una carta hace dos años y te _____ todo.

Antonio: Ah sí, tú les _____ un cambio de oficina a tus jefes.

Marta: Exacto, entonces me _____ que sí, pero nunca me

   _____ una oficina nueva.

Antonio: Así que ellos te _____.

Marta: Sí, y yo _____ a trabajar en una compañía de electrónica.

Antonio: ¿_____ contenta ahora?

Marta: Muy contenta. El trabajo _____ maravilloso.

_____

Capítulo 8

_____

PRÁCTICA MECÁNICA I

Actividad 1: La primera actividad.   Complete each sentence with the appropriate ordinal number.

1. Ellos viven en el _____ piso.   (2)

2. Ricardo llegó en _____ lugar.   (3)

3. María fue la _____ persona en recibir su dinero.   (5)

4. Ana terminó _____.   (7)

5. Perú ganó el _____ premio.   (4)

6. Carlos llegó _____.   (3)

7. Necesito estudiar _____; después puedo salir.   (1)

8. Compraron un apartamento en el _____ piso y pueden ver toda la ciudad.   (9)

9. Guillermo fue el _____ hijo de su familia que terminó la universidad.   (1)

10. Ésta es la _____ oración.   (10)

Actividad 2: La casa.   Associate the following activities with the rooms of a house. Remember to include the definite article in your answers.

1. preparar la comida _____   4. comer _____

2. ver la televisión _____   5. ducharse _____

3. dormir_____   6. vestirse _____

Actividad 3: Buscando.   Miguel is looking for an apartment. Finish the following sentences with the appropriate subjunctive form of the indicated verbs.

1. Busco un apartamento que _____ cerca del trabajo.   (estar)

2. No me gusta subir escaleras; entonces necesito un apartamento que _____

   ascensor.   (tener)

3. Necesito estudiar; por eso, busco un apartamento que _____ tranquilo.   (ser)

4. Tengo muchas plantas. Quiero un apartamento que _____ balcón.   (tener)

5. No tengo mucho dinero; por eso, busco un apartamento que _____ poco.   (costar)

Actividad 4: ¿Subjuntivo o indicativo?   Complete the following sentences with the appropriate indicative or subjunctive form of the indicated verbs.

1. Mi novio conoce a una secretaria que _____ noventa palabras por minuto. (escribir)

2. Quiero un novio que _____ inteligente. (ser)

3. Mi jefe necesita un recepcionista que _____ hablar italiano. (saber)

4. Voy a estar en un hotel que _____ cuatro piscinas. (tener)

5. Necesitamos un carro que _____ nuevo. (ser)

6. Quiero un esposo que _____ bien. (bailar)

7. No veo a nadie que nos _____ ayudar. (poder)

8. Necesito una clase que _____ a la una. (empezar)

9. Tengo una profesora que no _____ exámenes. (dar)

10. Tenemos una revista que _____ el accidente. (explicar)

11. Busco un trabajo que _____ bien. (pagar)

12. Necesito un vendedor que _____ en Caracas. (vivir)

13. No conozco a nadie que _____ un Mercedes Benz. (tener)

14. En la librería tienen un libro de arte que yo _____ a comprar. (ir)

15. No hay ningún carro aquí que me _____. (gustar)

PRÁCTICA COMUNICATIVA I

Actividad 5: ¿En qué piso?   Look at the mailboxes of this apartment building and answer the following questions as if you were the building's **portero.**   Use complete sentences.

101	301	501
Martín	Pascual	Robles
201	**401**	**601**
Lerma	Cano	Fuentes

1. ¿En qué piso vive la familia Robles? _____

_____

2. ¿En qué piso vive Pepe Cano? _____

_____

3. ¿Sabe Ud. en qué piso viven los señores Martín? _____

_____

4. La Srta. Pascual vive en el sexto piso, ¿no? _____

_____

Actividad 6: El apartamento perfecto.   Next year you will be looking for an apartment. Describe the perfect apartment for yourself. Be specific: how many rooms, what they will be like, how much the apartment will cost, where it will be, etc.

Voy a buscar un apartamento que _____

_____

_____

_____

_____

Actividad 7: Habitación libre.   You are looking for a roommate. Write an ad describing the perfect person.

Busco un/a compañero/a que _____

_____

_____

_____

_____

Actividad 8: Una clase fácil.   You have a very difficult semester ahead of you, but you need three more credits. You must find the perfect class: one that will be interesting but will make few demands on your time. Your roommate always manages to find the "easy" classes, so write a note to him/her describing the class you are looking for.

Necesito una clase fácil con un profesor que _____

_____

_____

_____

_____

Actividad 9: Los anuncios personales. One of your friends is very lonely and has been thinking of writing a personal ad. Because you are funny and can write well, he asked you to write it for him. First, describe your friend, and then describe the kind of woman he is looking for.

_____

_____

_____

_____

_____

PRÁCTICA MECÁNICA II

Actividad 10: La casa. State in what rooms you would find the following furniture, appliances, and fixtures. Remember to include the definite article in your answers.

1. sofá _____

2. ducha _____

3. horno _____

4. cama _____

5. estante _____

6. mesa y seis sillas _____

7. lavabo _____

8. nevera _____

9. televisor _____

10. cómoda _____

Actividad 11: La influencia. Jaime has just decided to move to California to get a job. He is getting advice from his friends, who don't let him get a word in edgeways. Complete the conversation with either the infinitive or the appropriate subjunctive form of the indicated verbs.

Ana: Te aconsejo que _____ a Sacramento. (ir)

Marta: Quiero que nos _____ una vez al mes. (llamar)

Ana: Es importante _____ un carro nuevo antes de ir. (comprar)

Marta: Es mejor que _____ en avión. (viajar)

Ana: Necesitas buscar un empleo que _____ interesante. (ser)

Marta: Te prohibimos que _____ a fumar otra vez. (comenzar)

Ana: Te pido que me _____. (escribir)

Marta: Es bueno no _____ la primera oferta de trabajo. (aceptar)

Ana: Es importante que _____ información sobre apartamentos antes de

ir. (tener)

Marta: Es importantísimo que _____. (divertirse)

Jaime: Bien, bien . . . ¿y si decido ir a Colorado?

Actividad 12: ¿*Ya* o *todavía*?   Some time has passed, and Jaime has made a few decisions and done a few things regarding his move to California. Complete the following sentences about Jaime using **ya** or **todavía.**

1. Jaime _____ sabe adónde va a ir: a San Diego.

2. Jaime _____ alquiló un apartamento en San Diego. Lo hizo la semana pasada.

3. No tiene trabajo _____.

4. _____ no tiene que comprar carro, porque su madre le va a dar su carro viejo.

5. _____ tiene que mandarles cartas a las compañías en San Diego para encontrar

trabajo.

Actividad 13: Necesitamos . . .　　You have just rented a semifurnished apartment. Look at the accompanying drawing and complete the note to your future roommate about what furniture and appliances you will need to get.

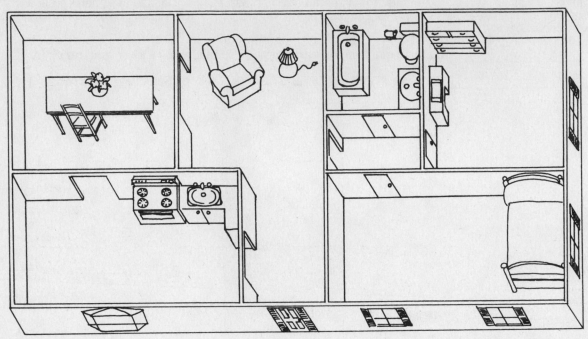

Paco —

En la sala sólo hay _____;

entonces necesitamos _____

_____. En el comedor _____

_____.

Un dormitorio tiene _____ y

el otro _____. Por

eso, necesitamos _____.

Tenemos un problema grande en la cocina: tenemos _____

_____, pero _____

_____.

Podemos hablar más esta noche.

　　　　　　　　　　　　　Chau, Gonzalo

Actividad 14: Ayuda.   You are talking with two students from Bolivia who are new to your town. Tell them to look for the following things when searching for an apartment.

What type of apartment to look for

1. Deben buscar un apartamento que _____

_____.

How much the rent usually is

2. Un alquiler normal _____

_____.

How much security deposit to expect

3. Pueden pagar _____

_____.

Good areas of the city to live in

4. Les aconsejo que _____

_____.

Actividad 15: La grabadora. Answer the following letter written to a consumer-protection agency by completing the agency's response.

Maracaibo, 17 de abril de 1993

Estimados señores:

La semana pasada compré una grabadora. Funcionó por tres días y ahora no quiere funcionar. Busqué y no encontré ninguna garantía. Volví a la tienda para devolverla y recibir mi dinero, pero no me lo quisieron dar. Ahora tengo un problema: gasté noventa dólares por una grabadora que no funciona. ¿Qué puedo hacer?

Gracias por su atención,

Raimundo Lerma Zamora

Raimundo Lerma Zamora

Caracas, 20 de abril de 1993

Estimado Sr. Lerma:

Le aconsejamos que _____,
pero es importante que _____
_____. Si todavía tiene problemas, es mejor que
_____
_____.

Atentamente,

Susana Valencia Blanco

Susana Valencia Blanco

Defensa del consumidor

Actividad 16: *Ya/todavía.* Look at the following list and state what things you have already done and what things you still have to do this week.

|●| invitar a Juan a la fiesta   ***Ya lo invité.***
                                    o: ***Tengo que invitarlo todavía.***

1. estudiar para el examen _____

2. comprar pasta de dientes _____

3. escribirle una carta a mi abuelo _____

_____

4. hablar por teléfono con mis padres _____

_____

5. ir al laboratorio de español _____

_____

6. aprender las formas del subjuntivo _____

_____

7. sacar dinero del banco _____

Actividad 17: Tu hermano menor. Your younger brother is having trouble with drugs, and your parents ask you for some advice. Complete the following list of sentences to help them out.

1. Es mejor que _____.

2. Les aconsejo que _____.

3. Es bueno que no _____.

4. Les pido que _____.

5. Es importante que _____.

Actividad 18: Estudiante frustrado.   Read this letter from a frustrated Spanish student to a group of students who have already taken the course. Then, complete the letter of advice that they give him. After finishing the activity, reread the advice and compare it to what you do.

Queridos ex estudiantes de español elemental:

   Tengo un pequeño problema. Me gusta el español mucho y estudio la noche antes de los exámenes por muchas horas. Memorizo el vocabulario, leo las explicaciones gramaticales y hago toda la tarea en el Cuaderno de ejercicios. En los primeros exámenes recibí buenas notas, pero en los últimos tres mis notas fueron malas. ¿Qué me aconsejan?

                              Estudiante frustrado

Querido estudiante frustrado:

   Primero, es bueno que te _____ estudiar el es-
                              (gustar)
pañol porque es importante tener una actitud positiva. Tu pro-

blema es que esperas hasta el último momento para estudiar. Te

aconsejamos que _____ un poco todos los días. Es
                   (estudiar)
mejor que _____ a estudiar el vocabulario el primer
            (empezar)
día de cada capítulo y que lo _____ a estudiar por
                                 (volver)
diez o quince minutos cada día. También debes _____
                                                 (usar)
el programa de computadoras. A nosotros nos gusta mucho porque

es rápido y da la respuesta correcta en un segundo. Es impor-

tante _____ con las actividades de "Flash" y
         (comenzar)

_____ con las actividades de "Foundation". También
(terminar)

tienes que _____ la tarea todos los días y no espe-
(escribir)

rar hasta el último día.

Cuando estudias al último momento tienes buena memoria para el

examen, pero después de dos días no sabes mucho. Por eso, quere-

mos que _____ un poco todos los días, así vas a re-
(estudiar)

cibir una nota buena en la clase y vas a poder hablar español

bien. Esperamos que _____ buena nota en la clase.
(sacar)

Un abrazo y buena suerte,

Ex estudiantes de español elemental

P.D. Es muy importante que _____ mucho en clase to-
(hablar)

dos los días.

Capítulo 9

PRÁCTICA MECÁNICA I

Actividad 1: Los pasatiempos. Match the words and phrases in Column A with those from Column B.

A	B
1. ____ cuidar plantas	a. hacer crucigramas
2. ____ el "poker"	b. tejer
3. ____ hacer una blusa	c. jardinería
4. ____ mecánico	d. jugar a las cartas
5. ____ estufa, nevera, comida	e. pintar
6. ____ tres horizontal	f. jugar con juegos electrónicos
7. ____ hacer un suéter	g. coleccionar monedas
8. ____ Pablo Picasso	h. cocinar
9. ____ Donkey Kong, Nintendo	i. coser
10. ____ dinero	j. arreglar carros

Actividad 2: La mesa y la cocina. Look at the following drawing and label the items. Remember to include the definite article in your answers.

1. _____
2. _____
3. _____
4. _____
5. _____

6. _____
7. _____
8. _____
9. _____

Actividad 3: Por las dudas. Complete the following sentences with the appropriate indicative or subjunctive form of the indicated verbs.

1. Dudo que Laura _____ mañana.   (venir)

2. Es posible que tú _____ crucigramas conmigo.   (hacer)

3. Es evidente que nosotros _____ un problema.   (tener)

4. No es verdad que mi madre _____ mucho.   (coser)

5. ¿Crees que Paco _____ mucho a las cartas?   (jugar)

6. No pienso que Raúl _____ arreglar el carro.   (saber)

7. Es cierto que yo _____ hacerlo.   (poder)

8. El médico cree que tú _____ comer menos.   (deber)

9. Estamos seguros de que el profesor _____ buenas notas.   (dar)

10. Es probable que _____ la carta hoy.   (llegar)

11. Es verdad que Uds. _____ mucho.   (pescar)

12. Quizás mis hermanos _____ venir esta noche.   (querer)

13. Es obvio que la clase _____ a ser difícil.   (ir)

14. No hay duda que tú _____ poesías preciosas.   (escribir)

15. No crees que Jorge _____ aquí en Madrid, ¿verdad?   (estar)

Actividad 4: ¿Cómo?   Write sentences based on the following groups of words. Make any necessary additions or changes.

　　｜●｜ yo / correr / rápido / clase   *Yo corro rápidamente a clase.*

1. general / ellas / estudiar / biblioteca _____

_____

2. mi / hermanos / hablar / continuo / por / teléfono _____

_____

3. yo / dudar / que / él / venir / inmediato _____

_____

4. ellos / pescar / frecuente _____

_____

5. nosotros / poder / encontrar / trabajo / Caracas / fácil _____

_____

Actividad 5: La hora y la edad.   Answer the following questions in complete sentences.

　　｜●｜ ¿A qué hora te duchaste? (7:30)   *Eran las siete y media cuando me duché.*

1. ¿A qué hora te levantaste? (8:00) _____

_____

2. ¿A qué hora empezaste el examen? (1:10) _____

_____

3. ¿Cuántos años tenía tu padre cuando se casó? (25) _____

_____

4. ¿A qué hora llegaste anoche? (11:00) _____

_____

5. ¿Cuántos años tenías cuando terminaste la escuela secundaria? (17) _____

_____

Actividad 6: Los pasatiempos.   Fill out the following survey to describe what you do in your spare time. Then, fill out the survey again for one of your parents or a friend. Write your initials and the initials of the other person in the appropriate column.

Me/Le gusta:	mucho	poco	nada
1. cuidar plantas	_____	_____	_____
2. pescar	_____	_____	_____
3. hacer crucigramas	_____	_____	_____
4. pintar	_____	_____	_____
5. coser	_____	_____	_____
6. tejer	_____	_____	_____
7. coleccionar estampillas	_____	_____	_____
8. arreglar carros	_____	_____	_____
9. jugar a las cartas	_____	_____	_____
10. jugar al billar	_____	_____	_____

Actividad 7: Un fin de semana.   After doing *Actividad 6,* write a note to the other person interviewed. You are planning to spend a weekend together. Suggest activities you could do together that you would both like.

|●| *Como a nosotros nos gusta arreglar carros, es posible que trabajemos en mi garaje. También, como siempre pintas, me puedes pintar . . .*

_____

_____

_____

_____

_____

Actividad 8: Tal vez . . .   Read the following miniconversations and answer the questions in complete sentences. Use **tal vez** or **quizás** in your responses.

> |●| —¿Puedo ver uno de esos?
> —Claro que sí.
>
> ¿Dónde están?   *Tal vez estén en una tienda.*
>   o: *Quizás estén en una tienda.*

1. —Necesito una carta más.
   —¿Sólo una? Vas a perder.

   ¿Qué están haciendo? _____

2. —Bienvenidos al programa. Hoy vamos a preparar una ensalada. Primero se lava y se corta la lechuga, después se lavan bien los tomates y también se cortan, pero no muy pequeños . . .

   ¿Dónde está esta persona? _____

   ¿A quiénes crees que le esté hablando? _____

3. —¿Cómo que no me queda dinero?
   —No señor, no hay nada.
   —Pero, debo tener algo.

   ¿Dónde están? _____

Actividad 9: Tu impresión.   Read the following note that you have just received from a friend; then complete your answer to him.

Hola:

   Creo que tengo problemas con mi esposa, pero puede ser que sea mi imaginación. Empezó un trabajo nuevo como arquitecta hace dos meses. Al principio todo iba bien, pero comenzó a trabajar con un arquitecto joven y últimamente está trabajando muchas horas (anoche no regresó a casa hasta las diez y media). Dice que le gusta mucho el trabajo y sé que es muy importante para ella trabajar. Dice que la semana que viene ese arquitecto y ella tienen que ir a otra ciudad por dos días para asistir a una conferencia. Ella me dice que no pasa nada, pero yo tengo mis dudas. Anteayer, en vez de tomar el autobús, él la trajo a casa.

   Es posible que no sea nada, pero no estoy seguro. ¿Qué piensas?

Ernesto

Querido Ernesto:

   Es evidente que _____ . Es posible que _____

_____ . También dudo que _____

_____ . Pero es cierto que _____

_____ . Te aconsejo

que _____ porque estoy

seguro que _____ .

Te deseo mucha suerte.

                        Un abrazo,

                 _____

Actividad 10: ¿Qué hora era?   State what time it was when the following actions took place.

|●| *Eran las ocho y diez cuando la mujer se despertó.*

|●|

1.

2.

3.

4.

5.

1. _____

2. _____

3. _____

4. _____

5. _____

Actividad 11: ¿Cuántos años tenías?   Answer these questions about you and your family.

1. ¿Cuántos años tenías cuando terminaste la escuela elemental?

_____

2. ¿Cuántos años tenía tu madre cuando tú naciste (*were born*)?

_____

3. ¿Cuántos años tenías cuando empezaste la universidad?

_____

4. ¿Cuántos años tenías cuando George Bush ganó la presidencia en 1988?

_____

PRÁCTICA MECÁNICA II

Actividad 12: Rompecabezas. Do the following newspaper puzzle. By finding the correct word for each definition, you will be able to complete a popular Spanish saying that means *he's blushing*.

1. Es verde y es la base de la ensalada.

    __ __ __ __ __ __ __
       1

2. Cuando la corto, lloro.

    __ __ __ __ __ __ __
    8   6

3. Lo uso en la cocina y en mi carro.

    __ __ __ __ __ __
    4

4. Encima de los espaguetis pongo esto.

    __ __ __ __ __
       2

5. Una banana es parte de este grupo.

    __ __ __ __ __ __
       3

6. Son blancos y el centro es amarillo;
   se pueden freír.

    __ __ __ __ __
    10

7. Encima de una ensalada pongo aceite y esto.

    __ __ __ __ __ __
       11

8. Oscar Mayer vende mucho de esto
   para sándwiches.

    __ __ __ __
    7

9. Para comer uso una cuchara, un cuchillo
   y esto.

    __ __ __ __ __ __ __
          5

10. Es la compañera de la sal; es negra.

    __ __ __ __ __ __
    9

El dicho secreto:

__ __ __ __ __ __ __ __ __ __ __ __ __ __ __ __ __ __ __ __
1 2 3 4   5 6 7 6   8 6 9 6   10 11   3 6 9 4 3 1

Actividad 13: ¿Por o para? Complete the following sentences with **por** or **para**.

1. Le di mi radio _____ su chaqueta.

2. Anoche caminamos _____ la playa.

3. _____ mí, el trabajo es muy aburrido.

4. Mañana Jaime sale _____ Punta del Este.

5. Hoy voy a trabajar _____ Victoria y mañana ella va a trabajar _____ mí.

6. Eran las tres cuando me llamaste _____ teléfono.

7. Mis padres van en tren de Valencia a Madrid y van a pasar _____ Albacete.

8. _____ Álvaro, las tortillas de su abuela son deliciosas.

Actividad 14: ¡Qué emoción!   Complete the following sentences with either the infinitive or the appropriate indicative or subjunctive form of the indicated verbs.

1. A Mercedes le sorprende que tú no _____ más. (leer)

2. Es una pena que _____ bombas atómicas. (haber)

3. Espero _____ dinero del banco esta tarde. (sacar)

4. Mi padre tiene miedo de que no _____ a mi hermano en la universidad. (aceptar)

5. Me alegro de que tú _____ aquí. (estar)

6. Sentimos no _____ venir mañana. (poder)

7. Es fantástico que a Guillermo le _____ arreglar carros. (gustar)

8. Miguel espera que su compañero le _____ una buena tortilla. (preparar)

9. Es una pena no _____ tiempo. (tener)

10. Rogelio se sorprendió de _____ a Roberto en su clase. (ver)

PRÁCTICA COMUNICATIVA II

Actividad 15: La comida.   Write the letters of the items in Column B that you associate with each verb in Column A. Give all the possible answers for each item.

A

1. _____ freír
2. _____ cortar
3. _____ añadir
4. _____ darle la vuelta
5. _____ poner la mesa
6. _____ revolver

B

a. aceite y vinagre

b. jamón

c. cuchillo, tenedor, cuchara

d. sal y pimienta

e. tomate

f. pan

g. lechuga

h. huevos

i. cebolla

j. fruta

k. servilleta

l. queso

Actividad 16: Una receta.   Your friend is a disaster in the kitchen. She's so bad that you had to write her a recipe for a salad. Complete the recipe with the appropriate words.

Primero se lava y _____ _____ una lechuga. Después _____

_____ y _____ _____ un tomate. _____

_____ la lechuga en el plato y _____ _____ el tomate encima

de la lechuga. También puedes _____ una cebolla si quieres y ponerla encima de la

lechuga. Como te gusta mucho el queso, te aconsejo que _____ un poco encima de

todo. Ahora, _____ _____ aceite y vinagre (pero poco vinagre), después

_____ _____ sal (y pimienta si quieres). Después _____

_____ todo y se come.

Actividad 17: Las mentes inquisitivas quieren saber.   Read the following headlines that appeared in
different types of newspapers, some respectable and some sensational. React to them using these phrases:
**Me sorprendo de que . . . , No creo que . . . , Me alegro de que . . . , (No) Es posible que . . . , Creo
que . . . ,** etc.

1. El padre de Dan Quayle es extraterrestre.

_____

2. Cumple 125 años y todavía trabaja.

_____

3. Mujer de 72 años tiene bebé.

_____

4. Nueva droga del Amazonas. ¿La cura del cáncer?

_____

5. Costa Rica tiene más profesores que policías y no tiene militares.

_____

6. Cada año España tiene más turistas que habitantes.

_____

Actividad 18: El futuro inseguro.   Complete the following sentences to express your hopes and fears
for the children you would like to have someday. Indicate what is going on in the world today that makes
you happy and what has you worried.

Espero que _____, pero tengo

miedo de que _____. También

siento que _____, pero

me alegro de que _____.

Es una lástima que _____; por eso

dudo que _____. ¡Qué pena que

_____! También es fantástico que

_____. ¡Qué difícil es pensar cn cl futuro!

_____   _____

Capítulo 10

_____   _____

PRÁCTICA MECÁNICA I

Actividad 1: El correo.   Escribe las palabras que corresponden a las siguientes cosas. Incluye el artículo definido en tus respuestas.

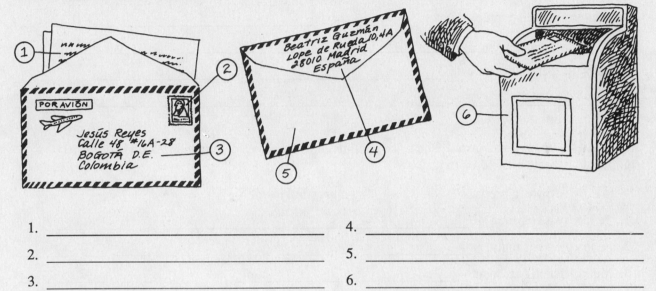

1. _____   4. _____

2. _____   5. _____

3. _____   6. _____

Actividad 2: Más verbos.   Completa las oraciones con la forma apropiada de los verbos indicados. (Algunos funcionan como **gustar,** otros no.)

1. A mí _____ que estás loca.   (parecer)

2. A Bernardo y a Amalia _____ las películas viejas.   (fascinar)

3. A ti siempre _____ la cabeza.   (doler)

4. El Sr. Castañedo nunca _____ trabajar porque es millonario.   (necesitar)

5. Ahora, después de caminar tanto hoy, a Gustavo _____ los pies.   (doler)

6. Ayer a Julio _____ el concierto.   (fascinar)

7. Tú nunca me _____ con nada.   (ayudar)

8. A Amparo siempre _____ dinero.   (faltar)

Actividad 3: Combinando.   Reescribe las siguientes oraciones usando los pronombres de los complementos directos e indirectos *(direct- and indirect-object pronouns).*

1. Te voy a escribir una composición. _____

_____

2. Le regalé dos discos de rock. _____

_____

3. Mi madre les pidió una tortilla. _____

_____

4. ¿Quieres que te mande la carta? _____

_____

5. Estoy preparándote un café. _____

_____

Actividad 4: De otra manera.   Reescribe las siguientes oraciones de otra manera sin cambiar el significado. Presta atención a los acentos.

|●| ¿Me lo vas a preparar?   *¿Vas a preparármelo?*

1. Te lo voy a comprar. _____

2. Se lo estoy cosiendo. _____

3. Me los tienes que lavar. _____

4. Nos lo está leyendo. _____

PRÁCTICA COMUNICATIVA I

Actividad 5: El paquete.   Estás en México y tienes que mandarle un paquete muy importante a tu jefe, Diego Velazco Ramírez. El paquete contiene unos contratos y lo vas a mandar al Hotel Meliá Castilla, Capitán Haya 43, 28020 Madrid, España. Es necesario que el paquete llegue mañana o pasado mañana. Completa la conversación en el correo y después, llena el formulario de aduanas. (Puedes inventar la dirección del remitente.)

Dependiente: ¿Qué desea?

Tú: _____

Dependiente: ¿Adónde va el paquete?

Tú: _____

Dependiente: ¿Contiene comida o alcohol?

Tú: _____

Dependiente:	¿Cómo lo quiere mandar? ¿Por avión? ¿Urgente?
Tú:	_____
	¿_____?
Dependiente:	Mañana o pasado mañana.
Tú:	_____
	¿_____?
Dependiente:	40.000 pesos. Favor de completar el formulario.

ADUANA DE MÉXICO

Destinatario: _____

_____

_____

Remitente: _____

_____

_____

Contenido del paquete: _____

_____

Actividad 6: La universidad.   Acabas de recibir un cuestionario de la dirección de la universidad. Contesta las siguientes preguntas usando oraciones completas.

1. ¿Cuáles son tres cosas que le fascinan de esta universidad?

_____

_____

_____

2. ¿Cuáles son tres cosas que le molestan?

_____

_____

_____

3. ¿Le parecen excelentes, buenas, regulares o malas las clases?

_____

4. ¿Le falta algo que le pueda dar la universidad?

_____

Algún comentario personal:

_____

_____

Actividad 7: El esposo histérico.   Tu amigo Víctor está esperando la llegada de su esposa y tú lo estás ayudando. Ella viene después de trabajar en otro país por seis meses. Víctor está muy nervioso y quiere que todo esté perfecto. Completa esta conversación entre Víctor y tú. Usa los pronombres de los complementos directos e indirectos cuando sea posible.

Víctor: Gracias por tu ayuda. ¿Me compraste el vino blanco?

Tú: Sí, _____.

Víctor: ¿Pusiste el vino en la nevera?

Tú: _____

Víctor: ¿Me limpiaste la cocina?

Tú: Sí, esta mañana _____.

Víctor: ¿Qué crees? ¿Debo ponerme corbata?

Tú: _____

Víctor: ¡Ay! Tengo los zapatos sucios (*dirty*).

Tú: ¡Tranquilo, hombre! Yo voy a _____.

          ¿Por qué no te sientas y miras la televisión? Tu mujer no llega hasta las tres. Te voy a

          preparar un té.

PRÁCTICA MECÁNICA II

Actividad 8: Los deportes.   Asocia las palabras de la Columna A con las palabras de la Columna B. Escribe todas las posibilidades correctas.

A   B

1. _____ cascos   a. béisbol

2. _____ uniformes   b. basquetbol

3. _____ pelotas   c. fútbol

4. _____ bates   d. fútbol americano

5. _____ raquetas   e. tenis

6. _____ guantes   f. los bolos

7. _____ palos   g. golf

8. _____ estadio   h. boxeo

Actividad 9: Describiendo.   Completa las oraciones con la forma apropiada de los verbos indicados en el imperfecto.

1. Todos los días, yo _____ a la escuela.   (ir)

2. Mi familia siempre _____ a la una y media.   (comer)

3. Todos los martes y jueves después de trabajar, ellos _____ al fútbol.   (jugar)

4. Cuando yo _____ pequeño, mi madre _____ en un

   hospital.   (ser, trabajar)

5. Cuando mis padres _____ veinte años, no _____

   vídeos.   (tener, haber)

6. Pablo Picasso _____ todos los días.   (pintar)

7. Lucille Ball _____ muy cómica.   (ser)

8. De pequeño, mi hermano nos _____ muchas cosas.   (preguntar)

Actividad 10: ¿Pretérito o imperfecto?   Completa las oraciones con la forma apropiada de los verbos indicados en el pretérito o el imperfecto. Recuerda que se usa el imperfecto para acciones habituales o repetidas y para describir en el pasado.

1. Nuestra casa _____ grande y _____ cinco dormitorios.   (ser,

   tener)

2. Anoche nosotros _____ al cine.   (ir)

3. Todos los días, mis amigos y yo _____ a las cartas y yo siempre

   _____ dinero.   (jugar, perder)

4. De pequeño, Pablo _____ mucho y ahora es médico.   (estudiar)

5. Francisco Franco _____ bajo, un poco gordo y _____ bigote.

   (ser, tener)

6. Ayer a las tres, yo _____ mi último examen.   (tener)

7. En la escuela secundaria, nosotros _____ a las doce, y después de la escuela

   _____ a comer pizza.   (almorzar, ir)

8. Mi madre nos _____ a ver películas de Disney todos los viernes.   (llevar)

9. Mi novio _____ ayer.   (llegar)

10. Todos los días mi ex esposo me _____ poesías que _____

    horribles.   (escribir, ser)

11. La semana pasada _____ el festival en Sarchí.   (empezar)

12. Ayer, Mario _____ a casa, _____ algo de comer y

    _____ la televisión.   (llegar, preparar, mirar)

13. Esta mañana Nuria y Elisa _____ al museo para ver la nueva exhibición de Dalí y dijeron que _____ muchísima gente.   (ir, haber)

14. Cuando yo _____ cinco años, _____ a leer.   (tener, aprender)

15. _____ las tres de la mañana cuando Laura me _____.   (ser, llamar)

PRÁCTICA COMUNICATIVA II

Actividad 11: Un anuncio.   Lee este anuncio y contesta las preguntas.

1. Marca las actividades que se pueden hacer en Guiesca.

   ____ levantar pesas

   ____ nadar

   ____ hacer ejercicio

   ____ jugar al squash

2. ¿Crees que Guiesca busque personas que tengan experiencia?   ¿Por qué sí o por qué no?

   _____

3. ¿Crees que sea un gimnasio para hombres?   ¿mujeres?   ¿hombres y mujeres?

   _____

   ¿Por qué piensas eso? _____

   _____

Actividad 12: Mi vida en Santiago. Completa esta descripción de lo que hacía Mario mientras vivía en Santiago de Chile.

Todos los días yo _____ temprano para ir a trabajar. _____ al trabajo
     (levantarse)   (caminar)

porque _____ muy cerca. _____ en una escuela de inglés.
          (vivir)   (trabajar)

_____ cuatro clases al día, un total de veinticuatro horas por semana. Mis estudiantes
     (enseñar)

_____ profesionales que _____ el inglés para su trabajo. Todos
          (ser)   (necesitar)

_____ muy inteligentes e _____ a clase muy bien preparados. Me
          (ser)   (ir)

_____ mis estudiantes y muchas veces ellos y yo _____ después de las
     (gustar)   (salir)

clases. _____ en los restaurantes o _____ al cine. Santiago
          (comer)   (ir)

_____ fantástico y quiero volver algún día.
     (ser)

Actividad 13: Un campeonato final sin final. Escoge los verbos apropiados de la lista para completar el siguiente artículo sobre un partido de tenis. Usa las formas apropiadas de cada verbo en el pretérito o en el imperfecto. Recuerda que se usa el imperfecto para describir.

| decir | esperar | ganar | hacer | ser |
| empezar | estar | haber | poder | tener |

Ayer _____ mucha gente en el estadio de Wimbledon. _____ mucho

calor y sol. Entre el público _____ Guillermo Vilas, el príncipe Charles, Pancho

González y otra gente famosa. Todo el mundo _____ ver el campeonato entre Gabriela

Sabatini, de Argentina, y la española Arantxa Sánchez. _____ las dos y media cuando

_____ el partido; todo el mundo _____ en silencio; nadie

_____ nada esperando ansiosamente la primera pelota. Después de hora y media de

juego en el calor intenso, Sánchez _____ un accidente y no _____

continuar. Así que Gabriela Sabatini _____ el campeonato.

Actividad 14: El robo.   Ayer viste un robo en la calle y tuviste que ir a hacerle una declaración a la policía. Mira los dibujos y completa la conversación con el policía usando oraciones completas.

Policía: ¿Qué hora era cuando vio Ud. el robo?

Tú: _____

Policía: ¿Dónde estaba Ud. y dónde estaba la víctima?

Tú: _____

Policía: ¿Qué hizo exactamente el criminal?

Tú: _____

_____

Policía: ¿Cómo era físicamente?

Tú: _____

_____

Policía: ¿Bigote o barba? La víctima nos dijo que tenía barba.

Tú: _____

Policía: ¿Y la descripción del carro?

Tú: _____

_____

Policía: ¿Quién manejaba? ¿Lo vio Ud. bien? ¿Sabe cómo era?

Tú: _____

Policía: Muchas gracias por ayudarnos.

Actividad 15: Los niños de hoy.   Diana y Marisel están comparando lo que ellas hacían cuando tenían trece años con lo que hacen hoy los niños de esta edad en los Estados Unidos.

Diana: Cuando yo tenía trece años, _____

_____.

Marisel: Yo iba al cine, salía con grupos de amigos y viajaba con mis padres.

Diana: También _____

y _____.

Marisel: Pero hoy, los niños parecen adultos.

Diana: Sí, es verdad, hoy los niños de la escuela donde enseño en los Estados Unidos _____

_____.

Marisel: ¡Es una lástima!

Diana: Pero eso no es todo; también _____

_____.

Marisel: Son como pequeños adultos; casi no tienen infancia.

Actividad 16: ¡Cómo cambiamos! Paulina asistió a la universidad contigo. La viste ayer y no puedes creer cómo está; parece una persona totalmente diferente. Mira estas dos fotos de Paulina y escribe una carta a tu amigo Hernando. Describe cómo era y qué hacía Paulina (imperfecto), y cómo es hoy y qué hace (presente).

Antes   Ahora

Panamá, 10 de enero

Querido Hernando:

    No lo vas a creer; acabo de ver a Paulina Mateos. ¿La recuerdas? Recuerdas que era _____

_____

_____

_____.

    Pues ahora _____

_____

_____

_____

_____

_____.

Un abrazo,

_____

Capítulo 11

PRÁCTICA MECÁNICA I

Actividad 1: La medicina.   Pon estas letras en orden para formar palabras relacionadas con la medicina. Escribe acentos cuando sean necesarios.

1. prnaaisi _____

2. gernsa _____

3. adveejn _____

4. nyniieocc _____

5. clseoiraof _____

6. irrdaea _____

7. ssaneau _____

8. digraofaari _____

9. efbire _____

10. roiplda _____

Actividad 2: La salud.   Asocia las cosas de la Columna A con las palabras relacionadas con la medicina en la Columna B.

A

1. ____ X

2. ____ Contac

3. ____ Ace

4. ____ Robitussin

5. ____ 103°F, 39°C

6. ____ Pepto-Bismol

7. ____ aspirina

B

a. vendaje

b. fractura

c. radiografías

d. diarrea

e. dolor de cabeza

f. cápsulas

g. jarabe

h. fiebre

Actividad 3: ¿Imperfecto o pretérito?   Completa las oraciones con la forma correcta de los verbos indicados en el pretérito o el imperfecto.

1. Ella _____ documentos mientras él _____ los

   contratos.   (traducir, completar)

2. Ayer yo _____ a un gimnasio nuevo por primera vez y la gente

   _____ gimnasia aeróbica, _____ y _____

   pesas.   (ir, hacer, nadar, levantar)

3. Todos los veranos mi familia _____ un mes en la playa. A mí me

   _____.   (pasar, encantar)

4. El año pasado Manuel y Carmen _____ con turistas en Cancún durante cuatro

   meses. _____ en un hotel muy elegante.   (trabajar, vivir)

5. El sábado yo _____ muy mal. Todo el día _____ náuseas y

   fiebre.   (estar, tener)

6. Javier _____ a 150 kilómetros por hora cuando lo _____ la

   policía.   (manejar, parar)

7. Yo _____ cuando me _____ Ramón y por eso no

   _____.   (ducharse, llamar, contestar)

8. El año pasado cuando nosotros _____ por Argentina, _____ a un

   concierto de Les Luthiers.   (viajar, ir)

PRÁCTICA COMUNICATIVA I

Actividad 4: Los síntomas.   Termina estas conversaciones entre los pacientes y sus médicos.

1. *Paciente A:* Hace tres días _____

   _____

   _____.

   Médico: Es posible que Ud. tenga una úlcera.

2. *Paciente B:* Mi hijo tosía, _____

   _____.

   Ahora está bien pero no quiere comer.

   Doctora: Creo que sólo fue una gripe, pero debe obligarlo a comer algo.

3. *Paciente C:* Todas las mañanas _____

   _____.

   Ahora estoy mejor, pero no sé qué me pasaba.

   Médico: Vamos a ver. ¿Cree que pueda estar embarazada?

Actividad 5: Los remedios.   Termina esta conversación en la farmacia.

Cliente: Tengo un dolor de cabeza terrible.

Farmacéutica: ¿Por qué no _____ ?

Cliente: ¿Tiene Bayer?

Farmacéutica: Claro que sí. ¿Algo más?

Cliente: Sí, mi hijo tiene un catarro muy fuerte y fiebre.

Farmacéutica: Entonces, él necesita _____ .

Cliente: ¡Ay! No le gustan las cápsulas. ¿No tiene pastillas de Tylenol?

Farmacéutica: _____.

Cliente: También tiene tos.

Farmacéutica: Bien, pues debe comprarle _____

_____.

Cliente: Y mi marido se cortó la mano.

Farmacéutica: Entonces, _____. ¿Algo más?

Cliente: Creo que es todo.

Farmacéutica: Ya entiendo por qué le duele la cabeza.

Actividad 6: Tu salud.   Lee el siguiente artículo del periódico y contesta las preguntas.

TU SALUD *Por Antonio Calvo Roy*

■ Hipertensión

De tiempo en tiempo hay que recordarlo. En nuestro país el 20 por ciento de la población, cinco millones de personas, sufren de hipertensión, pero sólo el 10 por ciento lo sabe y toma las medidas oportunas. Hágase medir la tensión de vez en cuando, no olvide que tener la tensión alta es como llevar una espada de Damocles sobre la cabeza, y, por cierto, con muchos filos, entre ellos el peligro de infarto.

■ ¡Olé la siesta!

La siesta pasa por ser una de las grandes contribuciones hispanas a la calidad de vida mundial. En verano la costumbre se extiende como una benéfica bendición propiciada por el calor. Su sueño puede estar partido, seis horas nocturnas y dos vespertinas, no es perjudicial para su salud. Muy al contrario, pasar las horas de máximo calor entre dulces sueños puede reportarle beneficios.

1. ¿Qué porcentaje de la población tiene hipertensión?

   a. el 50%   c. el 75%

   b. el 20%   d. el 100%

2. ¿Qué debes hacer para saber si tienes hipertensión?

   a. ver al médico   c. saber los síntomas

   b. medir la tensión con frecuencia   d. dejar de beber y fumar

3. La palabra **vespertino/a** no está en el vocabulario de Uds. ¿Qué significa?

   a. por la noche   c. por la tarde

   b. por la mañana

4. Una persona normal debe dormir ocho horas cada noche. ¿Es bueno o malo para la salud dormir seis horas por la noche y dos horas por la tarde cuando hace calor?

   a. es bueno   c. se está investigando

   b. es malo

Actividad 7: ¿Qué le pasaba?   Termina esta parte de una carta que recibió Isabel de su tía en Chile.

	Es increíble el cambio que veo en tu primo Nando después de estar casado. Tú sabes que él nunca _____ en la cocina, y el viernes pasado yo _____ por la casa de él para dejarle algo y mientras su esposa, Olga, miraba la televisión, tu primo _____ preparando la cena. No _____ creerlo. Cuando _____ preparando la ensalada, yo _____ que él _____ a ponerle demasiado vinagre; entonces _____ para ayudarlo, pero resulta que tu primo _____ exactamente cómo hacer una ensalada y al final, ¡qué ensalada deliciosa!
levantarse pasar estar poder entrar saber creer ir estar	
empezar poner ser saber pensar decir	Olga me _____ que el otro día mientras ella _____ la ropa en la lavadora, Nando _____ a ayudarla. Yo siempre _____ que tu primo _____ muy chauvinista (sé que todavía es en ciertos sentidos), pero últimamente está cambiando. Cada día se parece más a su padre. Él tampoco _____ cocinar antes de casarse. Por cierto, ayer tu tío me preparó una cena exquisita, con una ensalada fabulosa.

Actividad 8: El informe del detective.   Eres un detective y pasaste la mañana siguiendo al esposo de tu cliente. En oraciones completas, escribe el informe que le vas a dar a ella. Di qué hizo el esposo durante la mañana.

trabajar

salir

mientras tomar café / llegar

entrar

mientras probarse vestido / comprar perfume

volver

_____
_____
_____
_____
_____
_____

Actividad 9: La verdad.   Termina esta conversación entre el esposo de la actividad anterior y su esposa.

Ella: ¿Qué hiciste hoy?

Él: Nada; _____.

Ella: ¿Toda la mañana _____?

Él: Sí, excepto _____ para comprarte esto.

Ella: ¡Un vestido y perfume!

Él: Claro, hoy hace diez años que te _____.

Ella: Es que . . . es que . . .

Él: ¿Quieres decirme algo?

Ella: Es que yo pensaba que tú _____

_____.

Él: No, ella era _____.

¿Cómo supiste que fui con ella a la tienda?

Ella: _____.

Él: Bueno, ya sabes la verdad y podemos celebrar.

Actividad 10: ¿Qué estaban haciendo? Todas las personas del dibujo oyeron una explosión y miraron a la calle para ver qué pasó. Di qué estaban haciendo estas personas cuando oyeron la explosión.

|●| El joven *estaba haciendo un crucigrama cuando oyó la explosión.*

1. El mecánico _____.

2. La señora _____.

3. El señor _____.

4. El niño _____.

5. El hombre viejo _____.

6. La joven _____.

PRÁCTICA MECÁNICA II

Actividad 11: El carro. Identifica las diferentes partes del carro. Incluye el artículo definido en tus respuestas.

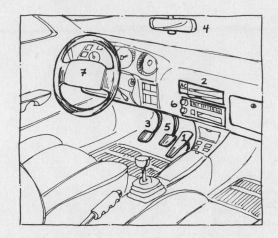

El interior

1. _____   5. _____

2. _____   6. _____

3. _____   7. _____

4. _____

El exterior

1. _____   5. _____

2. _____   6. _____

3. _____   7. _____

4. _____

Actividad 12: ¿Pretérito o imperfecto?   Escribe la forma correcta de los verbos indicados en el pretérito o el imperfecto.

1. El otro día mi novio _____ a mi padre.   (conocer)

2. Nosotros _____ a ir al cine, pero llegamos tarde.   (ir)

3. Mi hijo _____ que visitar a su padre, pero no _____ porque él _____ un accidente con el carro.   (tener, ir, tener)

4. Ayer yo _____ la verdad, pero no le _____ nada a nadie. (saber, decir)

5. Ella no _____ su número de teléfono, por eso no _____. (saber, llamar)

6. Nosotros _____ que ir al banco ayer. El director del banco nos _____ con nuestro problema.   (tener, ayudar)

7. Los niños _____ a ir a la piscina, pero _____ a llover.   (ir, empezar)

8. El profesor _____ a devolver los exámenes hoy, pero los _____. (ir, perder)

9. Yo _____ en Salamanca por tres años, por eso cuando _____ a la ciudad, yo no _____ mapa porque _____ la ciudad muy bien. (vivir, volver, necesitar, conocer)

10. Margarita _____ a Hollywood para pasar las vacaciones, pero no _____ a nadie famoso.   (ir, conocer)

Actividad 13: Describiendo.   Completa estas oraciones con la forma correcta del participio pasado de los verbos indicados.

1. Llegamos tarde y la tienda estaba _____.   (cerrar)

2. El niño que perdió su perro está _____ allí.   (sentar)

3. La ropa sucia está en la lavadora y la ropa _____ está en tu dormitorio.   (lavar)

4. María, ¿por qué estás _____?   (preocupar)

5. Mi tío vende carros _____.   (usar)

6. El carro está _____ y _____.   (arreglar, lavar)

7. Los niños están _____ y _____.   (bañar, vestir)

8. *Don Quijote de la Mancha* está _____ a casi todos los idiomas.   (traducir)

PRÁCTICA COMUNICATIVA II

Actividad 14: Problemas, problemas y más problemas. Termina esta carta que escribió Lorenzo Martín a una compañía de alquiler de carros después de una experiencia terrible con un carro alquilado.

Caracas, el 15 de febrero de 1994

Estimados señores:

Alquilé un carro de su compañía hace tres semanas y tuve muchísimos problemas. Primero, estaba bajando las montañas cuando no funcionaron los _____. Por suerte no tuve un accidente. Paré en una gasolinera y me los arreglaron. Más tarde empezó a llover, pero no podía ver nada porque los _____ no funcionaban. Después, cuando llegué al hotel, no podía sacar las maletas del _____ porque la llave que Uds. me dieron no era la llave que necesitaba; pero por fin un policía me lo abrió. Esa noche salí y no podía ver bien porque una de las _____ no encendía. Para colmo, al día siguiente hacía muchísimo calor y el _____ no echaba aire frío, sólo aire caliente.

Hace muchos años que alquilo los carros de su compañía sin ningún problema; pero después de esta experiencia, creo que voy a tener que ir a otra agencia de alquiler de carros.

Atentamente,

Lorenzo Martín

Actividad 15: Las excusas. Lee estas miniconversaciones; luego termínalas usando **iba, fui, tenía** o **tuve.**

1. —Había muchas personas en la fiesta.

   —Entonces, ¿te divertiste?

   —Sí y no. Y tú, ¿dónde estabas? Prometiste venir.

   —_____ a ir, pero _____ que ayudar a mi madre, que estaba enferma.

2. —_____ que ir al dentista ayer.

—¿Fuiste o no?

—No fui porque el dentista estaba enfermo.

3. —¿Me compraste el champú?

—_____ a comprártelo, pero no _____ a la tienda porque

_____ un pequeño accidente con el carro.

—¡No me digas! ¿Estás bien?

—_____ que ir al hospital.

—¡Por Dios! ¿Y qué te dijo el médico?

—No mucho. Estoy bien, sólo tengo que tomar aspirinas.

Actividad 16: El telegrama.   Termina este telegrama que Paco le mandó a Alicia. Usa las formas correctas de los participios pasivos *(past participles)* de los siguientes verbos: **alquilar, preparer, reservar, vender.**

La habitación está _____ en el Hotel Santa Cruz. STOP El carro está

_____ en Hertz. STOP Todas las entradas están _____ . STOP Todo

está _____ para el concierto del jueves. STOP Buena suerte.

Actividad 17: ¿Qué hiciste?   Usando oraciones completas, contesta las siguientes preguntas sobre el último concierto que viste.

1. ¿A quién viste? _____

2. ¿Con quién fuiste? _____

3. ¿A qué hora empezó? _____

4. ¿Cuándo terminó? _____

5. ¿Dónde se sentaron Uds.? _____

6. ¿Pudiste ver y oír bien? _____

7. ¿Cuánto te costó la entrada? _____

8. ¿Qué canciones tocaron? _____

9. ¿Cuál de las canciones fue tu favorita? _____

_____

Actividad 18: ¿Cómo era?   En oraciones completas, contesta estas preguntas sobre el mismo concierto.

1. ¿Había mucha gente? _____

2. ¿Cuántos músicos había? _____

3. ¿Qué ropa llevaban los músicos? _____

_____

NOMBRE_____ FECHA_____

4. ¿Cómo era el escenario *(set)*? _____

_____

5. ¿Cómo reaccionaba el público a las canciones? _____

_____

6. ¿Usaron efectos especiales (láser, vídeo, etc.)? Si contestas que sí: ¿Qué hacían los músicos

mientras Uds. veían los efectos especiales? _____

_____

_____

7. ¿Valió la pena ir al concierto o no? ¿Por qué sí o no? _____

_____

Actividad 19: La carta.   Hay que usar el imperfecto y el pretérito para describir bien algo que ocurrió. Usa la información de la *Actividad 17* y la *Actividad 18* para escribir una carta sobre el concierto a un/a amigo/a. Describe qué hiciste, qué ocurrió y cómo era el concierto. Añade más detalles *(details)* si quieres.

_____, ____ de _____
     (ciudad)   (día)   (mes)

_____:

_____

_____

_____

_____

_____

_____

_____

_____

_____

_____

Un abrazo,

_____

Capítulo 12

PRÁCTICA MECÁNICA I

Actividad 1: La palabra que no pertenece.   Marca la palabra que no pertenece *(doesn't belong)* al grupo.

1. clarinete, batería, flauta, trompeta

2. guisantes, judías verdes, cordero, espárragos

3. pavo, bistec, chuleta, filete

4. violín, saxofón, guitarra, violonchelo

5. ternera, ajo, cordero, cerdo

6. flauta, clarinete, saxofón, trombón

7. lentejas, coliflor, frijoles, guisantes

8. fruta, helado, carne, flan

Actividad 2: Los platos.   Organiza estas listas de la siguiente manera: primer plato, segundo plato y postre.

1. flan, melón con jamón, churrasco

   Primer plato _____

   Segundo plato _____

   Postre _____

2. medio pollo, espárragos con mayonesa, fruta

   Primer plato _____

   Segundo plato _____

   Postre _____

3. helado, judías verdes, bistec

   Primer plato _____

   Segundo plato _____

   Postre _____

Actividad 3: ¿Pretérito o imperfecto?   Completa las oraciones con la forma apropiada del pretérito o del imperfecto de los verbos indicados.

1. Anteayer yo _____ a tu profesor.   (ver)

2. Durante el verano pasado, a veces yo _____ en la piscina de los vecinos.   (nadar)

3. Cuando _____ en Madrid, con frecuencia nosotros _____ a comer en el restaurante chino "Kung Fu" que _____ en la calle Duque de Sesto.   (vivir, ir, estar)

4. Todos los días mi jefe _____ de los problemas que _____ con sus hijos.   (quejarse, tener)

5. Marcos y yo _____ jugando al tenis cuando de repente _____ a llover.   (estar, empezar)

6. El año pasado Fernando _____ a otra universidad por un semestre y _____ aquí en octubre.   (asistir, venir)

7. A menudo los vecinos me _____ con su música.   (molestar)

8. De vez en cuando mi novio me _____ pequeños regalos, pero el sábado pasado me _____ un estéreo.   (mandar, dar)

9. Juan, un compañero de trabajo, me _____ a menudo, pero anoche _____ que estaba casado.   (hablar, saber)

10. Mi hijo siempre _____ bien, pero el mes pasado _____ a tener problemas y a no dormir.   (dormir, empezar)

Actividad 4: Describiendo.   Completa estas oraciones con el participio pasado de los verbos indicados.

1. El parabrisas estaba _____ y tuvimos que ir a un taller.   (romper)

2. La comida está _____.   (servir)

3. Sabíamos que la señora estaba _____ porque no respiraba.   (morir)

4. Los niños tienen las manos _____ y la mesa está _____, mamá; ya podemos comer.   (lavar, poner)

5. Las tiendas están _____ los domingos, excepto en el centro comercial, donde están _____ de las doce a las cinco.   (cerrar, abrir)

6. El contrato estaba _____ pero nadie quería firmarlo.   (escribir)

Actividad 5: Negando.   Contesta estas preguntas de forma negativa. Usa palabras como **nadie, nunca, ni . . . ni, ninguno,** etc.

1. ¿Bailaste con alguien? _____

2. ¿Revisó el mecánico el aceite y la batería? _____

    _____

3. ¿Cuántos estudiantes vinieron anoche? _____

4. ¿Vas a la biblioteca con frecuencia? _____

5. ¿Pudiste comprar la carne y los espárragos? _____

    _____

PRÁCTICA COMUNICATIVA I

Actividad 6: El aniversario de plata.   El viernes que viene son las bodas de plata (aniversario de veinticinco años) de tus padres y vas a tener una fiesta en un restaurante para ellos. El restaurante te dio estas descripciones de conjuntos musicales. Completa la carta al restaurante diciéndole cuál de los conjuntos quieres.

Los tucutucu

Tocan música clásica: 2 violines, un violonchelo y flauta.

Maruja Beltrán

Pianista y cantante versátil: música clásica, jazz o música moderna. Si quiere, el público puede cantar con ella.

Redonditos de ricota

Música de los años 40 y 50: clarinete, trompeta, trombón, saxofón, batería. Perfecto para bailar.

Las viudas del rock-and-roll

Música moderna: guitarra eléctrica, bajo, batería. Especialistas en rock de hoy y de los años 60.

Estimado Sr. Jiménez:

    Para la fiesta de mis padres prefiero _____

porque a mis padres les gusta/n _____ .

También creo que es una buena idea porque voy a invitar a _____

_____ y a muchos de ellos les fascina/n _____ .

Actividad 7: El encuentro.   Muchas personas tienen la misma rutina todos los días y cuando rompen esta rutina es cuando pasan cosas interesantes. Termina este párrafo y cuenta cómo se conocieron los Sres. Durán.

Con frecuencia el Sr. Durán _____ y muchas veces _____ . Estas

actividades eran parte de su rutina diaria. También _____ , _____ y

_____ . Pero el 3 de marzo fue diferente; no _____ . Fue a la playa y

allí vio a la Srta. Guzmán. Pensaba que era una mujer muy _____ . Quería conocerla.

Mientras ella _____ , él _____ . De repente, _____

_____ .

Así se conocieron y llevan casados diez años.

Actividad 8: La comida. El restaurante quiere que decidas cuál va a ser el menú para la fiesta de tus padres. Ellos sugieren que pidas dos comidas de primer plato, dos comidas de segundo y algo de postre; así la gente puede elegir. También debes pensar en un menú especial para tus tíos que son vegetarianos. Puedes gastar hasta 3.500 pesetas por cada persona. Mira el menú y completa el papel que te mandaron del restaurante.

Mi Buenos Aires Querido

Casa del Churrasco
Castellana 240, Madrid

Primer plato	pts.
Sopa de verduras	600
Espárragos con mayonesa	800
Melón con jamón	850
Tomate relleno	750
Ensalada rusa	500
Provoleta (queso provolone con orégano)	650

Segundo plato	
Churrasco	2200
Bistec de ternera con puré de papas	1800
Medio pollo al ajo con papas fritas	1500
Ravioles	1200
Lasaña	1200
Pan	150

Ensaladas	pts.
Mixta	600
Zanahoria y huevo	600
Waldorf	800

Bebidas	
Agua con o sin gas	325
Media botella	225
Gaseosas	225
Té	200
Café	200
Vino tinto, blanco	250

Postres	
Helado de vainilla, chocolate	550
Flan con dulce de leche	550
Torta de chocolate	600
Frutas de estación	550

Menú del día: ensalada mixta, medio pollo al ajo con papas, postre, café y pan — 2400

Primer plato 1. _____

2. _____

Segundo plato 1. _____

2. _____

Postre _____

Champán Sí _____ No _____

Vino, agua, pan y café incluidos en el precio para grupos de veinticinco o más.

Señor Jiménez:

También necesitamos un menú especial para vegetarianos, que va a ser lo siguiente:

Primer plato _____

Segundo plato _____

Postre _____

Actividad 9: Un sobreviviente.   Un grupo terrorista puso una bomba en un avión. La bomba explotó y causó un accidente terrible. Murieron algunas personas en el ataque, pero sobrevivió *(survived)* la mayoría. Completa la descripción que le dio a la policía uno de los sobrevivientes. Usa el siguiente proceso: primero, lee el párrafo. Luego, léelo otra vez, selecciona los verbos de la lista correspondiente y escribe las formas apropiadas en el pretérito o el imperfecto. Finalmente, lee el párrafo otra vez para revisarlo. Usa cada verbo solamente una vez.

decir, encontrar, estar, haber, ir, llegar, parecer, tener, volar

Yo _____ a ir de Santiago a Lima, pero obviamente no _____. En el

aeropuerto todo _____ normal. Durante muchos años yo _____ con

frecuencia (dos días por semana) de Santiago a Lima por mi trabajo y hoy me _____ un

día normal. Una vez, hace un año, recuerdo que _____ que bajar del avión porque

_____ que _____ una bomba, pero al final los expertos no

_____ nada.

decir, hacer, pasar, preocupar, salir, ser, subir, tener, volver

     Hoy los pasajeros _____ por el control de maletas y _____ al

avión. El avión _____ de Santiago sin problemas. Acababan de darnos las bebidas

cuando de repente el piloto nos _____ que _____ que volver a

Santiago, pero no nos _____ el anuncio porque durante muchos otros viajes, a menudo

el avión _____ a Santiago porque _____ mal tiempo en Lima. Pero

hoy no _____ así.

gritar, llorar, oír, tener

     De repente _____ la explosión. La gente _____ y

_____. No recuerdo el momento del impacto. Sólo sé que _____

muchísima suerte.

Actividad 10: Los terroristas.   Tú trabajas para un periódico y fuiste una de las primeras personas en llegar después del accidente de avión causado por la bomba. Mira el dibujo y escribe un artículo para el periódico sobre lo que viste. Usa participios pasivos en tu descripción.

_____

_____

_____

_____

_____

_____

_____

_____

_____

_____

_____

_____

PRÁCTICA MECÁNICA II

Actividad 11: La variedad geográfica. Asocia las palabras de la Columna A con las de la Columna B.

A   B

1. ____ Misisipí   a. islas

2. ____ Caracas   b. volcán

3. ____ Etna   c. colina

4. ____ las Galápagos   d. playa

5. ____ los Pirineos   e. río

6. ____ Jack y Jill   f. océano

7. ____ Atlántico   g. ciudad

8. ____ Malibú   h. lagos

9. ____ Michigan, Superior y Titicaca   i. montañas

Actividad 12: Comparando. Escribe oraciones comparando estas personas o cosas. ¡Ojo! Algunos usan superlativos y otros usan comparativos.

▐●▌ Cindy Crawford / Roseanne Arnold / Liz Taylor / delgado
Cindy Crawford es la más delgada de las tres.

1. Michael Jordan / Larry Bird / bueno _____

_____

2. México / Guatemala / El Salvador / grande _____

_____

3. mis hermanos / tus hermanos / joven _____

_____

4. carro / costar / más / diez mil dólares _____

_____

5. Reagan / Ford / Bush / viejo _____

_____

6. Danny DeVito / Dustin Hoffman / bajo _____

_____

Actividad 13: Exagerando. Escribe estas oraciones de otra manera sin cambiar su significado. Usa **-ísimo** y escribe acentos cuando sea necesario.

1. Clara Inés es muy guapa. _____

2. Pablo es muy alto. _____

3. El examen fue muy fácil. _____

4. El pelo de ella es muy largo. _____

5. El programa fue muy malo. _____

PRÁCTICA COMUNICATIVA II

Actividad 14: La geografía. Completa este crucigrama.

Horizontales

4. Es una carretera para carros a alta velocidad.

6. Es más pequeña que una montaña.

7. El Amazonas o el Orinoco.

8. Donde vive Tarzán.

11. Un lugar entre dos montañas: Napa es un _____.

12. Titicaca es el _____ navegable más alto del mundo.

13. El Atlántico o el Pacífico.

14. El Mediterráneo.

Verticales

1. Los romanos construyeron muchos, pero uno muy famoso y moderno conecta Manhattan y Brooklyn.

2. Iguazú o el Salto Ángel.

3. No es la ciudad.

5. Puerto Rico, Cuba o Mallorca.

9. De esto sale lava cuando hace erupción.

10. Viajando por la _____ este de España, vimos el Mediterráneo.

NOMBRE_____ FECHA_____

Actividad 15: ¿Cuánto sabes?   Marca estas oraciones **C** (cierta) o **F** (falsa). Corrige las oraciones falsas.

1. ____ El Aconcagua es la montaña más alta del mundo.
   _____

2. ____ Hay más de veinticinco países de habla española en el mundo.
   _____
   _____

3. ____ San Agustín, en la Florida, es la ciudad más vieja de los Estados Unidos.
   _____
   _____

4. ____ El Salto Ángel, en Venezuela, es la catarata más alta del mundo.
   _____
   _____

5. ____ La papa es más importante en Centroamérica y en México que en Suramérica.
   _____
   _____

6. ____ Pablo Casals fue el mejor guitarrista del mundo.
   _____

Actividad 16: Alquiler de carros.   Lee este anuncio de Hertz y contesta las preguntas usando oraciones completas.

Latinoamérica A Su Alcance^MR con Hertz.
Descubra el colorido de un mundo de culturas.

Argentina. Brazil. Chile. Venezuela. Perú. Panamá. Y otros siete destinos en Latinoamérica. En cada uno encontrará un mundo de culturas. Países donde verá ruinas arqueológicas casi junto a modernas ciudades. Además de magníficas playas, paisajes montañosos, selvas y miles de maravillas naturales.

Desde Centroamérica hasta la Patagonia, Hertz le espera con un flamante auto, limpio y cómodo, con tarifas garantizadas en dólares (US$). Hertz le proporcionará el placer de descubrir las bellezas de este Nuevo Mundo, mientras disfruta del servicio y la experiencia de la compañía de alquiler de autos más importante en Latinoamérica.

1. ¿En cuántos países latinoamericanos tiene oficinas Hertz? _____
   _____

2. Latinoamérica es un lugar de contrastes. ¿Con qué contrasta Hertz las ruinas arqueológicas? _____
   _____

3. Hertz habla de variedad geográfica. ¿Qué cosas menciona el artículo? _____
   _____

4. ¿Dónde crees que esté la Patagonia? ¿Cerca o lejos de Centroamérica? _____

_____

5. ¿Hertz te puede garantizar un precio antes de salir de los Estados Unidos o depende del país y a

cuánto está el dólar? _____

_____

Actividad 17: El ejercicio y la salud.   Compara los siguientes gimnasios. Usa el comparativo o el superlativo.

	Cuerposano	Musculín	Barriguita
Número de clases aeróbicas	14/semana	7/semana	21/semana
Precio	$1.700/año	$2.500/año	$1.875/año
Piscina	50 metros	25 metros	40 metros
Número de miembros	1500 Hombres y mujeres	1400 Para toda la familia	1350 Sólo mujeres
Extras	Bar con jugos y sándwiches	Máquinas de Coca-Cola, boutique	Bar, cafetería y restaurante

1. clases aeróbicas: Cuerposano / Musculín _____

_____

2. precio: Cuerposano / Musculín / Barriguita _____

_____

3. piscina: Cuerposano / Musculín / Barriguita _____

_____

4. número de miembros: Musculín / Barriguita _____

_____

5. En tu opinión, ¿cuál es el mejor gimnasio? ¿Por qué? _____

_____

_____

Actividad 18: La familia Villa.   Mira el dibujo de la familia Villa y lee las pistas *(clues)*.   Después identifica el nombre de la persona en cada dibujo, su edad y qué hace. ¡Ojo! Debes escribir tus respuestas con lápiz.

Pistas

Felisa es la más alta de las hermanas.

El estudiante tiene un año más que el dentista y un año menos que la secretaria.

La secretaria tiene el pelo más largo de todos.

David es más alto que el dentista.

El menor de la familia tiene veinticinco años y se llama Felipe.

La persona que tiene dos años más que Felisa es doctora.

El estudiante no trabaja.

La mayor de todos los hermanos tiene treinta y cuatro años y es la más delgada.

La hermana más alta de las tres es arquitecta.

Maribel es mayor que Ana; Ana tiene sólo veintisiete años.

	Nombre	Edad	Ocupación
1.			
2.			
3.			
4.			
5.			

Actividad 19: ¿Cómo es tu familia?   Escribe una pequeña descripción de tu familia usando comparativos y superlativos. Usa adjetivos como **interesante, inteligente, trabajador/a, mayor, menor,** etc.

_____

_____

_____

_____

_____

Capítulo 13

PRÁCTICA MECÁNICA I

Actividad 1: Definiciones. Lee las definiciones y escribe la palabra correcta. Después, contesta la pregunta al final usando las letras indicadas.

1. Cuando te llevan del aeropuerto al hotel y del hotel al aeropuerto.

   _ _ _ _ _ _ _
   7   6

2. Damos esto a un camarero o a un taxista.

   _ _ _ _ _ _ _ _
           3

3. El plan del viaje.

   _ _ _ _ _ _ _ _ _
   1

4. El opuesto de obligatorio.

   _ _ _ _ _ _ _
           8

5. Los papeles que necesitas para entrar en un museo.

   _ _ _ _ _ _ _
   5   9

6. La persona que nos explica puntos de interés.

   _ _ _ _
       4

7. La comida del mediodía.

   _ _ _ _ _ _
       2

¿Qué es algo que nadie quiere pagar?

   _ _ _ _ _ _ _ _ _
   1 2 3 4 5 6 7 8 9

Actividad 2: ¿Lo has hecho? Completa las siguientes oraciones con la forma correcta del pretérito perfecto (*present perfect*) de los verbos indicados.

1. María nunca _____ _____ porque tiene miedo.   (esquiar)

2. Gustavo, ¿_____ _____ gazpacho alguna vez?   (comer)

3. Yo nunca _____ _____ sangría porque tengo alergia al vino.   (beber)

4. Nosotros no le _____ _____ a la abuela todavía.   (escribir)

5. ¿_____ _____ el Museo de Antropología los chicos?   (ver)

6. ¿_____ _____ Ud. por aduanas?   (pasar)

7. Mi abuelo tiene ochenta y nueve años, maneja un carro y nunca _____ _____ un accidente.   (tener)

8. Perdón, pero nosotros no lo _____ _____ todavía.   (hacer)

Actividad 3: Espero que hayas entendido.   Completa estas oraciones con el subjuntivo de los verbos indicados. Algunas usan formas de **haber,** otras no.

1. Son las tres y Felipe iba a llegar a las dos. Es posible que su avión no

   _____ a tiempo.   (llegar)

2. Ojalá que los chicos _____ pronto.   (venir)

3. Es posible que tus padres no _____ hoy.   (volver)

4. Es probable que el concierto _____ mañana.   (ser)

5. Es tarde; tal vez Pedro y Pablo ya _____.   (salir)

6. Iban a pasar por aquí antes de salir, pero es posible que _____ problemas

   con el carro.   (tener)

7. ¿Seguro que no tienes el pasaporte? Quizás lo _____ en el hotel.   (dejar)

8. No están aquí y hace media hora que esperamos. Dudo que _____.

   (venir)

9. Esperamos que el presidente _____ algo mañana sobre los

   impuestos.   (decir)

10. Necesito una persona que me _____.   (entender)

Actividad 4: ¡Ay, ay, ay!   Forma oraciones diciendo qué les pasó a estas personas. Sigue el modelo.

   ▐●▌ a Juan / perder / pasaporte   *A Juan se le perdió el pasaporte.*

1. a mí / olvidar / examen _____

   _____

2. a los niños / romper / ventana _____

   _____

3. a Ramón / perder / niños _____

   _____

4. a ti / caer / libros _____

   _____

5. a nosotros / olvidar / pagar _____

   _____

PRÁCTICA COMUNICATIVA I

Actividad 5: Tus preferencias. *(a)* Quieres visitar Puerto Rico. Contesta las siguientes preguntas usando oraciones completas.

1. ¿Te gusta más tener un itinerario con los días planeados o tener mucho tiempo libre?

   _____

   _____

2. ¿Te gusta tomar muchas excursiones o prefieres alquilar un carro e ir con un grupo pequeño?

   _____

   _____

3. ¿Prefieres tener las comidas incluidas en el precio o te gusta probar los restaurantes locales?

   _____

   _____

(b) Usando tus respuestas, decide cuál de estos dos viajes te gustaría hacer y explica por qué.

Puerto Rico—Viaje I

7 días, 6 noches en San Juan
Traslados, hotel de lujo
Todas las comidas incluidas
Excursiones a Luquillo y El Yunque
Excursión opcional a Ponce
Impuestos y propinas incluidos

Puerto Rico—Viaje II

7 días, 6 noches en San Juan
Traslados, hotel de lujo
Comida de bienvenida y cena de despedida
Excursiones opcionales a toda la isla
Impuestos incluidos

_____

_____

_____

_____

Actividad 6: Las aventuras. Viste esta prueba *(test)* en una revista. Contesta estas preguntas usando oraciones completas para saber si tú o tus amigos son muy aventureros.

1. ¿Has saltado de un avión? _____

   _____

2. ¿Has dormido toda la noche en un carro? _____

   _____

3. ¿Te han despertado tus amigos a las cuatro de la mañana para salir con ellos? _____

   _____

4. ¿Han nadado tú y tus amigos sin traje de baño? _____

   _____

5. ¿Te has enamorado de alguien a primera vista? _____

_____

6. ¿Has llamado al trabajo alguna vez diciendo que estabas enfermo/a, y has salido después con tus

amigos? _____

_____

7. ¿Has dejado un buen trabajo para hacer un viaje? _____

_____

El resultado: Dos puntos por cada respuesta afirmativa y un punto por cada respuesta negativa.

1–6	Lee las instrucciones otra vez. No sabes matemáticas.
7–8	Llevas una vida muy tranquila y necesitas ser más atrevido/a *(daring)*.
9–10	Tu vida es normal (un poco aburrida, pero normal).
11–12	Eres bastante aventurero/a. Te gusta vivir bien.
13–14	Necesitas controlarte más, buscar un trabajo y ser una persona más responsable.

Actividad 7: Deseos y probabilidades.   Lee estas situaciones y completa las oraciones usando formas de **haber.**

1. Ves un accidente de carros y unas botellas de vino; también hay una ambulancia.

   Es probable que _____.

2. Tu jefe quiere una secretaria bilingüe (español/inglés), sin niños, lista para viajar.

   Mi jefe busca una persona que _____.

3. Tu hijo te dijo que iba a tomar un avión a las tres o a las cinco. El avión de las tres tuvo un accidente. No te ha llamado todavía.

   Espero que _____.

4. Quieres recibir una carta de tu novio/a. Estás esperando al cartero y le dices a un amigo:

   Ojalá que me _____.

5. Tienes un boleto de lotería y estás escuchando las noticias de las ocho.

   Ojalá que _____.

Actividad 8: Un puesto vacante.   Olivia y Sergio entrevistaron a dos candidatos diferentes para un puesto de trabajo y ahora están comparando sus impresiones. Primero, lee la conversación. Después de leerla, usa el pretérito perfecto (**he, has, ha . . .** + participio pasivo) o el pretérito perfecto del subjuntivo (**haya, hayas, haya . . .** + participio pasivo) de los verbos indicados para completar la conversación.

Olivia: Vamos a ver . . . ¿Elisa Piñeda _____ en otro país?   (vivir)

Sergio: Sí, vivió en Bélgica por tres años y allí trabajó para la Comunidad Europea. Y Francisco

Tamames, ¿_____ como supervisor antes?   (trabajar)

Olivia: Sí, pero dudo que _____ muchas responsabilidades.   (tener)

Sergio: Pero, ¿piensas que _____ de esa experiencia?   (aprender)

Olivia: No sé, me dio la impresión que no, pero es muy inteligente y creo que puede aprender

rápidamente. Y la Srta. Piñedo, ¿_____ programación con

LOTUS alguna vez?   (hacer)

Sergio: Sí, pero no mucho.

Olivia: Tenemos que decidir pronto porque es posible que el Sr. Tamames ya

_____ un puesto con otra compañía.   (aceptar)

Sergio: Tienes razón, pero no me gusta tomar decisiones rápidas. Creo que es mejor entrevistar a

más personas y tener la decisión para el final de esta semana.

Olivia: Buena idea. Estoy totalmente de acuerdo.

Actividad 9: ¡Qué desastre de familia!   Termina esta parte de una carta que Martín le escribió a su primo. Lee todo primero, y después temina la carta con frases como **se me olvidó.** Usa verbos como **caer, olvidar, perder, quemar** y **romper.**

No me vas a creer, pero ayer fue un día fatal. Todo empezó a las 8:15 de la mañana. Iba a llevar a mi

esposa al aeropuerto porque tenía que ir a Santo Domingo en viaje de negocios. Salí con mi hijo,

Ramoncito, y mi esposa y cerré la puerta, pero ¡____ ____ _____ las llaves dentro de

la casa! Abrí una ventana y Ramoncito entró, pero ____ ____ _____ la ventana (el

niño está un poco más gordo que la última vez que lo viste). Finalmente, Ramoncito salió de la casa con

las llaves en la mano. Tuvimos que parar para comprar gasolina. Le estábamos echando gasolina al carro,

cuando de repente oímos una explosión. Ramoncito y yo corrimos rápidamente al otro lado de la calle y

no nos pasó nada; pero ____ ____ _____ el carro. Mi esposa estaba en el baño y con

la explosión, a ella ____ ____ _____ los anteojos en el inodoro. Ella salió corriendo

del baño sin poder ver nada y con toda la confusión, ____ ____ _____ su bolso.

Claro, los pasajes para el avión estaban en el bolso, así que obviamente, ella perdió el vuelo. ¿Verdad que

esto parece de novela? ¡Qué día!

Actividad 10: Las joyas.   Asocia las palabras en la Columna A con las palabras en la Columna B. Escribe todas las posibilidades para cada una.

A

1. _____ diamante
2. _____ cadenas
3. _____ esmeralda
4. _____ anillo
5. _____ arete
6. _____ perla
7. _____ reloj

B

a. oreja
b. Sur África
c. casarse
d. Rolex
e. verde
f. Colombia
g. el mar
h. brillante
i. Mallorca
j. la prisión
k. dedo
l. collar

Actividad 11: ¿Qué está haciendo?   Di que está haciendo el hombre en cada dibujo. Usa **está +** **–ando/–iendo.**

⏺ *El hombre está entrando en el edificio.*

1.
2.
3.
4.
5.

1. _____
2. _____
3. _____
4. _____
5. _____

Actividad 12: Dando direcciones.   Acabas de decirle un hombre las acciones que debe hacer. Ahora escribe esos cinco mandatos.

   |●| *Entre Ud. en el edificio.*

1. _____

2. _____

3. _____

4. _____

5. _____

Actividad 13: Los mandatos.   Escribe los mandatos correspondientes. Usa los pronombres de los complementos directos cuando sea posible.

1. Ud. debe salir de aquí. _____

2. Uds. no deben copiar en el examen. _____

3. Ud. necesita ponerse el abrigo. _____

4. Ud. debe comerlo. _____

5. Uds. no deben comprarlos. _____

6. Ud. no debe buscar problemas. _____

7. Uds. lo tienen que hacer ahora. _____

8. Ud. no debe dármelo. _____

9. Uds. no se lo deben decir. _____

10. Ud. tiene que volver a su casa. _____

Actividad 14: Comparaciones.   Escribe comparaciones basadas en los dibujos.

1. Isabel   Paco   2. Pilar   Ana   3. Paula   María

4. Pepe   Laura   5. Juana   Elisa

1. Isabel / Paco / alto _____

_____

2. pelo / Pilar / Ana / largo _____

_____

3. Paula / María / bonito _____

_____

4. Pepe / Laura / cansado _____

_____

5. ojos / Elisa / Juana / pequeño _____

_____

PRÁCTICA COMUNICATIVA II

Actividad 15: Los regalos y las compras.   Contesta estas preguntas sobre joyas para una compañía de publicidad que está haciendo un estudio del mercado. Usa oraciones completas.

1. ¿Alguien le ha regalado a Ud. un anillo? _____

_____

Si contesta que sí, ¿quién se lo regaló y por qué? _____

_____

2. ¿Ha comprado Ud. un reloj en el último año? _____

_____

3. ¿Le ha regalado Ud. alguna joya a alguien durante el último año? _____

_____

Si contesta que sí, ¿qué le regaló Ud. y a quién? _____

_____

4. ¿Qué joya le gustaría a Ud. recibir como regalo este año? _____

_____

Actividad 16: ¡Ojo!   Mira estos dibujos y escribe mandatos apropiados.

1. _____   2. _____

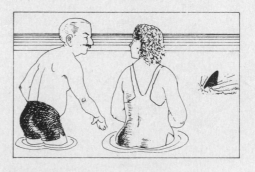

3. _____   4. _____

Actividad 17: Mandatos.   Escribe mandatos que puedas escuchar cuando estés viajando. Usa pronombres de los complementos directos cuando sea posible. Sigue el modelo.

   ▐●▌ maletas   *Déjenlas en el autobús.*

1. pasaporte _____

2. pasajes _____

3. entradas _____

4. carros de alquiler _____

5. declaraciones de aduana _____

Actividad 18: Los anuncios.   Trabajas para una compañía de publicidad. Tienes que escribir frases que llamen la atención *(catchy phrases)*. Usa **tan . . . como** en tus oraciones.

|●| el detergente "Mimosil"   *El detergente "Mimosil" te deja la ropa tan blanca como la nieve.*

1. la película *Rambo VIII* _____

_____

2. el disco nuevo de Paul Simon _____

_____

3. la pasta de dientes "Sonrisa feliz" _____

_____

4. la dieta "Kitakilos" _____

_____

5. el nuevo carro "Mercedes Sport" _____

_____

Capítulo 14

PRÁCTICA MECÁNICA I

Actividad 1: Asociaciones.   Asocia las frases de la Columna A con las palabras de la Columna B.

A	B
1. ____ Cuando tienes una carie, te ponen esto.	a. la caja
2. ____ En los EE. UU. las hay de uno, de cinco,	b. billete
de diez, de veinticinco y de cincuenta	c. tarjetas de crédito
centavos.	d. cheques de viajero
3. ____ Es bueno hacerlo dos veces al año.	e. monedas
4. ____ El de un dólar tiene la cara de George Washington.	f. limpieza de dientes
5. ____ No salgas de viaje sin ellos.	g. empaste
6. ____ Te dice a cuánto está el dólar.	h. el cajero
7. ____ Tienes cuatro en la parte de atrás de la boca.	i. muelas de juicio
8. ____ Visa, MasterCard, American Express, etc.	j. el cambio
9. ____ Si quieres sacar dinero vas allí.

Actividad 2: Mandatos.   Cambia estas oraciones por mandatos. Usa pronombres de los complementos si es posible.

▐●▌ Debes comer el sándwich.   *Cómelo.*

1. Tienes que decirle la verdad al policía. _____

_____

2. Necesitas escribirme un informe. _____

_____

3. No debes salir ahora. _____

4. Tienes que ponerlo allí. _____

5. Quiero que me busques después de la clase. _____

_____

6. No debes tocarlo. _____

7. Te aconsejo que lo hagas. _____

8. Debes afeitarte. _____

9. No debes decírselo a nadie. _____

_____

10. No tienes que empezarlo ahora. _____

_____

Actividad 3: Más mandatos.   Completa estas oraciones con la forma correcta de los verbos indicados en el subjuntivo o el indicativo.

1. Te digo que yo no _____ qué pasó.   (saber)

2. El policía les está diciendo que _____ de aquí.   (salir)

3. Le digo a Ud. que me _____ el dinero mañana o voy a llamar a mi

   abogado.   (traer)

4. Me dice que mañana _____ a nevar.   (ir)

5. Tu madre siempre te dice que no _____ eso.   (hacer)

6. Les dice que _____ esos papeles a la oficina.   (llevar)

7. Nos dicen que _____ mala la comida en este restaurante.   (ser)

8. ¿Nos estás diciendo que _____?   (ir)

PRÁCTICA COMUNICATIVA I

Actividad 4: Una visita al dentista.   Termina este diálogo entre un paciente y su dentista.

Dentista: ¿Cuánto tiempo hace que se hizo Ud. una limpieza de dientes?

Paciente: _____

Dentista: Muy mal, muy mal. Debe hacérsela _____.

Paciente: No lo sabía.

Dentista: Además, tiene dos caries.

Paciente: Entonces, me va a poner dos _____, ¿no?

Dentista: No, voy a ponerle sólo uno.

Paciente: ¿Uno?

Dentista: Sí, porque el otro está en una _____.

Paciente: ¿Y qué?

Dentista: Creo que debemos sacarla.

Actividad 5: En el banco.   Lee estas miniconversaciones y di qué está haciendo la Persona A.   Usa oraciones completas.

1. *Persona A:*   ¿Escribo mi nombre aquí?
   Persona B: No, en la línea que hay debajo.

   _____

2. *Persona A:*   ¿Cómo quiere el dinero?
   Persona B: Cuatro billetes de veinte y dos de diez, por favor.

   _____

3. *Persona A:*   ¿A cuánto está el dólar?
   Persona B: 125.

   _____

4. *Persona B:*   Firme Ud. ahora en esta línea; después al usarlos escriba la fecha y firme otra vez aquí abajo. Es importante que firme delante del cajero. Si los pierde no hay problema; sólo tiene que llamar a este número.
   Persona A: Muchas gracias.

   _____

Actividad 6: La vida de los niños.   Escribe tres mandatos afirmativos y tres mandatos negativos que los padres normalmente les dan a sus hijos pequeños.

1. _____
2. _____
3. _____
4. No _____.
5. No _____.
6. No _____.

Actividad 7: Una vida de perros. Tienes un perro inteligente pero a veces muy malo. Escribe estos mandatos para tu perro.

1. sentarse _____

2. traer el periódico _____

3. bailar _____

4. no molestar a la gente _____

5. no subir al sofá _____

6. acostarse _____

7. no comer eso _____

8. quedarse allí _____

Actividad 8: Cómo llegar a mi casa. Escribe instrucciones para un amigo sobre cómo ir desde tu clase de español hasta tu residencia/apartamento/casa. Da instrucciones muy completas y usa mandatos. Por ejemplo: **Sal de la clase y baja las escaleras. Al salir del edificio, dobla a la derecha. Camina dos cuadras. Al llegar a la calle Washington, dobla a la derecha.** (etc.)

_____

_____

_____

_____

_____

_____

Actividad 9: ¡Qué desastre de amigo! Tienes un amigo muy patoso (*clumsy*). Siempre tiene accidentes. Mira estos dibujos y escribe los mandatos apropiados.

1.   2.   3.   4.

1. cruzar: _____

2. tocarla: _____

3. dormirse: _____

4. olvidarlas: _____

Actividad 10: ¿Una amiga?   Conoces a una persona que piensa que tú eres su mejor amigo/a y te llama a todas horas. Le estás explicando a tu amigo Manolo cuánto te molesta ella. Completa la conversación.

Manolo: ¿Qué cosas te dice esta mujer?

Tú: Me dice que su trabajo _____

               y que sus hijos _____.

Manolo: ¿Te habla de sus problemas?

Tú: Claro, siempre.

Manolo: ¿Y le das consejos?

Tú: Sí, le digo que _____

               _____.

Manolo: No puedes continuar así. ¿Qué vas a hacer?

Tú: ¡Le voy a decir que no me _____ más!

PRÁCTICA MECÁNICA II

Actividad 11: Pidiendo el desayuno.   Mira estos desayunos y escribe qué le dirías *(you would say)* al camarero para pedirlos. Usa frases como **quiero, me gustaría** y **quisiera.**

1.   _____

2.   _____

3.   _____

Actividad 12: Evitando la redundancia.   Cambia estas oraciones para evitar la redundancia.

1. Tengo unos pantalones negros y unos pantalones blancos. _____

2. Quiero la blusa de rayas y también la blusa azul. _____

   _____

3. ¿Compraste las sillas de plástico y las sillas rojas? _____

   _____

4. Necesito tener unos vídeos modernos y unos vídeos viejos. _____

   _____

Actividad 13: La posesión.   Cambia estas oraciones usando las formas largas de los adjetivos posesivos.

> |●| Mi amigo es guapo.   *El amigo mío es guapo.*

1. Mi carro es alemán. _____

2. Su casa es grande. _____

3. ¿Sus documentos están aquí? _____

    _____

4. ¿Dónde está mi abrigo? _____

5. Nuestros hijos son pequeños todavía. _____

    _____

Actividad 14: Los pronombres posesivos.   Cambia estas oraciones sustituyendo los sustantivos *(nouns)* por pronombres posesivos.

> |●| Mi madre es simpática.   *La mía es simpática.*

1. Me fascinan tus zapatos. _____

2. ¿Tienes mi disco de Rubén Blades? _____

3. Ellos no necesitan traer sus cintas. _____

4. Nuestros cheques de viajero son de Visa pero los cheques de viajero de Ud. son de American

    Express. _____

    _____

PRÁCTICA COMUNICATIVA II

Actividad 15: Desayunando en el Hotel O'Higgins.   En el Hotel O'Higgins de Viña del Mar, Chile, los huéspedes pueden comer el desayuno en su habitación. Para hacerlo sólo tienen que completar el pedido y dejarlo en la puerta. Lee los gustos de estos señores y rellena los menús.

Señor Vargas, habitación 508

Tiene mucha hambre. Quiere comer un desayuno fuerte de huevos con algo de carne. No le gustan los huevos fritos. Le gusta el café pero le molesta el estómago; por eso, prefiere un té con limón. Quiere desayunar antes de las once porque a esta hora tiene una reunión con un cliente.

Señores Higón, habitación 432

El señor no tiene mucha hambre. Sólo quiere algo con cafeína para despertarse y un jugo de tomate si hay. La señora tiene hambre, pero es vegetariana y no come carne. Prefiere el té al café y le gustan los jugos de frutas como la papaya o el mango. Tienen que desayunar antes de ir al aeropuerto a las nueve.

HOTEL O'HIGGINS

Plaza Vergara - Viña del Mar

Señor Pasajero: Para su mejor atención, haga su pedido de desayuno y colóquelo en la puerta antes de las 4.00 A.M.

QUIERO MI DESAYUNO A LAS _____ HRS.

DESAYUNO CONTINENTAL

Te ☐   Café ☐   Chocolate ☐

Jugo de Naranja ☐   Jugo de frutas de estación ☐

Tostadas ☐   Pan Surtido ☐

Incluye mermelada, mantequilla, quesillo y queque

DESAYUNO AMERICANO

Té ☐   Café ☐   Chocolate ☐

Jugo de Naranja ☐   Jugo de frutas de estación ☐

Huevos revueltos ☐   Fritos ☐   a la Copa ☐

con Jamón ☐   Tocino ☐   tostadas ☐   Pan surtido ☐

Incluye mermelada, mantequilla, quesillo yogurt,

fruta de estación y queque

Pedido Especial

_____
_____
_____
_____

_____   _____
Nº Habitación   Nº Personas

HOTEL O'HIGGINS

Plaza Vergara - Viña del Mar

Señor Pasajero: Para su mejor atención, haga su pedido de desayuno y colóquelo en la puerta antes de las 4.00 A.M.

QUIERO MI DESAYUNO A LAS _____ HRS.

DESAYUNO CONTINENTAL

Te ☐   Café ☐   Chocolate ☐

Jugo de Naranja ☐   Jugo de frutas de estación ☐

Tostadas ☐   Pan Surtido ☐

Incluye mermelada, mantequilla, quesillo y queque

DESAYUNO AMERICANO

Té ☐   Café ☐   Chocolate ☐

Jugo de Naranja ☐   Jugo de frutas de estación ☐

Huevos revueltos ☐   Fritos ☐   a la Copa ☐

con Jamón ☐   Tocino ☐   tostadas ☐   Pan surtido ☐

Incluye mermelada, mantequilla, quesillo yogurt,

fruta de estación y queque

Pedido Especial

_____
_____
_____
_____

_____   _____
Nº Habitación   Nº Personas

Actividad 16: La corbata manchada.   Al Sr. Sanz se le acaba de manchar *(stain)* la corbata con jugo de tomate y tiene que ir a una reunión importante. Por eso, va a una tienda para comprar una corbata nueva. Completa esta conversación entre el Sr. Sanz y el dependiente. Usa **el, la, los, las** o **un, una, unos, unas.**

Sr. Sanz:	Necesito comprar una corbata.
Dependiente:	Tenemos muchas. ¿Desea Ud. algún color en especial?
Sr. Sanz:	Quiero _____ roja, pero puede tener otros colores también.
Dependiente:	Aquí tengo _____ rojas y allí hay _____ rojas con rayas de diferentes colores.
Sr. Sanz:	Me gustan _____ de rayas, especialmente _____ roja con rayas azules. Es muy elegante, ¿no?
Dependiente:	Desde luego, y es de seda.
Sr. Sanz:	Bueno, quisiera _____ roja con rayas azules.

Actividad 17: ¡Qué desorden!   Pon esta conversación en orden.

_____ ¡Ah! La veo. Allí está debajo de la cama.

_____ ¿Cuáles?

__1__ ¿Dónde está la mía?

_____ ¿Y has visto mis pantalones?

_____ ¿Tu camisa?

_____ Los negros.

_____ No sé. ¿Dónde la pusiste?

_____ No tengo idea; por eso te pregunto.

_____ No, pero de todos modos, no te vas a poner la camisa azul con los pantalones negros.

_____ Sí, la azul.

Actividad 18: Los anuncios.   Tú haces anuncios de televisión para algunos productos comerciales. En tus anuncios, insultas a la competencia. Completa estos anuncios.

|●| Los carros nuestros tienen una garantía de cinco años, pero *los suyos tienen una de tres.*

1. Las neveras nuestras tienen mucho espacio, pero _____.

2. La ropa nuestra es buena y barata, pero _____.

3. Los guías turísticos nuestros saben mucho, pero _____.

Actividad 19: Los compañeros. Verónica vive en un apartamento con Marisa y no está muy contenta. Eduardo vive con Rafael y tampoco está contento con su compañero. Lee estas descripciones de los dos y completa la conversación. Si es posible, usa frases como **la mía, el mío, ese compañero tuyo/mío, esa compañera tuya/mía.**

Marisa

Deja la ropa por todos lados. No lava los platos. Siempre trae amigos a casa. Nunca limpia el baño. Usa la ropa de Verónica sin pedirle permiso.

Rafael

Siempre habla por teléfono. No paga el alquiler a tiempo. Nunca lava los platos y tampoco limpia el baño. Su novia siempre está en el apartamento y come la comida de Eduardo.

Eduardo: Tengo un compañero que me molesta muchísimo.

Verónica: ¿Crees que sólo tú tienes problemas!

Eduardo: Es que ese compañero _____.

Verónica: Pues, la _____

tampoco. Pero además, _____.

Eduardo: Eso no es nada. Ese compañero _____

_____.

Verónica: ¡Qué horror! La _____.

¿Y sabes que _____?

Eduardo: La cosa que más me molesta es que _____

_____.

Verónica: Necesito buscar una compañera que _____

_____.

Eduardo: A lo mejor debo _____ también.

_____

_____   _____

Capítulo 15

_____   _____

PRÁCTICA MECÁNICA I

Actividad 1: Los animales.   Los animales de la televisión forman parte de la cultura de los Estados Unidos y de otros países. Di qué tipo de animales son éstos.

1. Leo _____

2. Fernando _____

3. Chita _____

4. Garfield _____

5. Mister Ed _____

6. Yogi y Boo Boo _____

7. Dumbo _____

8. Tweety _____

9. Elsie _____

10. Lassie y Rin Tin Tin _____

Actividad 2: El medio ambiente.   Completa estas oraciones con la palabra o las palabras apropiadas.

1. El hotel usa _____ _____ ; por eso, no paga mucho en electricidad y calefacción.

2. Todos los meses llevamos los periódicos a un lugar donde los _____ .

3. Hay muchos animales que están en peligro de _____ .

4. En Chernobil tuvieron un accidente en una planta de _____
_____ .

5. En los lagos del norte de los Estados Unidos hay un gran problema con la _____
_____ por el uso del carbón.

6. Hay gente que no sabe qué es la _____ y, por eso, se ven grandes cantidades de _____ en los parques nacionales.

7. La ciudad de Los Ángeles tiene muchos problemas con la _____ ; hay días en que las personas que sufren de asma y otras enfermedades de la respiración no pueden salir de casa.

8. Van a abrir una _____ nueva de carros y dicen que va a haber cuatrocientos puestos de trabajo.

Actividad 3: El futuro indefinido.   Completa estas oraciones con la forma correcta de los verbos indicados en el subjuntivo o el indicativo (presente o pasado).

1. Cuando _____ tu tío, dile que lo voy a ver mañana.   (venir)

2. Después de que tú _____ esto, quiero salir.   (traducir)

3. Ayer corrimos por el parque hasta que _____ a llover.   (empezar)

4. Voy a ser estudiante hasta que se me _____ el dinero.   (acabar)

5. Necesitamos estudiar después de que _____ de la película.   (volver)

6. Él me llamó después de que su secretario le _____ el mensaje.   (dar)

7. Le voy a pagar cuando Ud. _____ todo el trabajo y no antes.   (terminar)

8. El hombre me vio cuando yo _____ el dinero de la bolsa.   (sacar)

Actividad 4: ¡Vámonos!   Sugiere *(Suggest)* qué debemos hacer.

ᴵ●ᴵ estudiarlo   *¡Estudiémoslo!*

1. bailar _____

2. sentarnos _____

3. beberlo _____

4. no decírselo _____

5. levantarnos _____

6. cantar _____

7. no mandárselo _____

8. escribirlo _____

Actividad 5: ¿*Qué* o *cuál/es*?   Completa estas preguntas usando **qué** o **cuál/es.**

1. ¿_____ de los carros alquilaste?

2. ¿_____ necesita Ud.?

3. ¿_____ son las exportaciones principales de Venezuela?

4. ¿_____ de éstas quieren Uds.?

5. ¿_____ eres, liberal o conservador?

6. ¿_____ es tu número de teléfono?

7. ¿_____ es la capital de Cuba?

8. ¿_____ es filosofía?

9. ¿En _____ ciudad viven tus abuelos?

10. ¿_____ libro estás leyendo?

PRÁCTICA COMUNICATIVA I

Actividad 6: La conciencia.   Lee este anuncio comercial de Bariloche, Argentina; luego marca con una **X** solamente los métodos de conservación que se mencionan en el anuncio.

Señor Turista:
Bariloche le ofrece
sus bellezas.
Colabore conservándolas.

De la arena nace el vidrio
del vidrio la botella...
Pero la botella no se
convierte en arena.
¡No insista!

 Cuando vuelan
parecen pájaros o mariposas.
Cuando caen
son papel
y ¡ensucian!
Guárdelos para tirarlos en un
lugar adecuado.

Use y disfrute los bosques, playas
y lagos.
Manténgalos limpios.

 Esa basura es para la
bolsa de residuos.
En su auto comienza una
campaña de limpieza.
¡Alto!

Las flores son para mirarlas.
¡No las corte!

Recuerde que los elementos reflectivos
(vidrios, latas, etc.)

pueden provocar
incendios.

Limpieza es además cultura.
¡Practíquela aquí también!

1. _____ no tirar papeles

2. _____ reciclaje dc productos hechos de vidrio *(glass)*

3. _____ el uso de la energía solar

4. _____ conservar el uso de la electricidad

5. _____ manejar siguiendo los límites de velocidad

6. _____ no tirar basura en los bosques

7. _____ no cortar las plantas

8. _____ reciclar papel de periódico

9. _____ separar la basura en grupos: papeles, plásticos, aluminio, etc.

10. _____ tener una bolsa para la basura en el carro

Actividad 7: El político. Lee esta conferencia que dio un político y di si estás de acuerdo con sus ideas o no. Usa frases como **(no) estoy de acuerdo, (no) creo que, es posible, es un problema,** etc.

Les digo que aquí, en este estado, no hay problemas de contaminación. Quemamos la basura o se la mandamos a otros estados y así preservamos la ecología de nuestro estado tan bonito. Antes teníamos algunas especies de osos y de peces en peligro de extinción; pero ahora tenemos más de cien osos y la situación en nuestros lagos también está mejorando, aunque todavía no es aconsejable comer los peces. Estamos trabajando con todas las fábricas y no hay ni una que contamine el medio ambiente. Vamos a construir una planta nueva para producir energía nuclear que va a dar energía a la parte sur del estado. No tengan miedo de la energía nuclear; es limpia y barata. Además, la planta va a dar trabajo a quinientas personas. Trabajemos juntos para tener el mejor estado posible.

Tu opinión:

_____

_____

_____

_____

_____

_____

_____

Actividad 8: El pesimista. Eres muy pesimista. Completa estas oraciones de forma original.

1. Los políticos van a hacer algo sobre la lluvia ácida cuando _____

_____.

2. La gente del mundo no va a reciclar productos hasta que _____

_____.

3. El hombre va a seguir destruyendo las selvas hasta que _____

_____.

4. Tenemos que pensar en la ecología antes de que el mundo _____

_____.

Actividad 9: ¿Qué piensas? Completa estas preguntas usando **qué** o **cuál/es.** Después contéstalas en oraciones completas para dar tus ideas sobre la protección del medio ambiente.

1. ¿_____ son algunas cosas que se pueden reciclar? _____

_____

2. ¿_____ reciclas tú? _____

_____

3. ¿_____ es la forma de energía más limpia? _____

_____

4. ¿_____ sabes de la lluvia ácida? _____

_____

5. ¿_____ tipo de fábricas hay en tu ciudad? _____

_____

6. ¿_____ de las fábricas producen contaminación? _____

_____

Actividad 10: Invitaciones y soluciones. Completa cada conversación con una sugerencia *(suggestion)*. Usa los verbos **bailar, volver, alquilar, sentarse** y **decir** y otras palabras si es necesario.

|●| —Necesitamos pan, leche, patatas, huevos y carne.
    —*Comprémoslos en el supermercado.*

1. —¡Qué música más buena!

_____

2. —No podemos decirle esto a Fernando, porque no nos va a creer.

_____

3. —Estoy cansada y no quiero bailar más. Quiero ver si mis hijos están bien.

_____

4. —Lo siento, pero no podemos ir a la costa porque mi carro no funciona.

_____

5. —¿Prefieres estar en la barra *(bar)* o en una mesa?

_____

PRÁCTICA MECÁNICA II

Actividad 11: Todos son diferentes. Completa estas oraciones que dice Imelda sobre su familia. Usa las formas apropiadas de los siguientes adjetivos: **agresivo, amable, ambicioso, cobarde, honrado, ignorante, orgulloso, perezoso, sensato, sensible, valiente.**

1. Estoy muy _____ de mi hija, porque hoy corrió en un maratón y terminó en dos

horas y treinta y cinco minutos.

2. Mi hijo, el político, es una persona muy _____ . Él sabe que la violencia es un

problema grande, pero en vez de construir más prisiones él quiere mejorar el sistema educativo del

país.

3. Mi otra hija es una mujer muy _____ ; algún día va a ser presidenta de una

compañía (si no es presidenta del país).

4. El esposo de mi hija mayor no hace nada. Siempre mira la televisión. Es muy

   _____.

5. Mi nieto, el hijo de mi hija mayor, es muy _____. No tiene miedo de nadie. Ayer en el metro un hombre estaba molestando a una señora y el niño lo paró y le dijo que no debía hacer cosas así. ¡Y sólo tiene cuatro añitos!

6. Mi hermano es un _____; ayer un hombre me estaba molestando en el metro y mi hermano no le dijo nada. La próxima vez voy a ir con mi nieto.

7. Mi esposo, Juan, es un hombre muy _____; ayer fuimos a ver la película *Bambi* y él lloró cuando se murió la madre de Bambi.

8. Mi padre es bastante viejo. Ayer cuando mi hijo volvió a casa con un arete, mi padre le gritó. El pobre no entiende a los jóvenes de hoy, es _____.

9. Mi madre es muy _____. Siempre nos ayuda aunque no está muy bien de salud, no critica a nadie y siempre está contenta.

10. Nuestro perro es muy _____ y da miedo, por eso nadie entra en nuestra casa si no hay alguien de la familia allí.

11. A veces yo soy demasiado _____. Ayer me dieron 2.000 pesetas de más en el supermercado y yo volví a la tienda para devolverlas.

Actividad 12: Hablando del pasado.   Escribe oraciones completas usando el pluscuamperfecto *(past perfect)* para uno de los verbos indicados. Es posible que tengas que añadir palabras.

   |●| tú / abrir / puerta / cuando / perro / salir
      Tú habías abierto la puerta cuando el perro salió.

1. nosotros / comprar / comida / antes de / llegar / casa _____

   _____

2. profesora / dar / examen / cuando / yo / entrar _____

   _____

3. ellos / vender / carro / cuando / nosotros / llegar _____

   _____

4. yo / salir / cuando / tus hermanos / tener / accidente _____

   _____

Actividad 13: Expresiones.   Usa expresiones con **por** para completar estas oraciones.

1. _____, ¿sabes la dirección de Victoria?

2. La comida estuvo horrible y el servicio peor, pero _____, la música

   estuvo buena.

3. Elisa manejaba a 135 kilómetros _____;_____

   no la vio ningún policía.

4. _____, debes llevar cheques de viajero en vez de dinero en efectivo.

5. Simón estudia mucho; _____ saca buenas notas.

6. _____ que voy a tu fiesta; siempre son buenísimas.

Actividad 14: Uniendo ideas.   Termina estas oraciones con las palabras **que, lo que** o **quien/es.**

1. El carro _____ está enfrente de la tienda es mío.

2. ¿Conoces al señor _____ lleva el abrigo negro?

3. No ocurrió _____ Uds. creen.

4. Me gusta ese libro _____ tienes en la mano.

5. ¿Te interesó _____ viste?

6. Éste es el empleado de _____ te hablé ayer.

7. La chica con _____ se casó mi hermano se llama Alejandra.

8. Voy a estudiar algo _____ sea fácil.

PRÁCTICA COMUNICATIVA II

Actividad 15: La conferencia.   Una feminista está hablando con los participantes de una conferencia. Aquí tienes una parte de su conversación con ellos. Completa las respuestas del público con adjetivos.

La feminista: El sexismo se ve en todas partes. Si un hombre tiene muchas ideas y quiere tener un puesto mejor, lo llaman ambicioso; pero si una mujer hace esto, ¿saben cómo la llaman?

El público: _____

La feminista: Si una mujer no quiere hacer algo porque tiene miedo está bien y se considera normal, pero si un hombre tiene miedo, ¿saben cómo lo llaman?

El público: _____

La feminista: Si una mujer no quiere trabajar y desea estar en su casa con sus hijos, la llaman ama de casa, pero si un hombre no quiere ir a trabajar y desea estar en casa limpiando, cocinando y cuidando a los hijos, piensan que no le gusta trabajar. ¿Saben cómo lo llaman?

El público: _____

La feminista: Si un hombre llora y demuestra sus emociones lo llaman débil, pero si una mujer actúa así, ¿saben cómo la llaman?

El público: _____

La feminista: ¡Qué lástima que existan personas que piensen así en el mundo! Me dan lástima estas personas que piensan así. ¿Saben cómo las llamo?

El público: _____

Actividad 16: ¡Qué día!   Lee lo que dice Teresa y pon en orden sus actividades de ayer.

> Antes de salir del apartamento limpié el baño y los platos de la cocina. Entonces caminé a mi clase, pero, en el camino, paré en el banco para sacar dinero. Enfrente del banco vi a Vicente. Él me esperó mientras yo sacaba el dinero y entonces fuimos a tomar un café. Después de la clase fui a pagar el alquiler, pero se me había olvidado el dinero, así que tuve que volver al apartamento para buscar el dinero y por fin pude pagar. Por la tarde, mientras estaba estudiando en la biblioteca, vino Claudia a invitarnos a Vicente y a mí a ir al teatro. Antes de ir al apartamento para cambiarme de ropa, llamé a Vicente para decírselo.

_____ Estudió.

_____ Fue a clase.

_____ Fue al banco.

_____ Fue al teatro.

_1_ Limpió la casa.

_____ Llamó a Vicente.

_____ Pagó el alquiler.

_____ Salió del apartamento para ir a clase.

_____ Se cambió de ropa.

_____ Tomó un café con Vicente.

_____ Volvió al apartamento para recoger el dinero.

Actividad 17: La historia.   *(a)* Estudia esta línea histórica; luego haz el ejercicio que sigue.

1492	Colón llega a las Américas
1494	Firman el Tratado de Tordesillas que divide las nuevas tierras entre España y Portugal
1502	Bartolomé de las Casas llega a las Américas y empieza a documentar los abusos de los conquistadores contra los nativos
1512	Ponce de León llega a la Florida
1513	Núñez de Balboa es el primer europeo que ve el Pacífico
1519	Sale Magallanes para darle la vuelta al mundo
1520	Muere Moctezuma
1521	Cortés toma México para España
	Muere Magallanes
1522	Elcano termina el viaje de Magallanes para dar la vuelta al mundo
1525	Muere Cuauhtémoc, último emperador azteca, después de tres años de tortura
1532	Pizarro termina con el imperio incaico en Perú
1533	Pizarro ejecuta a Atahualpa, el último emperador inca
1542	Hernando de Soto es el primer europeo que encuentra el río Misisipí
1620	Los peregrinos fundan la colonia de Plymouth en el estado de Massachusetts

(b) Escribe oraciones usando la información de la línea histórica.

▐●▌ Colón / Tratado de Tordesillas

Colón ya había llegado a América cuando firmaron el Tratado de Tordesillas. / Cuando firmaron el Tratado de Tordesillas, Colón ya había llegado a América.

1. Ponce de León / Núñez de Balboa _____

_____

2. Cortés / Pizarro _____

_____

3. la muerte de Magallanes / Elcano _____

_____

4. Pizarro / Cuauhtémoc _____

_____

5. Moctezuma / Atahualpa _____

_____

6. Hernando de Soto / Núñez de Balboa _____

_____

7. Hernando de Soto / los peregrinos y la colonia de Plymouth _____

_____

Actividad 18: Uniendo ideas para aprender historia. Combina las siguientes oraciones cortas sobre la historia hispana para formar oraciones largas. Usa **que, lo que** o una preposición más *(plus)* **quien/es.**

1. Cristóbal Colón habló con los Reyes Católicos. De ellos recibió el dinero para su primera

   expedición. _____

   _____

   _____

2. Ponce de León exploró la Florida en busca de la fuente de la juventud *(youth)*. La fuente de la

   juventud en realidad no existía. Las cosas que encontró fueron indios y bellezas naturales.

   _____

   _____

3. A principios del siglo XVI, los españoles llevaron el catolicismo a los indios. Esto significó para los

   indios un cambio en su vida y en sus costumbres. _____

   _____

   _____

4. Hernando de Soto fue uno de los conquistadores españoles. Ellos tomaron Perú para España.

   _____

   _____

5. Simón Bolívar liberó parte de Hispanoamérica. Hoy en día, incluye Colombia, Venezuela, Ecuador y

   Panamá. _____

   _____

   _____

_____   _____

Capítulo 16

_____   _____

PRÁCTICA MECÁNICA I

Actividad 1: La fotografía. A tu amigo Lorenzo le gusta mucho la fotografía. Mira este dibujo *(drawing)* e identifica los objetos que él tiene en su dormitorio. Incluye el artículo indefinido en tus respuestas.

1. _____   5. _____

2. _____   6. _____

3. _____   7. _____

4. _____

Actividad 2: El futuro. Completa estas oraciones con la forma apropiada de los verbos indicados en el futuro.

1. El año que viene yo _____ un trabajo.   (tener)

2. Uds. _____ algún día.   (casarse)

3. ¿Cuándo _____ tú ayudarme?   (poder)

4. Nosotros se lo _____ cuando podamos.   (decir)

5. Paco _____ en casa de sus tíos cuando vaya a la universidad.   (quedarse)

6. Yo _____ un buen médico.   (ser)

7. Si Ud. tiene tiempo mañana, _____ con mi jefe, ¿verdad?   (hablar)

8. Yo _____ a las ocho y _____ el vino.   (salir, traer)

Actividad 3: Formando hipótesis.   Completa estas oraciones con la forma apropiada de los verbos indicados en el potencial *(conditional)*.

1. ¿Qué _____ tú en mi lugar?   (hacer)

2. Yo _____ que ella tiene razón.   (decir)

3. Fernando nos dijo que no _____ venir mañana.   (poder)

4. Nosotros pensamos que Uds. _____ por qué no podíamos

   hacerlo.   (entender)

5. Sabía que Víctor no _____ en un examen.   (copiar)

6. Pepe y Carmen no _____ sin despedirse.   (irse)

7. El niño gritó que no lo _____.   (hacer)

8. El chofer dijo que no _____ más autobuses para Mérida hoy.   (salir)

9. Me dijo que en ese hotel todo el mundo _____.   (divertirse)

10. Nos explicaron que después de terminar los estudios, _____ la oportunidad

    de trabajar en otro país.   (tener)

Actividad 4: Lo bueno.   Completa estas oraciones usando expresiones como **lo bueno, lo interesante, lo fácil, lo malo, lo triste,** etc.

1. Tengo un trabajo nuevo; _____ es que ganaré mucho más dinero, pero

   _____ es que tengo que trabajar en un pueblo de la selva que no tiene

   electricidad; tampoco tiene agua corriente *(running water)*.

2. Voy a ir a Bariloche; _____ es que puedo esquiar, pero

   _____ es que también tengo que pasar muchas horas en conferencias sobre

   medicina nuclear. Sé que dormiré en las conferencias porque estaré cansado de tanto esquiar.

3. Mañana tengo un examen; _____ es que en la primera parte solamente

   tengo que decir si las oraciones son ciertas o falsas, pero _____ es que

   también tengo que escribir una composición y nunca me expreso bien cuando escribo.

PRÁCTICA COMUNICATIVA I

Actividad 5: Tu futuro.   Haz una lista de tres cosas que harás la semana que viene y tres cosas que debes hacer.

Para hacer

|●| *Iré al museo.*

1. _____
2. _____
3. _____

Para hacer si hay tiempo

|●| *Debo escribir unas cartas.*

1. _____
2. _____
3. _____

Actividad 6: Predicciones.   ¿Qué piensas que van a estar haciendo los personajes *(characters)* del libro de texto dentro de diez años? En oraciones completas, da tus predicciones sobre qué estarán haciendo, dónde vivirán, en qué trabajarán, si estarán casados/divorciados, etc. Usa la imaginación.

1. Teresa y Vicente _____

_____

_____

2. Diana _____

_____

3. Claudia y Juan Carlos _____

_____

_____

4. El Sr. Ruiz _____

_____

5. Álvaro _____

_____

6. Carlitos y Cristina (los hijos de don Alejandro) _____

_____

_____

Actividad 7: El futuro. Haz predicciones sobre el mundo de Hollywood y de Washington.

1. El próximo presidente de los Estados Unidos _____

_____

2. El próximo escándalo grande en Washington _____

_____

3. La mejor película del año _____

_____

4. La boda del año en Hollywood _____

_____

5. El divorcio menos esperado _____

_____

Actividad 8: ¿Qué harías? Completa estas miniconversaciones dando consejos. Usa el potencial *(conditional)*.

1. —No sé qué hacer; mi jefe quiere que yo salga con él.

—En tu lugar yo _____.

2. —Tengo un problema; los frenos de mi carro están muy malos y no tengo dinero para arreglarlos.

—En tu lugar yo_____.

3. —Me están molestando muchísimo los lentes de contacto. Siempre lloro.

—En tu lugar yo_____.

4. —Lo bueno es que tengo una entrevista con la compañía Xerox, pero lo malo es que es el mismo día que mi examen final de economía. No quiero cambiar la entrevista y el profesor es muy estricto en cuanto a los exámenes.

—En tu lugar yo_____.

Actividad 9: Los planes.   Lee esta nota que Isabel le dejó a Marisel esta mañana; después termina la conversación entre Diana y Marisel. Usa el pretérito o el potencial *(conditional)* en las respuestas.

```
Marisel:

    Voy a ir al oculista para hacerme un chequeo y también voy a

comprar pilas para la cámara de Diana.  Después es posible que

Álvaro y yo vayamos a tomar algo. Las veré en la puerta del Café

Comercial a las nueve, cerca del metro de Bilbao, para ir al cine.

Álvaro dijo que iría también.

                          Isabel
```

Diana: ¿Has hablado con Isabel?

Marisel: No, pero _____.

Diana: ¿Fue al oculista?

Marisel: _____.

Diana: ¡Ay! Espero que no se le olvide comprarme las pilas.

Marisel: Dijo que te _____.

Diana: Bien. ¿Dijo algo sobre la película?

Marisel: Sí, dijo _____.

Diana: ¿Y Álvaro va?

Marisel: _____.

Actividad 10: Este año.   Termina estas oraciones sobre tu vida este año.

1. Lo interesante _____

_____

2. Lo más inesperado _____

_____

3. Lo triste _____

_____

4. Lo malo _____

_____

5. Lo bueno _____

_____

6. Lo más cómico _____

_____

PRÁCTICA MECÁNICA II

Actividad 11: El trabajo.   Estás leyendo en una revista la siguiente lista de consejos sobre cómo conseguir trabajo. Completa las oraciones con las palabras apropiadas.

1. Es importante cuando Ud. busque trabajo tener algún tipo de _____ . Muchas compañías piden hasta tres años. También es necesario tener un _____ universitario para muchos puestos.

2. Primero Ud. tiene que completar una _____ , mandarles un _____ y tener tres cartas de _____ .

3. Después de evaluar a los candidatos para un puesto, es posible que lo llamen para darle una _____ . Así pueden ver cómo es Ud. en persona.

4. En la entrevista es importante hablar de cuánto va a ser el _____ y qué beneficios incluye. También es importante el _____ _____ .

5. Después de que le ofrezcan un trabajo, es importante que Ud. firme un _____ .

Actividad 12: Probabilidad.   Completa estas oraciones con la forma apropiada de los verbos indicados en el futuro o el potencial.

1. ¿Dónde está Felisa? ¿_____ enferma?   (estar)

2. ¿Qué hora _____ cuando llegaron anoche?   (ser)

3. Me pregunto qué _____ comiendo estos señores.   (estar)

4. Su hermano menor _____ unos diecinueve años ahora.   (tener)

5. Sus hijos _____ diez y quince años cuando los señores Martínez se divorciaron.   (tener)

6. _____ un millon de pesos en el banco cuando lo robaron.   (haber)

7. Gabriela salió a las siete, así que _____ llegando a Roma ahora.   (estar)

8. Quiero comprar este carro; ¿cuánto _____ ?   (costar)

Actividad 13: ¿Infinitivo o subjuntivo?   Completa estas oraciones con la forma apropiada (infinitivo o subjuntivo) de los verbos indicados.

1. Antes de que ellos _____, debemos preparar algo de comer.   (venir)

2. En caso de que _____, vamos a llevar los abrigos.   (nevar)

3. Teresa saldrá con Vicente esta noche con tal de que él _____ de estudiar temprano.   (terminar)

4. Diana enseña inglés para _____ dinero.   (ganar)

5. Vamos a llegar el sábado sin que nadie lo _____.   (saber)

6. Aceptaré el trabajo con tal de que me _____ un buen sueldo.   (ofrecer)

7. Ellos van a arreglar el carro antes de _____ a la playa.   (ir)

8. La compañía nos da clases especiales para que _____ todo sobre los nuevos productos.   (saber)

9. Saldremos a bailar esta noche a menos que mi madre no _____ venir para estar con los niños.   (poder)

10. Mándamelo antes de _____; sólo necesito tener una idea de lo que estás haciendo.   (terminar)

PRÁCTICA COMUNICATIVA II

Actividad 14: Posiblemente . . .   Lee estas miniconversaciones y contesta las preguntas en oraciones completas. Como no estás seguro/a de las respuestas, usa el futuro para hablar de probabilidad.

1. —Hay poca luz.
   —Puede ser que salga todo negro; no la saques.

   ¿Qué hacen estas personas? _____

   _____

2. —Necesito un líquido para limpiarlos.
   —¿Son duros o blandos?
   —Duros.

   ¿Qué son "duros"? _____

   _____

3. —¿Incluyo mi trabajo de guía turístico?
   —¿Por qué no? Por lo menos indica que sabes trabajar con gente.

   ¿Qué están haciendo? _____

   _____

4. —¡Ay! No salieron bien.
   —Nunca me han gustado las de blanco y negro.
   —Sí, estoy de acuerdo, pero son para un periódico.

   ¿De qué están hablando? _____

   _____

5. —Aquí ven a Carlitos y a Cristina cuando estábamos en Bogotá. Y aquí hay otra de Carlitos en el
      hospital después de la operación.
   —Papá, la luz por favor; se me cayó algo.

   ¿Qué están haciendo? _____

   _____

6. —Aquí dice que Ud. tiene experiencia con computadoras.
   —Sí, he programado con PASCAL y COBOL.

   ¿Dónde están? _____

   _____

Actividad 15: Un encuentro raro.   Lee lo que pasó y contesta las preguntas. Usa la imaginación.

Ayer vi a una mujer que entró en la librería. Noté que llevaba un sobre en la mano y
que estaba muy nerviosa. Ella me preguntó si teníamos el libro *Las aventuras de
Miguel Littín* de Gabriel García Márquez. Le dije que sí y le indiqué dónde estaba.
Mientras estaba mirando el libro, entró un hombre con barba y gafas de sol. Llevaba
abrigo negro y sombrero. Mientras el señor miraba libros de arte, la mujer puso el
sobre dentro del libro. Después, ella me dijo que no tenía el dinero, pero que iba a
volver mañana para comprar el libro y salió. Después de unos minutos, vi al señor
abrir el libro y sacar el sobre. Cuando el hombre con barba salía, yo . . .

1. ¿Quién sería la mujer? _____

   _____

2. ¿Quién sería el hombre? _____

   _____

3. ¿Qué habría en el sobre? _____

   _____

4. ¿Por qué irían a la librería y no a otro lugar? _____

   _____

5. ¿Conocería el hombre a la mujer? _____

   _____

6. ¿Qué haría el dependiente después? _____

   _____

7. ¿Adónde iría el hombre con barba al salir de la librería? _____

   _____

Actividad 16: La experiencia. *(a)* Lee esta conversación entre Teresa y su tío, don Alejandro, sobre el futuro de Juan Carlos.

Teresa: Tío, sabes que Juan Carlos va a solicitar un puesto en Venezuela. ¿Tienes algún consejo para él?

Tío: ¡Claro que sí! Es importantísimo que mande una carta al amigo ese de su padre y que le dé las gracias. Esa carta debe llegar antes que la solicitud. La solicitud debe estar escrita a máquina porque parece más profesional y el curriculum debe estar hecho en computadora si es posible, pues así se ve mucho más limpio que en máquina de escribir. Puede usar mi computadora si quiere. Si le piden que vaya a Venezuela para tener una entrevista, sólo debe ir si ellos lo pagan todo. Si lo paga él, van a pensar que es un tonto. Y por último, no debe firmar el contrato sin saber cuánto va a ganar de sueldo y qué seguro médico u otros beneficios va a tener. Tiene que leer el contrato con cuidado.

Teresa: Gracias tío, se lo diré.

(b) Ahora completa esta conversación entre Teresa y Juan Carlos, basada en los consejos de don Alejandro.

Teresa: Hablé con mi tío y tiene muchos consejos para ti.

Juan Carlos: ¡Ay, qué bueno! ¿Qué me aconseja?

Teresa: Primero, debes escribirle una carta al señor dándole las gracias antes de que _____

_____.

Juan Carlos: Ya le escribí.

Teresa: Segundo, tienes que escribir la solicitud a máquina para que _____

_____.

Juan Carlos: Por supuesto.

Teresa: Tercero, si es posible debes hacer tu curriculum en computadora para que _____

_____.

Juan Carlos: Pero, ¿dónde voy a poder hacer esto?

Teresa: Mi tío dijo que _____.

Juan Carlos: ¡Perfecto! ¿Algo más?

Teresa: Cuarto, si te piden que vayas a Venezuela para tener una entrevista, no vayas a menos

que _____.

Juan Carlos: O.K. Esa idea me gusta.

Teresa: Una cosa más; solamente acepta el trabajo con tal de que ellos _____

_____.

Juan Carlos: Dale las gracias a tu tío.

Teresa: ¡Ah! No firmes el contrato sin _____.

_____

_____ **Capítulo 17** _____

_____

PRÁCTICA MECÁNICA I

Actividad 1: El arte.   Completa las siguientes oraciones con palabras apropiadas asociadas con el arte.

1. En clase cuando estoy aburrido hago _____ graciosos del profesor.

2. No es un original; es una _____.

3. Picasso no sólo fue pintor; fue también _____. Una de sus esculturas abstractas está en Chicago. A algunas personas les gusta y a otras no.

4. El Greco, Velázquez y Goya son tres _____ españoles famosos.

5. En muchas clases de arte, antes de pintar personas y escenas, los estudiantes tienen que pintar como práctica un _____, que puede ser frutas encima de una mesa.

6. Mucha gente pintó a los reyes españoles, pero algunos de los _____ más famosos son los que hizo Velázquez del rey Felipe II.

7. La _____ _____ de Velázquez se llama *Las meninas*. En este cuadro se ve a la infanta Margarita, a los reyes, a Velázquez y a otras personas del palacio. Este cuadro es famoso en todo el mundo.

Actividad 2: ¿*Pedir* o *preguntar*?   Completa estas oraciones con la forma apropiada de **pedir** o **preguntar.**

1. Yo te _____ que lo hagas.

2. Ellos me _____ si sabía el número de teléfono de Victoria.

3. El criminal me _____ el dinero, pero yo no tenía nada.

4. Felipe, ¿por qué no le _____ al taxista dónde está el museo?

5. Anoche, el niño nos _____ cuándo íbamos a volver.

6. Ayer, Carlos y Ramón le _____ a María que les ayudara con el trabajo.

Actividad 3: El pasado del subjuntivo.   Completa estas oraciones con la forma apropiada de los verbos indicados en el imperfecto del subjuntivo.

1. Carlos IV quería que Goya le _____ un retrato.   (pintar)

2. Era posible que El Greco _____ un problema con los ojos.   (tener)

3. El cuñado de Goya le aconsejó que _____ a Madrid a estudiar arte.   (ir)

4. Me prohibieron que _____ fotos en el Museo de Oro.   (sacar)

5. Salvador Dalí buscaba personas que _____ tan locas como él.   (estar)

6. Un amigo nos aconsejó que _____ la exhibición de Botero en Madrid y nos

   fascinó lo gordo que era todo.   (ver)

7. Vi unos cuadros de Claudio Bravo y eran tan realistas que yo dudaba que _____

   cuadros; pensaba que eran fotos.   (ser)

8. Fue bueno que Picasso _____ pintar *Guernica* en ese momento

   histórico.   (decidir)

9. Te dije que _____ la exhibición de Rufino Tamayo. ¿Por qué no fuiste?   (visitar)

10. ¡Qué lástima que Frida Kahlo _____ tan joven!   (morir)

Actividad 4: *¿Estudie, haya estudiado* o *estudiara*?   Completa estas oraciones con la forma apropiada de los verbos indicados usando el presente, el pretérito perfecto del subjuntivo *(present perfect subjunctive)* o el imperfecto del subjuntivo.

1. ¿Crees que ellos ya _____ el museo?   (visitar)

2. Dudábamos que el profesor _____ la respuesta.   (saber)

3. Es posible que se _____ la escultura mañana.   (vender)

4. La ciudad busca un artista que _____ hacer un estudio de la historia de la

   zona para hacer un mural.   (querer)

5. Hoy visité a mi abuelo, que está muy enfermo. Hablé con él por media hora pero dudo que me

   _____.   (entender)

6. Le dije que no _____ a los niños al parque hoy porque iba a

   llover.   (llevar)

7. Lo mandé por avión para que _____ pronto.   (llegar)

8. Fue una pena que nosotros no _____ salir anoche.   (poder)

9. Fue fantástico que Manolo finalmente _____ ese cuadro que

   quería.   (comprar)

10. Nos sorprendió que el Museo del Prado _____ tantos cuadros de Italia y de

    Flandes *(Flanders)*. Es una colección excelente.   (tener)

PRÁCTICA COMUNICATIVA I

Actividad 5: El preguntón. Lee esta parte de una carta que **Carla** le escribe a Fernanda sobre un nuevo amigo. Después de leerla, termina la carta con la forma apropiada de los verbos **pedir** o **preguntar.**

. . . No me vas a creer, pero hay un hombre que siempre veo en el metro y me parece muy interesante.

Últimamente, habla mucho conmigo. Al principio, todos los días me _____ del tiempo.

Quería saber si iba a llover por la tarde o no. Ayer me _____ si podía ayudarme con los

paquetes que llevaba. Y después me _____ mi número de teléfono. Él llamó anoche,

pero yo no estaba. Entonces, le _____ a mi madre cuándo iba a volver yo. Volvió a

llamar, pero yo no había llegado todavía, entonces le _____ a mi madre que me dijera

que él iba a llamarme mañana . . .

Actividad 6: La juventud. Cuando éramos jóvenes todos teníamos dudas, sorpresas y miedo. Completa estas oraciones de forma original.

1. Yo dudaba que mis profesores _____

   _____.

2. Tenía miedo de que mis padres _____

   _____.

3. Me sorprendió que mi hermano/a _____

   _____.

4. Era posible que yo _____

   _____.

5. Yo jugaba sin que _____

   _____.

6. Para mí, era necesario que _____

   _____.

Actividad 7: La telenovela. Lee este diálogo de una telenovela; después completa las frases. Usa el indicativo, el pretérito perfecto del subjuntivo *(present perfect subjunctive)* o el imperfecto del subjuntivo.

Pilar: No sé si puedo seguir mintiéndole a Roberto.
Antonio: No estás mintiendo; solamente le dices estas cosas a tu marido para que no sepa nada.
Pilar: Sí, es verdad. Roberto mataría a Hernando si supiera la verdad.
Antonio: Sin duda; es que tienes que recordar que Maruja era la hermana menor de Roberto y que él
             la adoraba.
Pilar: Él no entiende que Hernando intentó ayudar a Maruja. Claro que fue el carro de Hernando
             y que los frenos no funcionaron, pero él no quería que ella se muriera en ese accidente.
             Hernando no hizo absolutamente nada. Él la quería.
Antonio: Claro que la quería. Cuando estaban comprometidos siempre le regalaba flores y después
             de la boda eran muy felices; siempre se abrazaban y se besaban hasta que llegó ese . . .

Pilar: Es que Roberto sabe que Hernando nunca tuvo dinero y cuando Maruja se murió, Hernando recibió todo: el dinero, las joyas, la casa de Caracas y la casa de la playa.

Antonio: Pero si supiera Roberto que Maruja había tenido una aventura amorosa y que se iban a divorciar, entonces estaría seguro de que Hernando la había matado. No puedes decirle la verdad a Roberto.

Pilar: Yo sé que . . .

1. Es una lástima que _____
_____.

2. Pilar no cree que Hernando _____
_____.

3. Pilar decía mentiras para que _____
_____.

4. Era evidente que _____
_____.

5. Roberto cree que Hernando _____
_____.

6. Antonio le aconsejó a Pilar que _____
_____.

7. Sería posible que Antonio _____
_____.

Actividad 8: Historia de amor. Completa esta historia de amor sobre Juan Carlos y Claudia. Primero, lee todo el párrafo, después vuelve a leerlo y rellena los espacios.

Cuando Juan Carlos conoció a Claudia, ella no creía que él _____
_____.
Juan Carlos estaba muy nervioso, porque él dudaba que Claudia _____
_____. Por eso, él llamó a Teresa para ver qué le gustaba hacer. Al final, él le
pidió a Claudia que saliera con él y así empezó todo. Era evidente que _____ y
todos pensaban que se iban a casar. Por eso, a Claudia le sorprendió que Juan Carlos
_____ un trabajo en Caracas porque ella no quería que ellos
_____ separados. Al final, fueron a Alcalá de Henares y Juan Carlos le pidió
que ella _____. Ahora están comprometidos y la boda será al final del verano.

PRÁCTICA MECÁNICA II

Actividad 9: El amor. Termina cada oración con una palabra o frase de la siguiente lista relacionada con el amor.

amante	casarse	divorciarse	querer
amar	celos	enamorarse	querido/a
amorosa	comprometido/a	odiar	separarse
aventura	compromiso	pareja	soledad
cariño	corazón	pelearse	

1. Ellos están _____, se casarán en julio.

2. Matilde siempre _____ con Francisco. Ella le grita y se oyen los gritos por todo el edificio.

3. Es mejor vivir con alguien, porque la _____ puede ser muy triste.

4. Julia tiene _____ de Adriana porque ella piensa que su esposo ha tenido una _____ _____ con ella. Por eso, Julia está pensando en _____ de él por un tiempo.

5. Liz Taylor _____ con Richard Burton y después de unos años ellos _____.

Actividad 10: ¿Acciones recíprocas? Completa estas oraciones con los pronombres apropiados y la forma correcta de los verbos indicados. ¡Ojo! No todas las acciones son recíprocas.

1. Anoche, los novios _____ _____ en la puerta de la casa.   (abrazar)

2. En los cines los jóvenes _____ _____ cuando apagan la luz.   (besar)

3. Cuando era pequeña mi tía siempre _____ _____, pero no me gustaba mucho porque eran miles de besos.   (besar)

4. Yo _____ _____, pero ella no me vio.   (ver)

5. Ellos _____ _____ todos los días en clase y la profesora siempre se enfada.   (hablar)

Actividad 11: Lo hipotético. Completa estas oraciones con la forma apropiada de los verbos indicados.

|●| Si Paco _____*tuviera*_____ dinero, _____*compraría*_____ un coche nuevo.

1. Si yo _____ Antonio, le _____ la verdad.   (ser, decir)

2. Mi padre _____ por todo el mundo si _____ dinero.   (viajar, tener)

3. Si me _____ el viernes, _____ al cine.   (pagar, ir)

4. Si nosotros no _____ que estudiar tanto, _____ tener un trabajo.   (tener, poder)

5. Si tú _____ aquí en México, te _____ el Parque de Chapultepec, la Plaza de las Tres Culturas, el Zócalo y mucho más.   (estar, enseñar)

6. Si Carlos la _____ mañana, la _____.   (ver, matar)

7. Fernando miente tanto que si él _____ la verdad, yo no le _____.   (decir, creer)

Actividad 12: Todo es posible.   Completa estas oraciones con la forma correcta de los verbos indicados en cualquier tiempo y modo *(any tense and mood).*

1. Ayer mientras yo _____, _____ un accidente de tráfico. Espero que no _____ nadie.   (correr, ver, morir)

2. Cuando Jorge _____ cinco años, su familia _____ a Punta del Este por primera vez. Como nunca había visto el océano Atlántico, a él le sorprendió que un océano _____ tan grande.   (tener, viajar, ser)

3. Ellos _____ de Taxco a las siete; entonces es posible que ya _____ a la capital.   (salir, llegar)

4. Pobre Tomás. Su novia _____ una aventura amorosa con su mejor amigo, Enrique. Si yo _____ él, no _____ con ninguno de los dos por el resto de mi vida.   (tener, ser, hablar)

5. Mi amigo Adán _____ ahora en Ecuador, pero cuando _____ aquí siempre nos _____: nos _____ información en la biblioteca, nos _____ a comer cuando teníamos exámenes y nos _____ su carro cuando _____ a visitar a nuestros padres. Fue una pena que _____ trabajo en Ecuador.   (vivir, vivir, ayudar, buscar, invitar, dar, ir, encontrar)

PRÁCTICA COMUNICATIVA II

Actividad 13: Encontrando tu pareja ideal.   *(a)* Lee el anuncio comercial y contesta las preguntas.

Encuentre con quien compartir su vida

Con más de 10 años de experiencia en Alemania, Austria y Suiza, presentamos en la Argentina, el método más serio, para personas interesadas en encontrar su pareja.
Envíenos el cuestionario adjunto (sólo para mayores

de 21 años) y sus datos serán analizados EN LA MAS ESTRICTA RESERVA, con ayuda de tests científicos y computación de datos.
De este modo, logramos que la persona propuesta, corresponda con la mayor exactitud al requerimiento del interesado.
El sistema elimina todo factor de riesgo, ya que nuestros profesionales mediante un exhaustivo examen logran que la persona propuesta corresponda lo más posible a lo deseado individualmente y asegura la verdadera identidad de los interesados.

¡Esta es su oportunidad!

LLame y envíenos el cuestionario y recibirá sin cargo el folleto SELEVIP con información total sobre el servicio que prestamos y los métodos que aplicamos.
Además adelantaremos nuestra recomendación sobre posibles compañeros/as con una breve descripción.

1. ¿Qué tipo de agencia es SELEVIP? _____

   _____

2. ¿Es una compañía nacional o internacional? _____

   _____

3. ¿Cómo indica el anuncio que SELEVIP es una agencia muy seria y que usa los métodos más

   modernos? _____

   _____

4. ¿Qué se debe hacer para tener más información? _____

   _____

(b) Como dice el anuncio, para ser feliz debes dejar de estar solo. Rellena el cuestionario para dar el primer paso hacia encontrar tu pareja ideal con la ayuda de la agencia SELEVIP.

FICHA PERSONAL
Por favor llenar con letra imprenta:

Señor ☐   Señora ☐   Señorita ☐

Apellido: _____

Nombre: _____

Calle y N º _____

Ciudad: _____ C.P. _____

Teléfono part.: _____ Comercial: _____

Nacionalidad: _____

SUS DATOS
Fecha de nacimiento: _____ Religión _____
Estado Civil:
Soltero(a) ☐   Viudo(a) ☐   Divorciado(a) ☐
Vive separado(a) ☐
Tiene hijos:
NO ☐   SI ☐   Cuantos _____
Entrada mensual neta aproximada: _____
Auto propio ☐   SI ☐   NO ☐
Vivienda: Propia ☐ Alquilada ☐   Familiar ☐
Vive solo(a):
SI ☐ NO ☐ Con sus Padres ☐ Con sus hijos ☐

ESTUDIOS
☐ Primario   ☐ Técnico   ☐ Otros
☐ Secundario   ☐ Universitario
Profesión titulado en: _____
Profesión ejercida actualmente: _____
☐ Independiente   ☐ Empleado   ☐ Obrero
☐ Trabajo ocasional ☐ Cesante ☐ Estudiante
☐ Otro
Idiomas: _____
Habla ☐   Lee ☐   Escribe ☐

━━━━━━━━━━━━━━━━━━━━

ENCUENTRE CON QUIEN COMPARTIR SU VIDA... Y SE ENCONTRARA A SI MISMO.

SI UD. HA LLENADO EL CUESTIONARIO ENVIELO SIN DEMORA A:

ESTUDIO

selevip

OFICINA DE RECEPCION Y PROCESAMIENTO DE DATOS:

**Paraguay 729-Piso 1º, Of.4
1057 Buenos Aires
Tel. 312-4035/313-9102**

SU APARIENCIA
Estatura en cm.: _____
Incapacidad física: ☐ NO ☐ SI ¿Cuál?
Contextura: ☐ Delgada ☐ Esbelta ☐ Mediana
              ☐Gruesa
Apariencia: ☐Clásica ☐ A la moda ☐ Elegante
              ☐Común   ☐ Deportiva
Color de cabello: _____ Ojos: _____

SUS INTERESES (Máximo 5 en cada rubro)

Intelectuales	Prácticos	Deportes prac./asiste		
☐ Pintura	☐ T.Manuales	Bowling	☐	☐
☐ Música	☐ Fotografía	Tenis	☐	☐
☐ Teatro	☐ Coleccionar	Squash	☐	☐
☐ Ballet	☐ Cocinar	Gimnasia	☐	☐
☐ Opera	☐ Jardinería	Equitación	☐	☐
☐ Literatura	☐ Hacer música	Fútbol	☐	☐
☐ Cine	☐ Dibujo	Boxeo	☐	☐
☐ Televisión	☐ Caminatas	Natación	☐	☐
☐ Historia	☐ Filmar	Golf	☐	☐
☐ Ciencia	☐ Animales	Surf	☐	☐
☐ Técnica	☐ Naipes	Esquí	☐	☐
☐ Otros	☐ Viajes	Otros	☐	☐

SUS IDEAS PARTICULARES
Fuma ☐ No fuma ☐ Ocasionalmente ☐
Tiene hijo(s) propio(s):   ☐ SI ☐ NO .
Si tiene, cuántos viven con Ud.? _____
Desea tener hijos aún? _____
(Por favor contestar aunque ya tenga hijos)
Le parece importante que una mujer, ejerza profesión?
Jornada completa ☐ Media Jornada ☐   NO ☐
Me es indiferente ☐
Le es muy importante su Religión; SI ☐ NO ☐
Le es muy importante una vida sexual armoniosa?:
Muy importante ☐   Importante ☐
Más bien sin importancia ☐
Dónde le gustaría encontrarse por primera vez con la persona seleccionada por SELEVIP?:
En su casa ☐   En casa de él/ella ☐
en el estudio de SELEVIP ☐
En un local/restaurante/café ☐
Me es indiferente ☐

COMO DESEA SU FUTURO CONTACTO?
Edad mínima: _____ Edad máxima: _____
Estatura de ___ cm. a ___ cm. es indiferente ☐
Con hijos? SI ☐ NO ☐
Religión deseada: _____ es indiferente ☐
Educación deseada: _____ es indiferente ☐
Desea Ud. que la persona seleccionada tenga en su mayoría los mismos intereses que Ud.?
SI ☐ NO ☐   es indiferente ☐
Sabe Ud. porqué el sistema aplicado por SELEVIP es el más importante de EUROPA para conocer gente?
• Porque cada 6 minutos una persona sola ingresa al sistema.
• Porque el sistema aplicado por SELEVIP le ofrece las mayores posibilidades para hacer contactos.

Firma _____   Fecha _____

━━━━━━━━━━━━━━━━━━━━

Actividad 14: Soluciones.   Es más fácil darles soluciones a otros que solucionar nuestros problemas. Termina estas oraciones dando soluciones.

1. Si estuviera en las Naciones Unidas, _____

_____ .

2. Si fuera el presidente de los Estados Unidos, _____

_____ .

3. Si tuviera millones de dólares, _____

_____ .

4. Si pudiera hablar por quince minutos por televisión, _____

_____ .

5. Si fuera Ralph Nader, _____

_____ .

Actividad 15: Interpretaciones.   La semana pasada, Víctor salió con Laura.   Él quedó encantado y quiere salir con ella otra vez.   Ella, en cambio, lo encontró muy aburrido y no quiere salir más con él.   Al día siguiente hablaron con un amigo mutuo *(a mutual friend)*.   Escribe lo que dijeron.

Víctor	Laura
Dudaba que _____	Dudaba que _____
_____	_____
_____ .	_____ .
No podía creer que ella _____	No podía creer que él _____
_____	_____
_____ .	_____ .
Me sorprendió que ella _____	Me sorprendió que él _____
_____	_____
_____ .	_____ .
Fui a casa antes de que ella _____	Fui a casa antes de que él _____
_____	_____
_____ .	_____ .
Si saliera con ella otra vez _____	Si saliera con él otra vez _____
_____	_____
_____ .	_____ .

Actividad 16: Los memos. *(a)* Julia Guzmán es la jefa de Gustavo Tamames. Unos empleados de la compañía acaban de encontrar los siguientes memos. Léelos.

MEMO

Sr. Tamames:

No quería pelear con Ud. Claro que puedo hacerlo y me gustaría hacerlo, pero nadie puede saber nada. Sé que formamos la pareja perfecta, pero si supiera la gente, me moriría de vergüenza. ¿Qué tal el martes a las ocho?

Srta. Guzmán

MEMO

Srta. Guzmán:

Imposible el martes. Tengo que salir con mi esposa (es su cumpleaños), pero el jueves sería perfecto. Creo que el jueves es el mejor día para ir al Club Caribe. No creo que encontremos a nadie que nos conozca, sólo por si acaso.

Gustavo

MEMO

Gustavo:

El jueves a las ocho en el nuevo Club Caribe. Tengo muchas ganas de bailar contigo.

Julia

MEMO

Julia:

    Gracias por el baile. ¡Eres increíble! Gracias por todo.
¡Soy el hombre más feliz del mundo!

                Gustavo

MEMO

Gustavo:

    Gracias a ti por una noche inolvidable. Tengo muchos
celos de tu esposa pero yo nunca he estado más feliz.
Es una pena que yo no pueda ir a Puerto Rico

                Julia

(b) Ahora termina estas oraciones como si fueras uno de los empleados que acaba de encontrar y leer los memos. Para terminar las oraciones tienes que leer entre líneas *(read between the lines)*.

1. Era probable que la esposa de Gustavo no _____
   _____.

2. Es posible que en el Club Caribe ellos _____
   _____.

3. Yo no creía que Gustavo _____
   _____.

4. Si yo fuera Gustavo, _____
   _____.

5. Si yo fuera la esposa de Gustavo, _____
   _____.

6. A mí me sorprendió que Julia _____
   _____.

(c) Después de leer los memos y de expresar sus opiniones sobre la situación, los empleados leyeron este artículo en el periódico.

Anoche en el nuevo club nocturno, Club Caribe, tocó el conjunto La Salsa Tropical y para terminar hubo una competencia de baile. Ganó la pareja de Julia Guzmán y Gustavo Tamames. Recibieron un viaje para dos a San Juan, Puerto Rico, por una semana. Julia Guzmán dijo que no iba a ir y que le iba a dar su parte a la esposa de Gustavo para que pudieran celebrar su aniversario de diez años en Puerto Rico. Gustavo le prometió a Julia que le traería un buen regalo de su viaje. La esposa de Gustavo le explicó a este periódico que ella y su esposo se habían enamorado en Puerto Rico y que no habían tenido el dinero para volver. Recibir el pasaje fue una sorpresa para la Sra. de Tamames. Otra cosa curiosa es que Julia es la jefa de Gustavo; por eso, él dijo que no pensaba tener problemas en el trabajo al pedir una semana de vacaciones.

Actividad 17: Dando las gracias.   Después de leer y hacer la *Actividad 16*, completa esta carta donde la Sra. de Tamames le da las gracias a Julia.

Querida Srta. Guzmán:

No puedo creer que Ud. y mi esposo _____

_____. Estoy segura que nuestro viaje a Puerto Rico

_____.

Espero que algún día nosotros _____

_____ por Ud.

Muchísimas gracias por todo.

Un fuerte abrazo de,

Elisa Fernández de Tamames

Capítulo 18

PRÁCTICA COMUNICATIVA

Actividad 1: Corregir.   Corrige estas oraciones según lo que aprendiste en la sección de *Nuevos horizontes* y en otras partes del libro de texto.

1. El Salto Ángel e Iguazú son dos montañas de Suramérica.

   _____

   _____

2. Miguel Littín es de Perú.

   _____

3. Bolivia tiene una capital, Sucre.

   _____

4. Las Islas Canarias son de Ecuador; allí está el Instituto Darwin.

   _____

   _____

5. Los mayas y los incas son principalmente de México y de Centroamérica y los aztecas son de los Andes.

   _____

   _____

6. Los moros llevaron su lengua a España. Esta lengua forma la base del español de hoy día.

   _____

   _____

7. El Museo del Prado está en Bogotá y tiene la mayor colección de oro precolombino del mundo.

   _____

   _____

8. Una forma de música muy popular del Caribe es el flamenco.

   _____

   _____

9. En Guatemala hay cuatro idiomas oficiales: el catalán, el gallego, el vasco y el español.

   _____

   _____

Actividad 2: El crucigrama. Trabajas para un periódico y acabas de preparar este crucigrama. Ahora tienes que escribir las pistas *(clues)*. ¡Ojo! En los crucigramas no se ponen los acentos.

```
        ¹T  A   L   L   A
²B      E                   ³B
A       L          ⁴P   A   S   A   J  ⁵E
⁶S  U   E   L   D   O       R          L
U       G          C       ⁷J  U   E   Z   .
R       R  ⁸C  U   E   R   O           C      ⁹S
¹⁰A M   A          A        C          A
    ¹¹M A   N   I  ¹²F  E   S  ¹³T  A   C   I   O   N
     A      D      R       O          O       G
     I      E      R       N          R
    ¹⁴D I   N   E   R   O               E       E
     A      O         ¹⁵M ¹⁶A  S
 ¹⁷V O   T   O   S         L                   ¹⁸D
  O     O         ¹⁹F  O   T   O               I
  L    ²¹A            ²⁰M                       C
  A     C        ²²T     ²³B  A                 T
²⁴N O   R   T   E    R  ²⁵Q  U   I   N   T   A
 T      I        A      Z   O                  D
 E      T       ²⁶J  A   M   O   N              U
²⁷V E   R   D   E        N                      R
                                               A
```

Horizontales

1. *Si la camisa es pequeña necesitas una* _____ *más grande.*

4. _____

6. _____

7. _____

8. _____

10. _____

11. _____

14. _____

15. _____

17. _____

19. _____

24. _____

25. _____

26. _____

27. _____

Verticales

1. _____

2. _____

3. _____

5. _____

8. _____

9. _____

12. _____

13. _____

16. _____

17. _____

18. _____

20. _____

21. _____

22. _____

23. _____

Actividad 3: La política. *(a)* Escribes discursos *(speeches)* para un candidato para el senado. Lee la descripción de lo que el candidato hizo en los últimos seis años y lo que promete hacer en el futuro.

Hechos

Conseguir dinero para ayudar a la gente sin casa. Reducir el dinero que se gasta en defensa. Abrir una planta nuclear en su estado.

Promesas

Bajar la edad de beber a dieciocho años. Conseguir más dinero para los estudios universitarios. Subir la velocidad máxima en las carreteras. Conseguir dinero federal para madres solteras. Subir los impuestos para pagar la deuda federal *(federal debt)*.

(b) Usa la descripción dada en la parte *(a)* de esta actividad para completar el siguiente discurso.

Señoras y señores: en los últimos seis años he _____

_____

_____ .

Para los próximos seis años quiero que los jóvenes _____

_____

y por eso, _____ .

Otra cosa que me molesta es que aunque tenemos algunas de las mejores carreteras del mundo y carros

muy rápidos, _____ ;

por eso sugiero que el gobierno _____ ,

sin olvidar que _____ .

También me preocupan las madres solteras. Con los programas que tenemos, es imposible que ellas

_____ ;

así que es necesario que el gobierno _____

_____ .

Tenemos un gran problema con la deuda. Tenemos que ser responsables; por eso, quiero que el

pueblo _____

_____ .

Espero poder representarlos otra vez en nuestra capital para que _____

_____ .

Muchas gracias.

Actividad 4: Una vida anterior.   Crees en la reencarnación. En una vida anterior *(previous life)*, conociste a Shirley MacLaine en una de sus vidas anteriores. Contesta estas preguntas sobre el encuentro.

1. ¿Quién eras tú? _____

2. ¿Quién era Shirley? _____

3. ¿En qué país estuvieron y más o menos qué año era? _____

   _____

4. ¿Cómo era Shirley? _____

   _____

5. ¿Qué ropa llevaban Uds.? _____

   _____

6. ¿Qué y dónde comieron Uds.? _____

   _____

7. ¿Qué hicieron después de comer? _____

   _____

8. Shirley hizo algo que te sorprendió. ¿Qué hizo? _____

   _____

9. ¿Por qué te gustó o no te gustó ese encuentro con Shirley? _____

   _____

Actividad 5: Tus costumbres.   En oraciones completas, contesta estas preguntas sobre cómo estudiaste este año para aprender el español.

1. ¿Habías estudiado español antes de este año? _____

   _____

   Si contestas que sí, ¿hace cuántos años y por cuánto tiempo? _____

   _____

2. ¿Cuánto tiempo estudiabas por semana este año? _____

   _____

3. ¿Qué hacías para aprender vocabulario? _____

   _____

4. ¿Qué te parecieron las cintas? ¿Las escuchabas sólo una vez o más de una vez? _____

   _____

5. ¿Te gustaba hablar con tus compañeros en clase? _____

   _____

6. ¿Hablabas mucho o poco en clase? _____

_____

7. Si pudieras empezar otra vez, ¿hablarías más en clase? _____

_____

8. Antes de empezar el curso, ¿pensabas que iba a ser fácil o difícil? _____

_____

9. ¿Has aprendido mucho o poco? _____

_____

10. ¿Usarás el español en tu futuro? _____

_____

   Si contestas que sí, ¿cómo? _____

_____

11. Si mañana fueras a un país hispano, ¿podrías comunicarte con la gente a un nivel básico? _____

_____

Actividad 6: Los consejos.   Si tuvieras un amigo que quisiera estudiar español el año que viene, ¿qué consejos le darías? Escribe una lista de siete mandatos *(commands)* para ayudarle.

1. Para aprender vocabulario _____

_____.

2. Cuando escuches las cintas _____

_____.

3. Cuando estudies la gramática _____

_____.

4. Para entender las lecturas _____

_____.

5. En clase, _____

_____.

6. En clase, no _____

_____.

7. Cuando escribas en español, no _____

_____.

Actividad 7: Una carta a Chile.   Olga recibió una carta de Isabel. Primero, lee la carta. Después de leerla, completa la carta con las palabras apropiadas. El contenido está basado en las conversaciones del libro de texto.

Madrid, 5 de julio	1

Querida Olga: 2

    Hace mucho tiempo que no te escribo, pero es que he _____   3

ocupadísima. He recibido dos cartas tuyas en las que me cuentas sobre tu luna de   4

miel _____ el Caribe y sobre tu nuevo apartamento en Santiago.   5

    Espero _____ estés muy contenta con tu nueva vida de   6

_____ y que mi primo Nando sea un esposo ideal . . .   7

    Como te decía, he estado _____ ocupada con los estudios;   8

pero terminaron las clases y ahora empieza el _____.   9

¿_____ que te contaba del grupo de amigos que tengo aquí?   10

Pues, resulta que Claudia y Juan Carlos se van _____ casar.   11

Se fueron la semana pasada a Colombia para casarse y luego van   12

a vivir en Venezuela, donde Juan _____ consiguió un trabajo   13

fabuloso con una firma de ingenieros. _____ quería que todos   14

fuéramos a su matrimonio, pero después de _____ ido al tuyo, yo no   15

tenía plata y no _____ a ir; entonces, ¿sabes qué hicieron? ¡No me lo 16

_____ a creer! Entre todos me regalaron un pasaje que les vendió   17

_____ un precio especial el tío de Teresa, que tiene _____ agencia de   18

viajes. Por poco me muero de la _____ cuando me lo dieron. No te   19

puedes imaginar lo _____ que estoy porque estaremos todos juntos   20

una vez más.   21

    _____ de que Claudia y Juan Carlos se fueran, hicimos   22

_____ fiesta de despedida e invitamos a unas personas con quienes estuvieron   23

Juan Carlos y Álvaro en Hispanoamérica hace unos _____. Conocí a   24

un tal Sr. Ruiz, que es un _____ excéntrico, y a una señora, creo que   25

es doctora, _____ lo odia. Los chicos dicen que todo lo   26

_____ hacía el Sr. Ruiz le molestaba a ella durante _____ viaje. Fue   27

una fiesta regia.   28

El viaje _____ sido maravilloso y ahora voy a tener amigos por todas 29

_____. Los papás de Marisel quieren que ella regrese a Venezuela 30

después _____ la boda aunque _____ ella le gustaría 31

_____ a España. Diana tiene que volver a Estados Unidos 32

_____ en el colegio donde enseña sólo le dieron un _____ 33

para estudiar, pero vuelve a España cuando termine el _____ escolar. Álvaro, el 34

cordobés, acaba de terminar sus estudios de derecho _____ se fue para 35

Andalucía hasta que le avisen si lo aceptan _____ el cuerpo diplomático. Y, 36

aunque Teresa y Vicente digan _____ no, yo creo que es posible que pronto se 37

_____. 38

¿Y yo? Pues . . . nada. Tengo que terminar esta carta _____ quiero 39

ir al gimnasio a hacer un poco de _____. Con tanto estudiar, creo que 40

_____ aumentado unos kilos más . . . ¡Ay, Dios mío! ¿Sabes qué estoy viendo 41

en un _____ en la televisión? Pues, a Lulú Camacho (me imagino 42

_____ habrás leído sobre ella); es la Miss Cuerpo de _____ 43

año, pero perdió el título por tomar esteroides y ahora _____ están entrevistando 44

en la tele. Después del gran escándalo, _____ no sólo se ha hecho famosísima 45

sino que está _____ su autobiografía. ¡Así es la vida! Bueno, bueno, 46

creo _____ termino aquí y me voy a hacer ejercicio porque, claro, ¡quiero tener un 47

cuerpo _____ bello como Lulú Camacho! 48

_____ abrazo para Nando y para ti, todo mi cariño, 49

50

Isabel 51

PD: Escríbeme _____ y cuéntame sobre tu vida y cómo están todos. 52

Lab Manual

Capítulo preliminar

MEJORANDO TU PRONUNCIACIÓN

Stressing words

You have already seen Spanish stress patterns in the text. Remember that a word that ends in *n, s,* or a vowel is stressed on the next-to-last syllable, for example, **re***pi***tan, Hon***du***ras, a***mi***go.** A word that ends in a consonant other than *n* or *s* is stressed on the last syllable, as in the words **espa***ñol*, **fa***vor*, **Ma***drid*. Any exception to these two rules is indicated by a written accent mark on the stressed vowel, as in **An***drés*, **Pe***rú*, *án*gel.

Placing correct stress on words helps you to be better understood. For example, the word **a***mi***go** has its natural stress on the next-to-last syllable. Listen again: **a***mi***go**, not **a**migo, nor **ami***go*; **a***mi***go**. Try to keep stress in mind when learning new words.

Actividad 1: Escucha y subraya. *(a)* Listen to the following names of Hispanic countries and cities and underline the stressed syllables. You will hear each name twice.

1. Pa-na-ma
2. Bo-go-ta
3. Cu-ba
4. Ve-ne-zue-la
5. Me-xi-co
6. Ma-drid
7. Te-gu-ci-gal-pa
8. A-sun-cion

(b) Turn off the cassette player and decide which of the words from part *(a)* need written accents. Write the missing accents over the appropriate vowels.

Actividad 2: Los acentos. *(a)* Listen to the following words related to an office and underline the stressed syllables. You will hear each word twice.

1. o-fi-ci-na
2. di-rec-tor
3. pa-pel
4. dis-cu-sion
5. te-le-fo-no
6. bo-li-gra-fo
7. se-cre-ta-rio
8. ins-truc-cio-nes

(b) Turn off the cassette player and decide which of the words from part *(a)* need written accents. Write the missing accents over the appropriate vowels.

Actividad 3: La fiesta.   You will hear three introductions at a party. Indicate whether each one is formal or informal.

Formal   Informal

1. ____   ____
2. ____   ____
3. ____   ____

Actividad 4: ¿De dónde eres?   You will hear three conversations. Don't worry if you can't understand every word. Just concentrate on discovering where the people in the pictures are from. Write this information on the lines provided in your lab manual.

1. _____   2. _____   3. _____

Actividad 5: ¡Hola! ¡Adiós!   You will hear three conversations. Don't worry if you can't understand every word. Just concentrate on discovering whether the people are greeting each other or saying good-by.

Saludo   Despedida

1. ____   ____
2. ____   ____
3. ____   ____

Actividad 6: La entrevista. A man is interviewing a woman for a job. You will only hear what the man is saying. As you listen, number the response that the interviewee should logically make to each of the interviewer's statements and questions. Before listening to the interview, look at the woman's possible responses. You may have to listen to the interview more than once.

____ Gracias.

____ Soy de Caracas.

____ Claudia Menéndez.

____ ¡Muy bien!

Actividad 7: Las capitales. You will hear a series of questions on the capitals of various countries. Circle the correct answers in your lab manual. Before you listen to the questions, read all possible answers.

1. Washington	San Salvador	Lima
2. México	Guatemala	Madrid
3. Ottawa	Washington	Buenos Aires

Actividad 8: Los mandatos. You will hear a teacher give several commands. Number the picture that corresponds to each command. If necessary, stop the tape after each item.

Actividad 9: Las siglas.   Listen and write the following acronyms.

1. _____   4. _____

2. _____   5. _____

3. _____   6. _____

Actividad 10: ¿Cómo se escribe?   You will hear two conversations. Concentrate on listening to the names that are spelled out within the conversations and write these names in your lab manual.

1. _____   2. _____

Capítulo 1

MEJORANDO TU PRONUNCIACIÓN

Vowels

In Spanish, there are only five basic vowel sounds: **a, e, i, o, u.** These correspond to the five vowels of the alphabet. In contrast, English has long and short vowels, for example, the long *i* in *pie* and the short *i* in *pit*. In addition, English has the short sound, schwa, which is used to pronounce many unstressed vowels. For example, the first and last *a* in the word *banana* are unstressed and are therefore pronounced [ə]. Listen: *banana*. In Spanish, there is no similar sound because vowels are usually pronounced in the same way whether they are stressed or not. Listen: **banana.**

Actividad 1: Escucha la diferencia.   Listen to the contrast in vowel sounds between English and Spanish.

Inglés	Español
1. map	mapa
2. net	neto
3. sea	sí
4. tone	tono
5. taboo	tabú

Actividad 2: Escucha y repite.   Listen and repeat the following names, paying special attention to the pronunciation of the vowel sounds.

1. Ana Lara
2. Pepe Méndez
3. Mimí Pinti
4. Toto Soto
5. Lulú Mumú

Actividad 3: Repite las oraciones.   Listen and repeat the following sentences from the textbook conversations. Pay attention to the pronunciation of the vowel sounds.

1. ¿Cómo se llama Ud.?
2. Buenos días.
3. ¿Cómo se escribe?
4. ¿Quién es ella?
5. Juan Carlos es de Perú.
6. Las dos Coca-Colas.

Actividad 4: Guatemala. You will hear a series of numbers. In your lab manual, draw a line to connect these numbers in the order in which you hear them. When you finish, you will have a map of Guatemala.

1	2	3	4	5	6	7	8	9	10
11	12	13	14	15	16	17	18	19	20
21	22	23	24	25	26	27	28	29	30
31	32	33	34	35	36	37	38	39	40
41	42	43	44	45	46	47	48	49	50
51	52	53	54	55	56	57	58	59	60
61	62	63	64	65	66	67	68	69	70
71	72	73	74	75	76	77	78	79	80
81	82	83	84	85	86	87	88	89	90
91	92	93	94	95	96	97	98	99	100

Actividad 5: Los números de teléfono. You will hear a telephone conversation and two recorded messages. Don't worry if you can't understand every word. Just concentrate on writing down the telephone number that is given in each case.

1. _____ 2. _____ 3. _____

Actividad 6: ¿Él o ella? Listen to the following three conversations and put a check mark under the drawing of the person who is being talked about in each case. Don't worry if you can't understand every word. Just concentrate on discovering whom each discussion refers to.

1. ____ ____   2. ____ ____   3. ____ ____

Actividad 7: En el tren. Carlos is talking to a woman with a child on the train. Listen to the questions that he asks. For each question, number the response that would be appropriate for the woman to give. Before you begin the activity, read the possible responses.

_____ Dos años.

_____ Andrea.

_____ De Tegucigalpa.

_____ Ella se llama Deborah.

Actividad 8: En el hotel. You will hear a conversation between a hotel receptionist and a guest who is registering. Fill out the computer screen in your lab manual with information about the guest. Don't worry if you can't understand every word. Just concentrate on listening for the information needed. You may have to listen to the conversation more than once. Remember to look at the computer screen before you begin the activity.

> Huésped no. 3586
>
> NOMBRE:
>
> OCUPACIÓN:
>
> DIRECCIÓN:
>
> Ciudad: País:
>
> Código postal:
>
> TELÉFONO:

Actividad 9: Los participantes. Mr. Torres and his assistant are going over the participants they have chosen for a TV game show. Listen to their conversation and fill out the chart with information on the participants. Don't worry if you can't understand every word. Just concentrate on listening for the information needed to complete the chart. You may have to listen to the conversation more than once.

Participantes	País	Ocupación	Edad
Francisco	*Chile*		
Laura		*abogada*	
Gonzalo			*30*
Andrea			

Conversación: En el colegio mayor hispanoamericano (text p. 19)

Conversación: En la cafetería del colegio mayor (text p. 32)

Capítulo 2

MEJORANDO TU PRONUNCIACIÓN

The consonant *d*

The consonant **d** is pronounced two different ways in Spanish. When **d** appears at the beginning of a word or after *n* or *l*, it is pronounced by pressing the tongue against the back of the teeth, for example, **depósito.** When **d** appears after a vowel, after a consonant other than *n* or *l*, or at the end of a word, it is pronounced like the *th* in the English word *they*, for example, **médico.**

Actividad 1: Escucha y repite. Listen and repeat the names of the following occupations, paying attention to the pronunciation of the letter *d*.

1. **d**irector
2. **d**ueña **d**e un negocio
3. **d**epen**d**iente

4. mé**d**ico
5. estu**d**iante
6. aboga**d**a

The Spanish sounds p, t, and /k/

The Spanish sounds **p, t,** and /k/ (/k/ represents a sound) are unaspirated. This means that no puff of air occurs when they are pronounced. Listen to the difference: *Peter,* **Pedro.**

Actividad 2: Escucha y repite. Listen and repeat the names of the following objects often found around the house. Pay attention to the pronunciation of the Spanish sounds **p, t,** and /**k**/.

1. **p**erió**d**ico
2. **t**eléfono
3. **c**ompu**t**adora

4. **t**elevisor
5. **c**ámara
6. dis**c**o **c**ompa**c**to

Actividad 3: Las cosas de Marisel. Listen and repeat the following conversation between Teresa and Marisel. Pay attention to the pronunciation of the Spanish sounds **p, t,** and /**k**/.

TERESA: ¿Tienes café?
MARISEL: ¡Claro que sí!
TERESA: ¡Ah! Tienes computadora.
MARISEL: Sí, es una Macintosh.
TERESA: A mí me gusta más la IBM porque es más rápida.

Actividad 4: La perfumería. You will hear a conversation in a drugstore between a customer and a salesclerk. Check only the products that the customer buys and indicate whether she buys one or more than one of each item. Don't worry if you can't understand every word. Just concentrate on the customer's purchases. Before you listen to the conversation, read the list of products.

	Uno	Más de uno *(more than one)*
1. aspirina	____	____
2. cepillo de dientes	____	____
3. crema de afeitar	____	____
4. champú	____	____
5. desodorante	____	____
6. jabón	____	____
7. pasta de dientes	____	____
8. peine	____	____
9. perfume	____	____

Actividad 5: ¿Hombre o mujer? Listen to the following remarks and write a check mark below the person or persons being described in each situation.

1. ____   ____   2. ____   ____

3. ____   ____   4. ____   ____

Actividad 6: El mensaje telefónico. Ms. Rodríguez calls home and leaves a message on the answering machine for her children, Esteban and Carina. Check off each item that Ms. Rodríguez reminds them about. Don't worry if you can't understand every word. Just concentrate on which reminders are for Esteban and which ones are for Carina. Before you listen to the message, look at the list of reminders.

	Esteban	Carina			Esteban	Carina
1. comprar hamburguesas	____	____		3. mirar vídeo	____	____
2. estudiar matemáticas	____	____		4. no ir al dentista	____	____

Actividad 7: El regalo de cumpleaños. *(a)* You will hear a phone conversation between Álvaro and his mother, who would like to know what she can buy him for his birthday. Check off the things that Álvaro says he already has. Don't worry if you can't understand every word. Just concentrate on what Álvaro doesn't need. Before you listen to the conversation, read the list of possible gifts.

Álvaro tiene . . .

_____ computadora

_____ lámpara

_____ máquina de escribir

_____ reloj

_____ toallas

(b) Now write what Álvaro's mother is going to give him for his birthday. You may need to listen to the conversation again.

El regalo es _____ .

Actividad 8: La agenda de Diana. *(a)* Turn off the cassette player and write in Spanish two things you are going to do this weekend.

1. _____

2. _____

(b) Now complete Diana's calendar while you listen to Diana and Claudia talking on the phone about their weekend plans. Don't worry if you can't understand every word. Just concentrate on Diana's plans. You may have to listen to the conversation more than once.

Días	Actividades
viernes	*3:00 p.m. — examen de literatura*
sábado	
domingo	

Actividad 9: La conexión amorosa. Mónica has gone to a dating service and has made a tape describing her likes and dislikes. Listen to the tape and then choose a suitable man for her from the two shown. Don't worry if you can't understand every word. Just concentrate on Mónica's preferences. You may use the following space to take notes. Before you listen to the description, read the information on the two men.

NOMBRE: Oscar Varone
OCUPACIÓN: profesor de historia
EDAD: 32
GUSTOS: música salsa, escribir poemas,
    correr

NOMBRE: Lucas González
OCUPACIÓN: médico
EDAD: 30
GUSTOS: música clásica, salsa, esquiar

El hombre perfecto para Mónica es _____.
                                                      (nombre)

Conversación: *¡Me gusta mucho!* (text p. 41)

Conversación: *Planes para una fiesta de bienvenida* (text p. 58)

Capítulo 3

MEJORANDO TU PRONUNCIACIÓN

The consonants *r* and *rr*

The consonant **r** in Spanish has two different pronunciations: the flap, as in **caro,** similar to the double *t* sound in *butter* and *petty,* and the trill sound, as in **carro.** The **r** is pronounced with the trill only at the beginning of a word or after *l* or *n,* as in **reservado, sonrisa** *(smile).* The **rr** is always pronounced with the trill, as in **aburrido.**

Actividad 1: Escucha y repite. Listen and repeat the following descriptive words. Pay attention to the pronunciation of the consonants **r** and **rr.**

1. enfermo   5. aburrido
2. rubio   6. enamorado
3. moreno   7. preocupado
4. gordo   8. borracho

Actividad 2: Escucha y marca la diferencia. Circle the word you hear pronounced in each of the following word pairs. Before you begin, look over the pictures and word pairs.

1. caro   carro   2. coro   corro

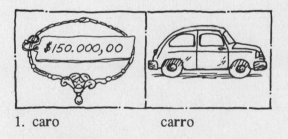 

3. ahora   ahorra   4. cero   cerro

Actividad 3: Teresa. Listen and repeat the following sentences about Teresa. Pay attention to the pronunciation of the consonants **r** and **rr.**

1. Estudia turismo.

2. Trabaja en una agencia de viajes.

3. Su papá es un actor famoso de Puerto Rico.

4. ¿Pero ella es puertorriqueña?

MEJORANDO TU COMPRENSIÓN

Actividad 4: ¿En dónde? You will hear four remarks. In your lab manual, match the letter of each remark with the place where it is most likely to be heard. Before you listen to the remarks, review the list of places. Notice that there are extra place names.

1. ____ farmacia

2. ____ biblioteca

3. ____ teatro

4. ____ supermercado

5. ____ agencia de viajes

6. ____ librería

Actividad 5: Mi niña es . . . A man has lost his daughter in a department store and is describing her to the store detective. Listen to his description and place a check mark below the drawing of the child he is looking for. Don't worry if you can't understand every word. Just concentrate on the father's description of the child. Before you listen to the conversation, look at the drawings.

1. ____   2. ____   3. ____

Actividad 6: Su hijo está . . . Complete the chart about Pablo as you hear the following conversation between his teacher and his mother. Fill in **en general** to describe the way Pablo usually is. Fill in **esta semana** to indicate how he has been behaving this week.

aburrido	antipático	bueno
cansado	inteligente	simpático

Pablo Hernández

En general, él es _____

_____ .

Pero, esta semana él está _____

_____ .

Actividad 7: La conversación telefónica. Teresa is talking with her father long-distance. You will hear her father's portion of the conversation only. After you hear each of the father's questions, complete Teresa's partial replies, provided in your lab manual.

1. _____ _____ Claudia.

2. _____ economía.

3. _____ _____ la Universidad Complutense.

4. _____ de Colombia.

5. _____ , pero ahora _____ en Quito.

6. _____ es médico.

7. _____ es ama de casa.

8. _____ , gracias.

9. _____ , _____ mucho.

10. _____ en la agencia de turismo del tío Alejandro.

11. _____ muy ocupado.

Actividad 8: Intercambio estudiantil. Marcos contacts a student-exchange program in order to have a foreign student stay with him. Complete the following form as you hear his conversation with the program's secretary. Don't worry if you can't understand every word. Just concentrate on filling out the form. Before you listen to the conversation, read the form. You may have to listen to the conversation more than once.

C. A. D. I. E.: Consejo Argentino de Intercambio Estudiantil		
Nombre del interesado: *Marcos Alarcón*		
Teléfono:	Edad:	Ocupación:
Gustos:		
Preferencia de nacionalidad:		

Actividad 9: Las descripciones. *(a)* Choose three adjectives from the list of personality characteristics that best describe each of the people shown. Turn off the cassette player while you make your selection.

artístico/a	**intelectual**	**inteligente**
optimista	**paciente**	**pesimista**
serio/a	**simpático/a**	**tímido/a**

1.

2.

Tu opinión

1. _____

_____

_____

Tu opinión

2. _____

_____

_____

(b) Now listen as these two people describe themselves, and enter these adjectives in the blanks provided. You may have to listen to the descriptions more than once.

Su opinión   Su opinión

1. _____   2. _____

_____   _____

_____   _____

_____   _____

Conversación: Una llamada de larga distancia (text p. 67)

Conversación: Hay familias . . . y . . . FAMILIAS (text p. 84)

Capítulo 4

MEJORANDO TU PRONUNCIACIÓN

The consonant ñ

| The pronunciation of the consonant ñ is similar to the *ny* in the English word *canyon*.

Actividad 1: Escucha y repite.   Listen and repeat the following words, paying attention to the pronunciation of the consonants **n** and **ñ**.

1. cana   caña   2. una   uña

3. mono   moño   4. sonar   soñar

Actividad 2: Escucha y repite.   Listen and repeat the following sentences from the textbook. Pay special attention to the pronunciation of the consonants **n** and **ñ**.

1. Estoy subiendo una montaña.
2. Conoces al señor de Rodrigo, ¿no?
3. ¿Podrías comprar una guía urbana de Madrid de este año?
4. ¿Cuándo es tu cumpleaños?

MEJORANDO TU COMPRENSIÓN

Actividad 3: Los sonidos de la mañana. Listen to the following sounds and write what Paco is doing this morning.

1. _____

2. _____

3. _____

4. _____

Actividad 4: *Segundamano*. Pedro works in the advertising department of the magazine *Segundamano*. Complete the following ads that telephone callers want to place. Don't worry if you can't understand every word. Just concentrate on completing the ads. Remember to look at the ads before you listen to the conversations.

1.
_____ necesita _____. Llamar al _____.

2.
_____ moto Honda. Modelo _____. Nueva. Tel. _____. Precio _____.

3.
_____ traducciones del inglés al _____. Llamar al Sr. _____. Teléfono _____.

Actividad 5: El tiempo este fin de semana. *(a)* As you hear this weekend's weather forecast for
Argentina, draw the corresponding weather symbols on the map under the names of the places mentioned.
Remember to read the place names on the map and look at the symbols before you listen to the forecast.

(b) Now rewind the tape and listen to the forecast again, this time adding the temperatures in Celsius
under the names of the places mentioned.

Actividad 6: El detective Alonso.   Detective Alonso is speaking into his tape recorder while following a woman. Number the drawings according to the order in which he says the events take place. Don't worry if you can't understand every word. Just concentrate on the sequence of events.

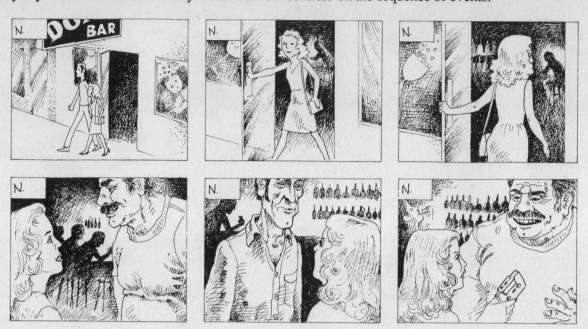

Actividad 7: La identificación del ladrón.   As you hear a woman describing a thief to a police artist, complete the artist's sketch. You may have to rewind the tape and listen to the description more than once.

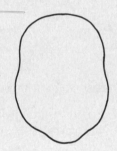

Actividad 8: La entrevista. Lola Drones, a newspaper reporter, is interviewing a famous actor about his weekend habits. Cross out those activities listed in Lola's notebook that the actor does *not* do on weekends. Don't worry if you can't understand every word. Just concentrate on what the actor does not do on weekends. Remember to read the list of possible activities before you listen to the interview.

se levanta tarde

corre por el parque

hace gimnasia en un gimnasio

ve televisión

estudia sus libretos   *(scripts)*

sale con su familia

va al cine

Conversación: Noticias de una amiga (text p. 95)

Capítulo 5

MEJORANDO TU PRONUNCIACIÓN

The consonants _ll_ and _y_

The consonants **ll** and **y** are usually pronounced like the _y_ in the English word _yellow_. When **y** appears at the end of a word, or alone, it is pronounced like the vowel _i_ in Spanish.

Actividad 1: Escucha y repite. Listen and repeat the following verse. Pay special attention to the pronunciation of the **ll** and the **y.**

Hay una toalla
en la playa amarilla.
Hoy no llueve;
ella no tiene silla.

Actividad 2: Escucha y repite. Listen and repeat the following sentences from the text. Pay special attention to the pronunciation of the **ll** and the **y.**

1. **Y** por favor, otra cerveza.

2. Voy a llamar a Vicente y a Teresa.

3. Ellos también van al cine.

4. ¡Ay! No me gusta la actriz.

MEJORANDO TU COMPRENSIÓN

Actividad 3: ¿Qué acaban de hacer? As you hear the following short conversations, circle what the people in each situation have just finished doing. Remember to read the list of possible activities before you begin.

1. a. Acaban de ver una película.

   b. Acaban de hablar con un director.

2. a. Acaban de tomar un café.

   b. Acaban de comer.

3. a. Acaban de ducharse.

   b. Acaban de jugar un partido de fútbol.

Actividad 4: El cine. You will hear a recorded message and a conversation, both about movie schedules. As you listen, complete the information on the cards. Don't worry if you can't understand every word. Just concentrate on filling out the cards. Remember to look at the cards before beginning.

GRAN REX

La historia oficial

Horario: _____, _____, _____, _____

Precio: $_____ $_____ matinée

SPLENDID

La mujer cucaracha

Horario: _____, _____, _____

Precio: $_____ $_____ matinée

Actividad 5: Las citas del Dr. Malapata. As you hear Dr. Malapata's receptionist making appointments for two patients, complete the corresponding scheduling cards.

DR. MALAPATA

Paciente:

Fecha: Hora:

Fecha de hoy:

DR. MALAPATA

Paciente:

Fecha: Hora:

Fecha de hoy:

Actividad 6: La fiesta. *(a)* Look at the drawing of a party and write four sentences in Spanish describing what some of the guests are doing. Turn off the cassette player while you write.

1. _____

2. _____

3. _____

4. _____

(b) Miriam and Julio are discussing some of the guests at the party. As you listen to their conversation, write the guests' names in the drawing. Use arrows to indicate which name goes with which person. Don't worry if you can't understand every word. Just concentrate on who's who.

| Pablo | Fabiana | Lucía | Mariana |

(c) Now listen to the conversation again and write the occupations of the four guests next to their names.

Nombre   Ocupación

1. Pablo   _____

2. Fabiana   _____

3. Lucía   _____

4. Mariana   _____

Actividad 7: Los fines de semana. *(a)* Write three sentences in Spanish describing things you usually do on weekends. Turn off the cassette player while you write.

1. _____

2. _____

3. _____

(b) Pedro is on the phone talking to his father about what he and his roommate, Mario, do on weekends. Listen to their conversation and check off Pedro's activities versus Mario's. Remember to read the list of activities before you listen to the conversation.

	Pedro	Mario
1. Se acuesta temprano	____	✔
2. Se acuesta tarde	____	____
3. Se levanta temprano	____	____
4. Se levanta tarde	____	____
5. Sale con sus amigos	____	____
6. Juega al fútbol	____	____
7. Juega al tenis	____	____

Conversación: Esta noche no estudiamos (text p. 122)

Conversación: De compras en San Juan (text p. 142)

Capítulo 6

MEJORANDO TU PRONUNCIACIÓN

The sound [g]

The sound represented by the letter *g* before *a, o,* and *u* is pronounced a little softer than the English *g* in the word *guy:* **gustar, regalo, tengo.** Because the combinations *ge* and *gi* are pronounced [he] and [hi], a *u* is added after the *g* to retain the [g] sound: **guitarra, guerra.**

Actividad 1: Escucha y repite. Listen and repeat the following phrases, paying special attention to the pronunciation of the letter *g.*

1. mi ami**g**a
2. te **g**ustó
3. es ele**g**ante
4. sabes al**g**o
5. no ten**g**o
6. no pa**g**ué

Actividad 2: ¡Qué guapo! Listen and repeat the following conversation between Claudio and Marisa. Pay special attention to the pronunciation of the letter *g.*

MARISA: Me **g**usta mucho.
CLAUDIO: ¿Mi bi**g**ote?
MARISA: Sí, estás **g**uapo pero cansado, ¿no?
CLAUDIO: Es que ju**g**ué al tenis.
MARISA: ¿Con **G**ómez?
CLAUDIO: No, con López, el **g**uía de turismo.

The sound [k]

The [k] sound in Spanish is unaspirated, as in the words **casa, claro, quitar,** and **kilo.** The [k] sound is spelled *c* before *a, o,* and *u; qu* before *e* and *i;* and *k* in a few words of foreign origin. Remember that the *u* is not pronounced in *que* or *qui,* as in the words **qué** and **quitar.**

Actividad 3: El saco. Listen and repeat the following conversation between a salesclerk and a customer. Pay attention to the [k] sound.

CLIENTE: ¿**Cu**ánto **c**uesta ese sa**c**o?
DEPENDIENTA: ¿A**qué**l?
CLIENTE: Sí, el de **c**uero negro.
DEPENDIENTA: ¿No **qui**ere el sa**c**o azul?
CLIENTE: No. **Bus**co uno negro.

Actividad 4: El gran almacén. You are in Araucaria, a department store in Chile, and you hear about the sales of the day over the loudspeaker system. As you listen, write the correct price above each of the items shown.

Actividad 5: La habitación de Vicente. Vicente is angry because Juan Carlos, his roommate, is very messy. As you listen to Vicente describing the mess to Álvaro, write the names of the following objects in the drawing of the room, according to where Juan Carlos leaves them.

medias	teléfono	libros	periódico

Actividad 6: ¿Presente o pasado?   As you listen to each of the following remarks, check off whether the speaker is talking about the present or the past.

Presente   Pasado

1. ____   ____

2. ____   ____

3. ____   ____

4. ____   ____

Actividad 7: El fin de semana pasado.   *(a)* In your lab manual write in Spanish three things you did last weekend. Turn off the cassette player while you write.

1. _____

2. _____

3. _____

(b) Now listen to Raúl and Alicia talking in the office about what they did last weekend. Write *R* next to the things that Raúl did and *A* next to the things that Alicia did. Use the first column of blanks for your answers. Remember to look at the list of activities before you listen to the conversation.

____ ____ Fue a una fiesta.   ____ ____ Jugó al tenis.

____ ____ Miró TV.   ____ ____ Tomó café.

____ ____ Comió en su casa.   ____ ____ Se acostó tarde.

____ ____ Fue al cine.   ____ ____ Trabajó.

____ ____ Se acostó temprano.   ____ ____ Habló con una amiga.

(c) Now listen to the conversation again. Number Raúl's and Alicia's activities according to the order in which they did them. Use the second column of blanks for your answers. You may have to play the conversation twice—once so you can number Raúl's activities and again so you can number Alicia's.

Actividad 8: La familia de Álvaro. This is an incomplete tree of Álvaro's family. As you listen to the conversation between Álvaro and Clara, complete the tree with the initials of the names listed in your lab manual. Don't be concerned if you don't understand every word. Just concentrate on completing the family tree. You may have to listen to the conversation more than once.

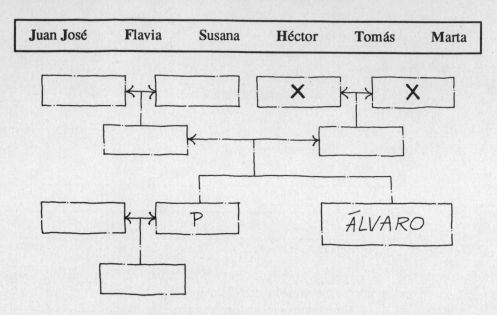

| Juan José | Flavia | Susana | Héctor | Tomás | Marta |

Actividad 9: Una cena familiar. Tonight there is a family dinner at Álvaro's and his mother is planning the seating arrangements. Listen to Álvaro's mother, Marta, as she explains her plan to Álvaro. Write the name of each family member on the card in front of his/her place setting. You may have to refer to **Actividad 8** for the names of some of Álvaro's relatives.

Actividad 10: El matrimonio de Nando y Olga. Nando's father is talking to Carlos, a friend of his, about his son's wedding. Read the questions below, then listen to the conversation and jot down one-word answers to each question. You may have to listen to the conversation more than once. When you have all the information needed, go back and answer the questions in complete sentences. Remember to use indirect-object pronouns when needed.

1. ¿A quién llamó Carlos por teléfono? _____

_____

2. ¿Qué hizo la mamá de la novia? _____ ¿Para quién? _____

_____

3. ¿Qué alquiló la madre de Nando? _____ ¿Para quién? _____

_____

4. ¿Quién les regaló un viaje a los novios? _____

_____

5. ¿A quién llamaron los novios desde la República Dominicana? _____

_____

6. ¿Qué van a mandar los novios? _____ ¿A quién? _____

_____

Carta: Una carta de Argentina (text p. 150)

Conversación: El hotel secreto (text p. 167)

Capítulo 7

MEJORANDO TU PRONUNCIACIÓN

The letters *b* and *v*

> In Spanish, there is no difference between the pronunciation of the letters *b* and *v*. When they occur at the beginning of a phrase or sentence, or after *m* or *n*, they are both pronounced like the *b* in the English word *bay*, for example, **bolso** and **vuelo**. In all other cases, they are pronounced by not quite closing the lips, as in **cabeza** and **nuevo**.

Actividad 1: Escucha y repite.   Listen and repeat the following travel-related words, paying special attention to the pronunciation of the initial *b* and *v*.

1. banco
2. vestido
3. vuelo
4. bolso
5. vuelta
6. botones

Actividad 2: Escucha y repite.   Listen and repeat the following weather expressions. Note the pronunciation of *b* and *v* when they occur within a phrase.

1. Está nublado.
2. Hace buen tiempo.
3. ¿Cuánto viento hace?
4. Llueve mucho.
5. Está a dos grados bajo cero.

Actividad 3: En el aeropuerto.   Listen and repeat the following sentences. Pay special attention to the pronunciation of the *b* and *v*.

1. Buen viaje.
2. ¿Y su hijo viaja solo o con Ud.?
3. Las llevas en la mano.
4. ¿Dónde pongo las botellas de ron?
5. Vamos a hacer escala en Miami.
6. Pero no lo va a beber él.

MEJORANDO TU COMPRENSIÓN

Actividad 4: ¿Qué es? As you hear each of the following short conversations in a department store, circle the name of the object that the people are discussing.

1. una blusa   un saco

2. unos pantalones   un sombrero

3. unas camas   unos vídeos

Actividad 5: Un mensaje para Teresa. Vicente calls Teresa at work, but she is not there. Instead, he talks with Alejandro, Teresa's uncle. As you listen to their conversation, write the message that Vicente leaves.

MENSAJE TELEFÓNICO

Para: _____

Llamó: _____

Teléfono: _____

Mensaje: _____

Recibido por:	Fecha:	Hora:

Actividad 6: La operadora. You will hear two customers placing overseas phone calls through an operator. As you listen, check the kind of call that each customer wants to make.

	Teléfono a teléfono	Persona a persona	A cobro revertido
Llamada 1	____	____	____
Llamada 2	____	____	____

Actividad 7: Las excusas. Two of Perla's friends call her to apologize for not having come to her party last night. They also explain why some others didn't show up. As you listen, match each person with his/her excuse for not going to the party. Notice that there are extra excuses.

Invitados	Excusas
1. ____ Esteban	a. Tuvo que estudiar.
2. ____ Pilar	b. No le gusta salir cuando llueve.
3. ____ Andrés	c. Se durmió en el sofá.
4. ____ Viviana	d. Conoció a una persona en la calle.
	e. No pudo dejar a su hermano solo.
	f. Se acostó temprano.

Actividad 8: Aeropuerto Internacional, buenos días. You will hear three people calling the airport to ask about arriving flights. As you listen to the conversations, fill in the missing information on the arrival board.

Llegadas internacionales

Línea aérea	Número de vuelo	Procedencia	Hora de llegada	Comentarios	
Iberia		Lima		a tiempo	L L E G A D A S
VIASA	357		12:15		
TWA		México/NY			

Conversación: ¿En un "banco" de Segovia? (text p. 177)

Conversación: Un día normal en el aeropuerto (text p. 197)

Capítulo 8

MEJORANDO TU PRONUNCIACIÓN

The consonants *g* and *j*

As you saw in Chapter 6, the letter *g*, when followed by the vowels *a, o,* or *u* or by the vowel combinations *ue* or *ui*, is pronounced a little softer than the *g* in the English word *guy*, for example, **gato, gordo, guerra.** *G* followed by *e* or *i* and *j* in all positions are both pronounced similarly to the *h* in the English word *hot*, as in the words **general** and **Jamaica.**

Actividad 1: Escucha y repite.   Listen and repeat the following words. Pay attention to the pronunciation of the letters **g** and **j.**

1. ojo
2. Juan Carlos
3. trabajar
4. escoger
5. congelador

Actividad 2: Escogiendo asignaturas.   Listen and repeat the following conversation between two students. Pay attention to the pronunciation of the letters *g* and *j.*

EL ESTUDIANTE: ¿Qué asignatura vas a escoger?
LA ESTUDIANTE: Creo que psicología.
EL ESTUDIANTE: Pero es mejor geografía.
LA ESTUDIANTE: ¡Ay! Pero no traje el papel para registrarme.
EL ESTUDIANTE: ¿El papel rojo?
LA ESTUDIANTE: No. El papel anaranjado.

Actividad 3: El crucigrama. Use the clues you will hear to complete the puzzle on electrical appliances. Remember to look over the list of words and the puzzle before you listen to the clues.

aspiradora	lavaplatos	cafetera	horno
lavadora	secadora	nevera	tostadora

Actividad 4: Alquilando un apartamento. Paulina has seen an ad listing an apartment for rent and calls to find out more about it. Listen to Paulina's conversation with the apartment manager and complete her notes on the apartment.

Teléfono 986-4132

Apartamento: 1 dormitorio

¿Alquiler? $ ¿Depósito? $

¿Amueblado?

¿Teléfono?

¿Dirección? San Martín   ¿Piso?

Actividad 5: ¿Dónde ponemos los muebles?   Paulina and her husband are moving into a new apartment and are now planning where to place their bedroom furniture. As you listen to their conversation, indicate where they are going to put each piece of furniture by writing the number of each item in one of the squares on the floor plan of their bedroom.

1 alfombra	3 cómoda	5 sillón
2 cama	4 mesa	6 televisor

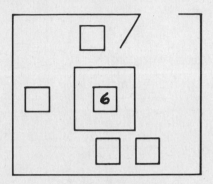

Actividad 6: En el Rastro.   Vicente and Teresa go to the Rastro (an open-air market in Madrid) to look for some inexpensive shelves. Listen to their conversation with a vendor and, based on what you hear, check whether the statements in your lab manual are true or false.

	Cierto	Falso
1. Hay poca gente en este mercado.	____	____
2. Vicente ve unos estantes.	____	____
3. Los estantes son baratos.	____	____
4. Teresa regatea *(bargains)*.	____	____
5. El comerciante no baja el precio.	____	____
6. Teresa compra dos estantes.	____	____

Actividad 7: Radio consulta.   *(a)* Esperanza is the hostess of "Problemas," a call-in radio show. As you listen to the following conversation between a caller and Esperanza, check off the caller's problem.

1. ____ La señora está deprimida *(depressed)*.

2. ____ La señora no sabe dónde está su animal.

3. ____ La señora tiene un esposo que no le gusta bañarse.

4. ____ La señora tiene un hijo sucio *(dirty)*.

(b) Before you listen to Esperanza's reply, choose which actions from the list you would advise the caller to take.

	Tus consejos	Los consejos de Esperanza
1. Debe poner a su esposo en la bañera.	____	____
2. Debe hablar con un compañero de trabajo de su esposo para que él le hable a su esposo.	____	____
3. Debe llevar a su esposo a un psicólogo.	____	____
4. Ella necesita hablar con una amiga.	____	____
5. Tiene que decirle a su esposo que él es muy desconsiderado.	____	____
6. Tiene que decirle a su esposo que debe tomar la iniciativa y hacer algo.	____	____

(c) Now, listen to Esperanza and check off the advice she gives.

Actividad 8: El dictáfono.   Patricio's boss is out of the office, and she has left him a message on the Dictaphone reminding him of the things they have to do today. Listen to the message and write a *P* in front of the things that Patricio is asked to do and a *J* (for **jefa**) in front of the things that Patricio's boss will do herself.

1. ____ pagar el pasaje
2. ____ comprar una cafetera
3. ____ escribir un telegrama a los señores Montero
4. ____ llamar a los señores Montero para verificar su dirección
5. ____ llamar a la agencia de viajes
6. ____ ir a la agencia de viajes
7. ____ ir al banco

Conversación: Buscando apartamento (text p. 207)

Conversación: Todos son expertos (text p. 225)

Capítulo 9

MEJORANDO TU PRONUNCIACIÓN

The letters *c*, *s*, and *z*

> The letter **c** followed by an *e* or an *i*, and the letters **s** and **z** are all pronounced like the *s* in the English word *sin*.
>
> In Hispanic America, **c, s,** and **z,** followed by an *e* or an *i* are usually pronounced like the *s* in the English word *sin*. In Spain, on the other hand, the letters **c** and **z** followed by an *e* or an *i* are usually pronounced like the *th* in the English word *thin*.

Actividad 1: Escucha y repite. *(a)* Listen and repeat the following food-related words. Pay attention to the pronunciation of the letter **c** followed by an *e* or an *i,* and the letters **s** and **z.**

1. la taza
2. el vaso
3. la ensalada
4. el postre
5. la cocina
6. la cerveza

(b) Now listen to the same words again as they are pronounced by a speaker from Spain. Do not repeat the words.

Actividad 2: La receta. Listen to the following portions of Álvaro's tortilla recipe. Pay attention to the pronunciation of the letter **c** followed by an *e* or an *i,* and the letters **s** and **z.**

Se cortan unas cuatro patatas grandes.

Luego se fríen en aceite.

Mientras tanto, revuelves los huevos.

Se ponen las patatas y la cebolla en un recipiente.

Y se añade un poco de sal.

MEJORANDO TU COMPRENSIÓN

Actividad 3: ¿Certeza o duda?   You will hear four statements. For each of them, indicate whether the speaker is expressing certainty or doubt.

Certeza   Duda

1. ____   ____

2. ____   ____

3. ____   ____

4. ____   ____

Actividad 4: Mañana es día de fiesta.   Silvia is talking on the phone with a friend about her plans for tomorrow. As you listen to what she says, write four phrases about what may happen.

Mañana quizás / tal vez . . .

1. _____

2. _____

3. _____

4. _____

Actividad 5: Mi primer trabajo.   As you listen to Mariano telling about his first job, fill in each of the blanks in his story with one or more words.

_____ cuando tuve mi primer trabajo. _____

_____ cuando llegué a la oficina el primer día. Allí conocí a mis

colegas. Todos eran muy simpáticos. Una persona estaba enferma, así que yo _____

todo el santo día. _____ de la mañana cuando terminé. Ése fue un día difícil pero

feliz.

Actividad 6: El horario de Marta.   After you hear what Marta did this evening, figure out when each event happened. You may want to take notes in the space provided.

¿A qué hora pasaron estas cosas?

1. Marta llegó a casa   _____

2. Alguien la llamó   _____

3. Entró en la bañera _____

4. Comenzó "Cheers" _____

5. Se durmió _____

Actividad 7: Las compras.   Doña Emilia is going to send her son Ramón grocery shopping and is now figuring out what they need. As you listen to their conversation, check off the items they have, those they need to buy, and those they are going to borrow from a neighbor.

	Tienen	Van a comprar	Van a pedir prestado *(borrow)*
1. aceite	___	___	___
2. Coca-Cola	___	___	___
3. leche	___	___	___
4. tomates	___	___	___
5. vinagre	___	___	___
6. vino blanco	___	___	___

Actividad 8: La receta de doña Petrona.   You will now hear doña Petrona demonstrating how to make **ensalada criolla** on her television program, **"Recetas Exitosas."** As you hear her description of each step, number the drawings to show the correct order. Note that there are some extra drawings.

1.___   ___   ___   ___

___   ___   ___   ___

Actividad 9: Cuando estudio mucho. *(a)* Write in Spanish three things that you like doing to take your mind off school or work.

1. _____

2. _____

3. _____

(b) Federico, Gustavo, and Marisa are discussing what they do to take their minds off their studies. Listen to their conversation and write down what activity (or activities) each of them finds relaxing.

1. Federico: _____

2. Gustavo: _____

_____

3. Marisa: _____

_____

Actividad 10: El viaje a Machu Picchu. Mr. López receives a strange phone call. Listen to his conversation with the caller and check whether each statement is true or false.

	Cierto	Falso
1. El señor López ganó un viaje a Ecuador.	____	____
2. Una computadora escogió su número de teléfono.	____	____
3. Ganó pasajes para dos personas.	____	____
4. El señor López le da su número de tarjeta de crédito a la mujer.	____	____
5. El señor López cree que la mujer le dice la verdad.	____	____

Conversación: Un fin de semana activo (text p. 234)

Conversación: Después de un día de trabajo, una cena ligera (text p. 251)

Capítulo 10

MEJORANDO TU PRONUNCIACIÓN

Diphthongs

In Spanish, vowels are classified as weak (*i, u*) or strong (*a, e, o*). A diphthong is a combination of two weak vowels or a weak vowel and a strong vowel. When a strong and a weak vowel are combined in the same syllable, the strong vowel takes a slightly greater stress, for example, **vuelvo**. When two weak vowels are combined, the second one takes a slightly greater stress, as in the word **ciudad.** Sometimes the weak vowel in a strong-weak combination takes a written accent, and the diphthong is therefore dissolved, as in **día.**

Actividad 1: Escucha y repite.   Escucha y repite las siguientes palabras.

1. la **pie**rna
2. la leng**ua**
3. los **oí**dos
4. los lab**io**s
5. el **pie**
6. c**ui**dar

Actividad 2: Escucha y repite.   Escucha y repite las siguientes oraciones de la conversación en el libro de texto entre Vicente y sus padres.

1. **Sie**mpre los echo de menos.
2. **Bue**no, ahora vamos a ir a Sarchí.
3. Ten**ía** tres años **cua**ndo subí a la carreta del ab**ue**lo.
4. Me d**ue**le la cabeza.
5. ¿**Quie**res comprarle algo de artesan**ía** típica?

Actividad 3: ¿Diptongo o no?   Escucha y marca si las siguientes palabras contienen un diptongo o no.

	Sí	No
1.	____	____
2.	____	____
3.	____	____
4.	____	____
5.	____	____

Actividad 4: Los preparativos de la fiesta. La Sra. Uriburu llama a casa para ver si su esposo ha hecho algunos preparativos para la cena de esta noche. Mientras escuchas a la Sra. Uriburu, escoge las respuestas correctas de su esposo de la lista presentada.

1. a. Sí, ya la limpié.

    b. Sí, ya lo limpié.

2. a. No, no lo compro.

    b. No, no lo compré.

3. a. No tuviste tiempo.

    b. No tuve tiempo.

4. a. Sí, te la preparé.

    b. Sí, se la preparé.

5. a. Sí, se lo di.

    b. Sí, se los di.

6. a. No, no me llamó.

    b. No, no la llamé.

Actividad 5: Los testimonios. Ayer hubo un asalto a un banco *(bank robbery)* y ahora un detective les está haciendo preguntas a tres testigos *(witnesses).* Escucha las descripciones de los testigos y escoge el dibujo correcto del asaltante *(thief).*

_____   _____   _____

Actividad 6: El telegrama.   El asaltante del banco llama por teléfono al correo porque necesita mandar un telegrama a su jefe. Escucha la conversación y escribe el telegrama. Cuando termines, usa las letras que tienen números debajo para descifrar *(decode)* el mensaje secreto que el asaltante le manda a su jefe.

Telegrama:

___ ___ ___ ___   ___ ___ ___STOP ___ ___ ___ ___ ___
     8   7 4 9   2   5   13

___ ___ ___   ___ ___ ___ ___ ___STOP ___ ___ ___ ___ ___ ___
 1   11   12   6   10

___ ___ ___ ___   STOP
 3

El mensaje secreto:

___ ___   ___ ___ ___ ___ ___ ___ ___ ___   ___ ___   ___ ___ ___ ___ ___
 1 2   3 4 5 2 6 7 8 13 4 9   6 10 7 11 12

Actividad 7: El accidente automovilístico.   *(a)* Vas a escuchar una entrevista de radio con una doctora que vio un accidente entre un camión y un autobús escolar. Antes de escuchar, imagina y escribe qué hacían las personas de la lista presentada cuando la doctora llegó al lugar del accidente. *(b)* Ahora escucha la entrevista y escribe la descripción de la doctora. Luego confirma o corrige tus predicciones.

	Tu predicción	La descripción de la doctora
1. los niños	_____	_____
	_____	_____
	_____	_____
2. los paramédicos	_____	_____
	_____	_____
	_____	_____
3. los peatones *(pedestrians)*	_____	_____
	_____	_____
	_____	_____
4. la policía	_____	_____
	_____	_____
	_____	_____

Actividad 8: Los regalos.   Marta y Pedro ven una oferta de artículos de deportes en el periódico. Escucha la conversación y escribe qué les compran a sus hijos.

Le compran a . . .

1. Miguel _____

2. Felipe _____

3. Ángeles _____

4. Patricia _____

Actividad 9: Diana en los Estados Unidos.   Diana está hablando con Teresa sobre su vida en los Estados Unidos. Escucha la conversación y marca **C** si las oraciones sobre Diana son ciertas o **F** si son falsas.

1. _____   Ella vivía con sus padres.

2. _____   Vivía en una ciudad pequeña.

3. _____   Se levantaba tarde.

4. _____   Hablaba español casi todo el día.

5. _____   Estudiaba literatura española.

6. _____   Enseñaba inglés.

Conversación: ¡Feliz día! (text p. 261)

Conversación: Teresa, campeona de tenis (text p. 278)

Capítulo 11

MEJORANDO TU PRONUNCIACIÓN

The consonant *h*

The consonant **h** is always silent in Spanish. For example, the word *hotel* in English is **hotel** in Spanish. Remember that *ch* is considered a single letter in the Spanish alphabet.

Actividad 1: Escucha y repite. Escucha y repite las siguientes frases relacionadas con la salud.

1. hemorragia
2. hospital
3. hacer un análisis
4. herida
5. alcohol
6. hepatitis

Actividad 2: En el consultorio. Escucha y repite las siguientes oraciones de la conversación en el libro de texto entre la familia de don Alejandro y la doctora.

1. Hoy me duele la pierna derecha.
2. Debemos hacerle un análisis de sangre ahora mismo.
3. Hay que ingresarlo en el hospital.
4. Tú eres un hombrecito.

Actividad 3: No me siento bien.   Vas a escuchar tres conversaciones sobre personas que tienen problemas de salud *(health)*. Escucha y escribe en la tabla *(table)* qué problema tiene cada persona y qué consejos *(advice)* recibe.

	Problema	Consejos
El hombre		
La niña		
Adriana		

Actividad 4: La conversación telefónica.   Clara está hablando por teléfono con una amiga. Tiene hipo *(hiccups)* y no puede terminar algunas frases. Escucha lo que dice Clara y selecciona una palabra para completar la idea que ella no termina cada vez que el hipo la interrumpe. Numéralas del 1 al 4.

_____ aburrido

_____ dormidos

_____ preocupada

_____ sentados

Actividad 5: La fiesta inesperada.   Esteban decidió hacer una fiesta ayer por la noche e inmediatamente llamó a sus amigos y les dijo que vinieran exactamente como estaban en ese momento *(come as you are)*. Hoy Esteban está hablando con su madre sobre la fiesta. Escucha la conversación y marca qué estaba haciendo cada una de estas personas cuando Esteban las llamó.

_____ Ricardo   a. Estaba mirando televisión.

_____ María   b. Estaba vistiéndose.

_____ Héctor   c. Estaba bañándose.

_____ Claudia   d. Estaba afeitándose.

_____ Silvio   e. Estaba comiendo.

Actividad 6: Problemas con el carro. Un señor tuvo un accidente automovilístico y ahora está hablando por teléfono con un agente de la compañía de seguros *(insurance company)* para decirle los problemas que tiene su carro. Escucha la conversación y pon una **X** sólo en las partes del carro que tienen problemas.

Actividad 7: Quiero alquilar un carro. Tomás está en Santiago, Chile, y quiere alquilar un carro por una semana para conocer el país. Llama a una agencia de alquiler para obtener información. Escucha la conversación y completa los apuntes *(notes)* que él toma.

Rent-a-carro: 42-6576
Por semana: $
Día extra: $
¿Seguro *(Insurance)* incluido? ¿Cuánto? $
¿Depósito?
¿Puedo devolver *(return)* el carro en otra ciudad?
¿A qué hora debo devolverlo?

Conversación: De vacaciones y enfermo (text p. 287)

Conversación: Si manejas, te juegas la vida (text p. 306)

Capítulo 12

MEJORANDO TU PRONUNCIACIÓN

Linking

In normal conversation, you link words as you speak to provide a smooth transition from one word to the next. In Spanish, the last letter of a word can usually be linked to the first letter of the following word, for example, **mis‿amigas, tú‿o‿yo.** When the last letter of a word is the same as the first letter of the following word, they are pronounced as one letter, for example, **las‿sillas, te‿encargo.** Remember that the *h* is silent in Spanish, so the link occurs as follows: **la‿habilidad.**

Actividad 1: Escucha y repite.   Escucha y repite las siguientes frases idiomáticas prestando atención de unir las palabras.

1. el mal de‿ojo
2. vale la‿pena
3. qué‿hotel más lujoso
4. más‿o menos
5. favor de‿escribirme

Actividad 2: En el restaurante argentino.   Escucha y repite parte de la conversación entre Teresa y Vicente en el restaurante argentino.

TERESA: ¡Qué chévere‿este restaurante‿argentino! ¡Y con conjunto de música!
VICENTE: Espero que‿a la‿experta de tenis le gusten la comida‿y los tangos‿argentinos con bandoneón‿y todo.
TERESA: Me fascinan. Pero, juegas bastante‿bien, ¿sabes?
VICENTE: Eso‿es lo que pensaba antes de jugar contigo . . .

MEJORANDO TU COMPRENSIÓN

Actividad 3: Los instrumentos musicales.   Vas a escuchar cuatro instrumentos musicales. Numera cada instrumento que escuches.

_____ batería

_____ violín

_____ violonchelo

_____ trompeta

_____ flauta

Actividad 4: En el restaurante.   Una familia está pidiendo la comida en un restaurante. Escucha la conversación y marca qué quiere cada persona.

Mesa No. 8			Camarero: Juan
Cliente No.			Menú
1 (mujer)	2 (hombre)	3 (niño)	
			Primer Plato
			Sopa de verduras
			Espárragos con mayonesa
			Tomate relleno
			Segundo Plato
			Ravioles
			Bistec de ternera
			Medio pollo al ajo
			Papas fritas
			Puré de papas
			Ensalada
			Mixta
			Zanahoria y huevo
			Criolla

Actividad 5: La dieta Kitakilos. *(a)* Mira los dibujos de María antes y después de la dieta del Dr. Popoff y escribe debajo de cada dibujo dos adjetivos que la describen. Imagina y escribe también dos cosas que ella puede hacer ahora que no hacía antes.

Antes

María era _____ y

_____ .

Después

Ahora es _____ y

_____ y puede

_____ y

_____ .

(b) Ahora escucha un anuncio comercial sobre la dieta del Dr. Popoff y escribe qué hacía María antes de la dieta y qué hace después de la dieta. No es necesario escribir todas las actividades que ella menciona.

Antes

_____

_____

_____

Después

_____

_____

_____

Actividad 6: La isla Pita Pita. Escucha la descripción de la isla Pita Pita y usa los símbolos que se presentan y los nombres de los lugares para completar el mapa incompleto. Los nombres de los lugares que se mencionan son **Blanca Nieves, Hércules, Mala-Mala, Panamericana** y **Pata.**

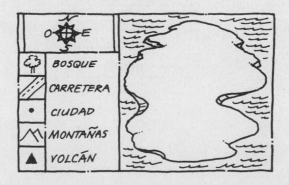

Actividad 7: Visite Venezuela. ¿Sabes cuáles de los lugares de la lista presentada pertenecen a Venezuela y cuáles no? Escucha el anuncio comercial sobre Venezuela y marca sólo los lugares que pertenecen a este país.

_____ Salto Ángel

_____ Cataratas del Iguazú

_____ Ciudad Bolívar

_____ ciudad de Mérida

_____ Islas Galápagos

_____ Islas Los Roques

_____ playa de Punta del Este

_____ playa de La Guaira

_____ Volcán de Fuego

Actividad 8: Las tres casas. *(a)* Llamas a una inmobiliaria *(real-estate agency)* para obtener información sobre tres casas y te contesta el contestador automático. Escucha la descripción sobre las casas y completa la tabla.

	Tamaño (m^2)	Dormitorios	Año	Precio (dólares)
Casa 1	*250*			*350.000,00*
Casa 2		*2*		
Casa 3			*1992*	

(b) Ahora mira la tabla y escucha las siguientes oraciones. Marca **C** si son ciertas o **F** si son falsas.

1. _____   4. _____

2. _____   5. _____

3. _____

Conversación: ¡Qué música! (text p. 315)

Capítulo 13

MEJORANDO TU PRONUNCIACIÓN

Intonation

> Intonation in Spanish usually goes down in statements, information questions, and commands, for example, **Me llamo Susana.** **¡Qué interesante!** **¿Cómo te llamas?** **No fume.** On the other hand, intonation goes up in yes-no questions and tag questions, for example, **¿Eres casado?** **Estás casado, ¿no?**

Actividad 1: ¿Oración declarativa o pregunta?   Escucha las siguientes oraciones y marca si son oraciones declarativas *(statements)* o preguntas que se pueden contestar con sí o no.

Oración declarativa	Pregunta con respuesta de sí o no
1. ____	____
2. ____	____
3. ____	____
4. ____	____
5. ____	____
6. ____	____
7. ____	____
8. ____	____

Actividad 2: Escucha y repite.   Escucha y repite las siguientes oraciones de la conversación en el libro de texto entre don Alejandro y los chicos. Presta atención especial a la entonación.

1. ¡Entren, entren muchachos!

2. Igualmente, don Alejandro. ¿Cómo está?

3. Yo no tengo ningún plan en particular.

4. ¿Pueden darme más detalles?

5. ¿De qué se trata?

6. Hasta luego.

7. ¡Me parece buenísimo!

MEJORANDO TU COMPRENSIÓN

Actividad 3: ¿Qué le pasó?   Vas a escuchar cuatro situaciones de personas que están viajando. Numera las frases según la situación que describen.

_____ Se le rompió el Pepto Bismol en la maleta.

_____ Se le cayó un vaso.

_____ Se le perdió dinero.

_____ Se le perdió la tarjeta de crédito.

_____ Se le olvidó el nombre.

_____ Se le olvidó la llave en el carro.

Actividad 4: La dieta.   *(a)* La Sra. Kilomás necesita perder peso *(to lose weight)* y está en el consultorio hablando con el médico. Escribe tres cosas que piensas que el médico le va a decir que no coma.

1. _____   2. _____   3. _____

(b) Ahora escucha la conversación y escribe en la columna correcta las cosas que la Sra. Kilomás puede y no puede comer o beber.

Coma:

_____

_____

No coma:

_____

_____

_____

_____

_____

Beba:

_____

_____

_____

No beba:

_____

_____

Actividad 5: El Club Med. El Sr. Lobos está hablando con su secretaria sobre el tipo de persona que busca para el puesto *(job)* de director de actividades. Escucha la conversación y luego elige *(choose)* el aviso clasificado que prepara la secretaria después de la conversación.

1 **CLUB MED BUSCA**	2 **CLUB MED BUSCA**
Persona atlética y enérgica para ser **Director de actividades.** REQUISITOS: saber inglés, conocer un Club Med, tener experiencia con niños.	Persona atlética y enérgica para ser **Director de actividades.** REQUISITOS: saber inglés y francés, conocer la República Dominicana, tener experiencia con niños y adultos.

La secretaria escribe el aviso número _____ .

Actividad 6: El tour a Guatemala. *(a)* Imagina que tienes la posibilidad de ir a Guatemala. Decide y escribe cuál de los tours presentados prefieres.

GUATEMALA SOL	**GUATEMALA CALOR**
Incluye:	Incluye:
• Pasaje de ida y vuelta	• Pasaje de ida y vuelta
• 9 días en hoteles ★ ★ ★ ★	• 9 días en hoteles ★ ★ ★
• Tours con guía a Antigua y Chichicastenango	• Tours sin guía a Antigua y Chichicastenango
• Opcional: ruinas de Tikal	• Opcional: ruinas de Tikal

Prefiero el tour _____.

(b) Terencio llama a una agencia de viajes porque quiere hacer un tour por Guatemala. Escucha la conversación con el agente de viajes y luego indica qué tour de la parte *(a)* el agente de viajes le va a ofrecer.

El agente de viajes le va a ofrecer el tour _____.

Actividad 7: En la oficina de turismo. Hay algunos turistas en la oficina de turismo de Antigua, Guatemala. Escucha las conversaciones entre el dependiente y los diferentes turistas y completa el mapa con los números de los lugares presentados en el mapa: el **correo,** la **Iglesia de La Merced** y el **Hotel Aurora.** Antes de empezar, localiza *(find)* la oficina de turismo.

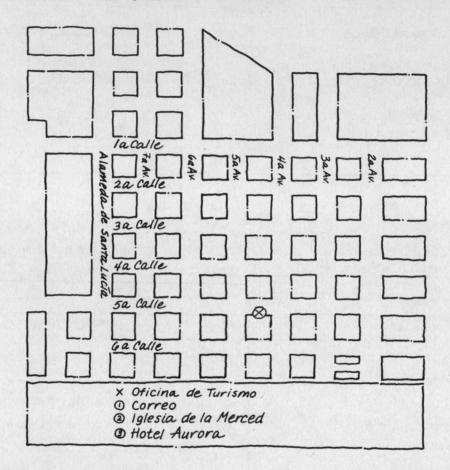

Actividad 8: La llamada anónima. Unos hombres secuestraron *(kidnapped)* al Sr. Tomono, un diplomático, en Guayaquil, Ecuador, y quieren un millón de dólares. Llaman a la Sra. Tomono para decirle qué debe hacer con el dinero. Escucha la conversación telefónica y marca las oraciones presentadas con **C** si son ciertas o con **F** si son falsas.

1. ____ La Sra. Tomono debe poner el dinero en una maleta marrón.

2. ____ Ella debe ir a la esquina de las calles Ballén y Quito.

3. ____ Tiene que hablar por el teléfono público.

4. ____ Tiene que ir con su hija.

Actividad 9: Los secuestradores y el detector.   La Sra. Tomono avisó a la policía y ellos pusieron un detector en la maleta con el dinero. La señora ya entregó el dinero a los secuestradores *(kidnappers)* y ahora un policía está siguiendo el camino del carro en una computadora. Mientras escuchas al policía, marca el camino que toma el carro y pon una **X** donde el carro se detiene *(stops)*. Cuando termines, vas a saber dónde está el Sr. Tomono. Comienza en la esquina de las calles Quito y Colón.

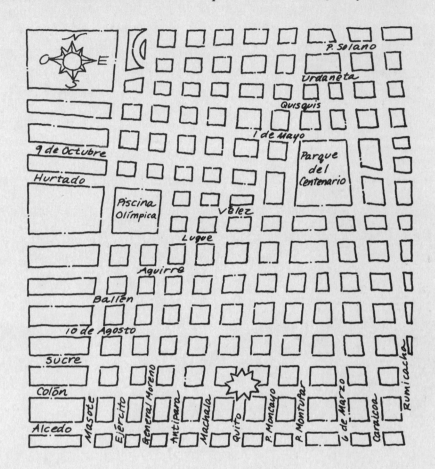

Conversación: La oferta de trabajo (text p. 343)

Conversación: Impresiones de Miami (text p. 360)

Capítulo 14

MEJORANDO TU PRONUNCIACIÓN

Review of the Spanish sounds p, t, and /k/, and the consonant *d*

Remember that the Spanish sounds **p, t,** and **/k/,** are not aspirated, as in **papel, tomate, carta,** and that the consonant **d** can be pronounced as in **donde** or as in **Adela.**

Actividad 1: Un dictado.   Escucha y completa la siguiente historia sobre Álvaro.

Álvaro fue al _____. Él _____ mucho miedo porque sabía que tenía

un _____ muy grave en la muela. El _____ le miró la

_____ y le dijo que tenía una _____. A Álvaro le

_____ mucho y fue una _____ pero finalmente le pusieron un

_____.

MEJORANDO TU COMPRENSIÓN

Actividad 2: ¿Cómo paga?   Escucha las siguientes situaciones y marca cómo va a pagar la persona en cada caso.

	Efectivo	Tarjeta de crédito	Cheque	Cheque de viajero
1.	____	____	____	____
2.	____	____	____	____
3.	____	____	____	____

Actividad 3: En la casa de cambio.   Un cliente está en una casa de cambio y necesita cambiar dinero. Escucha la conversación y contesta las preguntas en el manual de laboratorio.

1. ¿Qué moneda tiene el cliente? _____

2. ¿Qué moneda quiere? _____

3. ¿A cuánto está el cambio? _____

4. ¿Cuánto dinero quiere cambiar? _____

5. ¿Cuánto dinero recibe?_____

Actividad 4: Pichicho. Sebastián le está mostrando a su amigo Ramón las cosas que su perro Pichicho puede hacer. Escucha a Sebastián y numera los dibujos según los mandatos *(commands)*. ¡Ojo! Hay dibujos de ocho mandatos pero Sebastián sólo da seis.

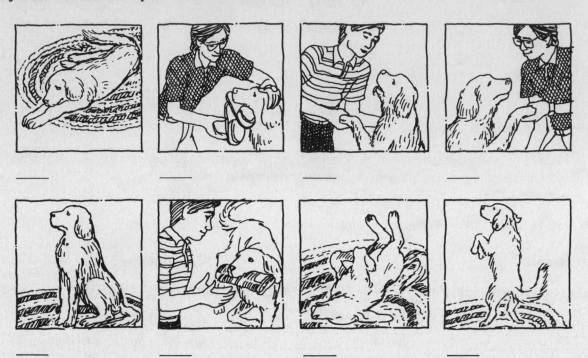

_____   _____   _____   _____

_____   _____   _____   _____

Actividad 5: ¿De qué hablan? Escucha las minisituaciones y marca de qué están hablando las personas.

1. a. un reloj   b. una pulsera

2. a. un restaurante   b. un hombre

3. a. unos zapatos   b. unas medias

4. a. una cerveza   b. una clase

Actividad 6: El café de la esquina. Son las siete de la mañana y el camarero todavía tiene mucho sueño. No anota los pedidos y entonces trae las cosas a las mesas equivocadas *(wrong tables)*. Escucha las conversaciones con los clientes y escribe qué trajo el camarero y qué pidieron realmente estas personas.

Le(s) trae   Pidió / Pidieron

1. _____   _____

    _____   _____

2. _____   _____

    _____   _____

Actividad 7: La cita con el dentista.   Mirna trabaja en el consultorio de un dentista. Escucha las conversaciones entre ella y dos pacientes que llaman para hacer citas. Completa la agenda del dentista con la hora de la cita, el nombre de los pacientes y el problema de cada persona.

agosto 1992	Hora	Nombre	Problema
lunes 24			
martes 25			
miércoles 26			
jueves 27			

Actividad 8: La peluquería.   La Sra. López y la Sra. Díaz están en la peluquería hablando de sus hijos. Escucha la conversación y completa la información sobre sus hijos.

Hijo	Edad	Ocupación	Sueldo	Deportes
Alejandro López				
Marcos Díaz				

Conversación: De paseo por la ciudad de México (text p. 370)

Carta: En Yucatán (text p. 386)

Capítulo 15

MEJORANDO TU PRONUNCIACIÓN

Rhythm of sentences in Spanish

> Rhythm in Spanish differs from rhythm in English. In English, the length of syllables can vary within a word. For example, in the word *information,* the third syllable is longer than the others. In Spanish, all syllables are of equal length, as in **información.** In Chapters 15 through 17, you will practice rhythm in sentences.

Actividad 1: El ritmo de las oraciones.   Primero escucha la siguiente conversación. Luego escucha y repite las oraciones prestando especial atención al ritmo.

CARLOS: ¿Qué pasa? Dímelo.
SONIA: No, no puedo.
CARLOS: ¿Qué tienes? Cuéntame.
SONIA: No, no quiero.
CARLOS: Vamos. Vamos. No seas así. ¿Es por Miguel?
SONIA: Me cae la mar de mal.

MEJORANDO TU COMPRENSIÓN

Actividad 2: El crucigrama.   Escucha las pistas *(clues)* y completa el crucigrama con los animales de la lista presentada.

caballo	gato	pájaro	serpiente
elefante	león	perro	toro
gallina	mono	pez	vaca

Actividad 3: ¿Cuándo ocurre?   Vas a escuchar cuatro minisituaciones. Marca si la persona en cada caso habla del pasado o del futuro.

Pasado   Futuro

1. ____   ____
2. ____   ____
3. ____   ____
4. ____   ____

Actividad 4: De regreso a casa.   *(a)* Imagina que eres un/a soldado *(soldier)* y vas a regresar a tu casa después de un año de estar en la guerra. Escribe lo primero que vas a hacer cuando llegues a tu casa.

Voy a _____.

(b) Simón Colón y Alberto Donnes son dos soldados que van a regresar a su casa después de un año de estar en la guerra. Ahora están hablando de las cosas que van a hacer cuando lleguen a su casa. Escucha y marca quién va a hacer qué cosa.

Cuando llegue a su casa . . .	Simón	Alberto
1. va a ver a su novia	____	____
2. va a estar solo	____	____
3. va a caminar	____	____
4. va a comer su comida favorita	____	____
5. va a estar con su familia	____	____

Actividad 5: ¿Cómo es en realidad?   *(a)* Éste es Rubén. ¿Cómo crees tú que sea él? Escoge y escribe tres adjetivos de la lista presentada que lo describan.

agresivo	**cobarde**	**orgulloso**
amable	**honrado**	**perezoso**
ambicioso	**ignorante**	**sensible**

1. _____   2. _____   3. _____

(b) Ahora vas a escuchar a Julia y a Sandro hablando de Rubén. Escucha la conversación y escribe los adjetivos que cada persona usa para describir a Rubén.

1. Julia dice que Rubén es _____.

2. Sandro dice que Rubén es _____.

Actividad 6: La fiesta de Alejandro.   Cuando Alejandro celebró su cumpleaños el sábado pasado, tomaron una foto de la fiesta. Escucha las siguientes oraciones y marca si es cierto o falso que las cosas mencionadas habían ocurrido antes de que se tomara esta foto.

Cierto   Falso

1. ____   ____

2. ____   ____

3. ____   ____

4. ____   ____

5. ____   ____

Actividad 7: ¿De qué están hablando?   Un padre y su hijo se divierten con un juego sobre palabras del tema de la ecología. Escucha la conversación y cada vez que oigas el *(beep)*, número la palabra a la que se refieren.

____ la destrucción

____ el petróleo

____ la extinción

____ los periódicos

____ la contaminación

____ reciclar

Actividad 8: El anuncio comercial. La asociación Paz Verde está haciendo una campaña publicitaria *(ad campaign)* para proteger el medio ambiente. Escucha el anuncio y marca sólo las cosas que se mencionan.

1. ____ reciclar
2. ____ no tirar papeles en la calle
3. ____ no usar insecticidas
4. ____ no fumar
5. ____ no comprar productos en aerosol
6. ____ ahorrar *(save)* agua y electricidad

Conversación: Pasándolo muy bien en Guatemala (text p. 395)

Anuncio: Sí, mi capitán (text p. 410)

Capítulo 16

MEJORANDO TU PRONUNCIACIÓN

Actividad 1: El ritmo de las oraciones.   Primero escucha el siguiente monólogo. Luego escucha y repite las oraciones prestando especial atención al ritmo.

Sin amigos no podría vivir.
Sin dinero sería feliz.
Sin inteligencia no podría pensar
en cómo hacer para triunfar.

MEJORANDO TU COMPRENSIÓN

Actividad 2: En la casa de fotos.   Vas a escuchar una conversación entre un cliente y una dependienta en una casa de fotos. Marca sólo las cosas que el cliente compra.

1. _____ álbum

2. _____ cámara

3. _____ flash

4. _____ lente

5. _____ pila

6. _____ rollo de fotos de color

7. _____ rollo de fotos blanco y negro

8. _____ rollo de diapositivas

Actividad 3: La cámara Tannon.   Escucha el anuncio de la cámara de fotos y marca lo que dice el anuncio que podrás hacer con esta cámara.

1. _____ Podrás sacar fotos debajo del agua.

2. _____ No necesitarás rollo de fotos.

3. _____ No necesitarás pilas para el flash.

4. _____ Podrás ver las fotos en tu televisor.

5. _____ Podrás sacar fotos en color y en blanco y negro.

Actividad 4: Vivir en Caracas.   Juan Carlos está hablando con Simón, un venezolano, sobre lo bueno y lo malo de vivir en la ciudad de Caracas. Escucha la conversación y escribe las ideas mencionadas bajo la columna correspondiente.

Lo bueno   Lo malo

_____   _____

_____   _____

_____   _____

Actividad 5: La candidata para presidenta.   *(a)* Cuando los candidatos para la presidencia le hablan al pueblo, siempre prometen *(promise)* cosas. Escribe tres promesas *(promises)* típicas de los candidatos.

1. _____

2. _____

3. _____

   _____

(b) Una candidata a presidenta está dando un discurso antes de las elecciones. Escucha y marca sólo las cosas que ella promete hacer.

1. _____ Reduciré los impuestos.

2. _____ Aumentaré el sueldo mínimo.

3. _____ El sistema educativo *(educational system)* será mejor.

4. _____ Habrá hospitales gratis.

5. _____ El sistema de transporte será mejor.

6. _____ Habrá más empleos.

7. _____ Elegiré a mujeres para el gobierno.

Actividad 6: El año 2025.   *(a)* Escribe tres cosas que crees que serán diferentes en el año 2025.

1. _____

2. _____

3. _____

(b) Ahora vas a escuchar a dos amigos, Armando y Victoria, haciendo dos predicciones cada uno para el año 2025. Marca quién hace cada predicción.

	Armando	Victoria
1. Los carros no usarán gasolina.	____	____
2. La comida vendrá en píldoras.	____	____
3. La ropa no se lavará.	____	____
4. No existirán las llaves.	____	____
5. No habrá más libros.	____	____
6. No habrá luz solar.	____	____

Actividad 7: Entrevista de trabajo. Miguel ve el aviso presentado y llama por teléfono para obtener más información. Escucha la conversación y completa las notas que toma Miguel.

¿Quieres ganar $100 por semana trabajando en tu tiempo libre mientras estudias en la universidad? Entonces llama al 89-4657.

¿Qué tipo de trabajo?

¿Cuántas horas por día?

¿Puedo trabajar por las noches?

¿Dónde es el trabajo?

¿Necesito carro?

¿Cuál es el sueldo?

¿Necesito un curriculum?

Conversación: Ya nos vamos . . . (text p. 418)

Conversación: ¿A trabajar en la Patagonia? (text p. 435)

Capítulo 17

MEJORANDO TU PRONUNCIACIÓN

Actividad 1: El ritmo de las oraciones.   Primero escucha la siguiente conversación entre padre e hija. Luego escucha y repite la conversación, prestando especial atención al ritmo.

PADRE: Quería que vinieras.
HIJA: Disculpa. No pude.
PADRE: Te pedí que fueras.
HIJA: Lo siento. Me olvidé.
PADRE: Te prohibí que fumaras.
HIJA: Es que tenía muchas ganas.
PADRE: Te aconsejé que trabajaras.
HIJA: Basta, por favor. Basta.

MEJORANDO TU COMPRENSIÓN

Actividad 2: No veo la hora.   Vas a escuchar cuatro situaciones. Para cada caso escoge qué es lo que la persona espera que pase lo antes posible. Pon la letra de la situación correspondiente.

1. ____
2. ____
3. ____
4. ____

a. No ve la hora de que terminen las clases.

b. No ve la hora de que llegue el verano.

c. No ve la hora de tener un hijo.

d. No ve la hora de que termine la película.

e. No ve la hora de que los invitados se vayan.

Actividad 3: Si fuera . . .   Vas a escuchar cuatro frases que están incompletas. Escoge un final apropiado para cada frase.

1. ____
2. ____
3. ____
4. ____

a. haría una dieta

b. trabajaría seis horas

c. tendría una moto

d. lo llamaría por teléfono ahora mismo

e. me casaría con ella

Actividad 4: ¿Recíproco o no?   Escucha las siguientes descripciones y marca el dibujo apropiado.

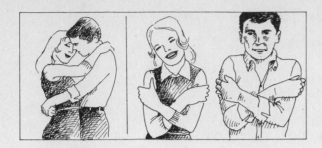

Actividad 5: Yo llevaría . . .   *(a)* Imagina que tuvieras que ir a vivir en una cueva *(cave)* por seis meses. Escribe tres cosas que llevarías contigo.

1. _____

2. _____

3. _____

(b) Escucha ahora a Rolando y a Blanca hablando de lo que ellos llevarían si tuvieran que vivir en una cueva durante seis meses. Marca qué cosas llevaría cada uno.

	Rolando	Blanca
1. libro	____	____
2. cuchillo	____	____
3. televisor	____	____
4. radio	____	____
5. cama	____	____
6. comida	____	____

Actividad 6: Mi hija. *(a)* Un padre está hablando de cómo quería él que fuera su hija. Escucha lo que dice y marca **C** si las frases presentadas son ciertas o **F** si son falsas.

Él quería que su hija . . .

1. ____ fuera doctora

2. ____ tuviera un esposo que fuera un profesional

3. ____ se casara joven

4. ____ tuviera muchos hijos

5. ____ viajara y conociera varios países

6. ____ trabajara en una clínica privada

(b) Ahora escucha la conversación otra vez y escribe cuál expectativa *(expectation)* del padre se hizo realidad *(came true)*.

_____

Actividad 7: *Guernica.* *(a)* Mira el cuadro y contesta las preguntas.

1. ¿Cuántas personas ves en el cuadro? _____
   _____

2. ¿Qué animales ves en el cuadro? _____
   _____

3. ¿Cuáles son los colores? _____

4. ¿Es un cuadro violento? ¿pacífico? ¿romántico? ¿dramático? _____
   _____

(b) Ahora imagina que estás en Madrid en el Centro de Arte Reina Sofía y escuchas una grabación *(recording)* que te explica la historia del cuadro. Escucha y marca las siguientes oraciones con **C** si son ciertas o con **F** si son falsas.

1. _____ Guernica es un pueblo de España.

2. _____ Los aviones japoneses bombardearon *(bombed)* Guernica.

3. _____ Franco era el dictador de España en 1937.

4. _____ La flor que tiene el hombre en el cuadro indica la esperanza.

5. _____ El cuadro estuvo en el Museo de Arte Moderno de New York hasta 1981.

6. _____ Picasso pintó este cuadro antes del ataque a Guernica.

Conversación: El arte escondido (text p. 444)

Conversación: La pregunta inesperada (text p. 460)

Capítulo 18

MEJORANDO TU COMPRENSIÓN

Actividad 1: Dentro de poco. Vas a escuchar cuatro situaciones diferentes. Numera las oraciones para cada situación según lo que va a ocurrir dentro de poco.

Dentro de poco . . .

_____ va a casarse.

_____ va a tener un hijo.

_____ va a estudiar.

_____ va a ir de vacaciones.

_____ va a desayunarse.

Actividad 2: Los anuncios comerciales. Vas a escuchar cinco anuncios comerciales. Escoge el final apropiado para cada anuncio. Pon el número del anuncio correspondiente.

_____ Vuele por AeroPerú.

_____ Alístate *(Enlist)* en el ejército.

_____ Compre pastas Súbito.

_____ Tome Delgacín para tener el cuerpo perfecto.

_____ Use crema Suavil.

_____ Beba té Tateti. ¡Y relájese!

Actividad 3: Noticias. *(a)* Lee los titulares *(headlines)* presentados y piensa en posibles respuestas para las preguntas que siguen.

1. HUELGA PARA MAÑANA
2. FIN A LA CENSURA
3. UN MUERTO Y TRES HERIDOS POR UNA EXPLOSIÓN DE GAS BUTANO

1. a. ¿Quién hace la huelga? _____

   b. ¿Por qué? _____

2. a. ¿Cuántos años hace que hay censura en este país? _____

   b. ¿A qué tipo de censura se refieren en la noticia? _____

   _____

3. a. ¿Cuándo ocurrió el accidente? _____

   b. ¿En dónde ocurrió? _____

   c. ¿Quién murió: un hombre o una mujer? _____

(b) Ahora escucha las noticias y escribe las respuestas apropiadas.

Actividad 4: El SIDA. *(a)* En la primera columna de la lista presentada, marca tres maneras *(ways)* de transmitir el SIDA *(AIDS)*.

El SIDA se transmite . . .

1. ____ ____ por un beso
2. ____ ____ por contacto sexual
3. ____ ____ por beber del mismo vaso de una persona que tiene SIDA
4. ____ ____ por compartir agujas para drogas
5. ____ ____ de una mujer embarazada con SIDA a su hijo
6. ____ ____ por usar el mismo baño que una persona con SIDA
7. ____ ____ por una transfusión de sangre de una persona con SIDA

(b) Ahora escucha el anuncio informativo sobre el SIDA y marca en la segunda columna sólo las formas de transmisión que se mencionan.

Actividad 5: Nuestro futuro. *(a)* Escribe tres cosas que vas a hacer cuando termines tus estudios.

1. _____
2. _____
3. _____

(b) Ramón está hablando con Cecilia sobre lo que va a hacer cuando termine sus estudios universitarios. Escucha la conversación y completa la lista presentada.

Cuando Ramón termine sus estudios universitarios, él _____

_____

_____

_____

Conversación: ¿Participación o apatía? (text p. 468)

Conversación: La despedida (text p. 478)

Video Workbook

Capítulo 3

LAS ACTIVIDADES DIARIAS

Antes de ver

You are going to see a commercial that shows scenes of daily life in Spain. In groups of three, make a list of four daily activities you think you may see.

1. _____
2. _____
3. _____
4. _____

Mientras ves

Now as you watch the commercial, indicate whether the following sentences are true (**C**) or false (**F**).

_____ Unas mujeres están en la playa.   _____ Una mujer está en la cama.

_____ Unos hombres y un toro corren.   _____ Un hombre esquía.

_____ Unas mujeres hacen gimnasia.   _____ Unos hombres trabajan.

_____ Un hombre va a la piscina.   _____ Unos niños van a la escuela.

Después de ver

A. Discuss with the class your answers from the previous activity. Did any of the activities you suggested in the **Antes de ver** section appear in the commercial?

¿Lo sabían?

Bullfighting is very popular in Spain, Colombia, Mexico, Venezuela, and Peru. However, only in Spain and Mexico do they kill the bull at the end of the fight. In Pamplona, Spain, the **Fiesta de San Fermín** occurs every July 7. It is a major celebration when the bulls are let loose in the streets and people run in front of them. The bulls are on the way to the **plaza de toros** and will appear in that day's bullfight.

B. In groups of three, imagine that you are writing a commercial about one of the following American cities: Honolulu, Los Angeles, Orlando, Nashville, or New York. Choose a city and list five daily activities that you think are typical of that city.

1. _____

2. _____

3. _____

4. _____

5. _____

LA COMIDA (I)

Antes de ver

Before watching the commercial, answer these questions.

1. ¿Qué producto es éste? ¿Para qué se usa?

   _____

2. ¿Qué ingredientes de la siguiente lista usamos en una sopa?

vegetales	pimienta *(pepper)*	sal	arroz
caldo *(broth)*	hamburguesas	papas fritas	vino

Mientras ves

A man, a woman, and a boy appear in this commercial. Draw lines to match each of these people with two characteristics from the list on the right.

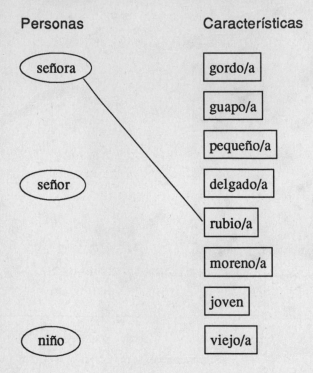

Personas

señora

señor

niño

Características

gordo/a

guapo/a

pequeño/a

delgado/a

rubio/a

moreno/a

joven

viejo/a

Después de ver

In pairs, compare answers and then write two sentences about each of the people that appear in the commercial.

1. _____

2. _____

3. _____

4. _____

5. _____

6. _____

Capítulo 4

LOS FAMOSOS EN LOS ANUNCIOS COMERCIALES

Antes de ver

Think of a famous character that appears in a well-known commercial and describe him/her to the class. The class has to guess who the character is and the commercial in which he/she appears.

Mientras ves

A. Think about the following questions as you watch the commercial. Then discuss your answers with the class.

1. ¿De qué película es esta escena del anuncio?

   _____

2. ¿Quiénes son los personajes?

   _____

3. ¿Cómo son físicamente estas personas?

   _____

B. Now watch the commercial again and complete the following chart. Afterwards, check your answers with a partner.

Producto: _____

Marca: _____

Funciones: _____

¿Lo sabían?

Many American actors have become famous in the Hispanic world. On the other hand, many Hispanic actors have become famous in the United States through American-produced movies. Look at the following chart and check if you know any of these actors. Have you seen them in movies other than the ones in the chart? Do you know any other Hispanic actors that do not appear in the chart?

HISPANOS EN HOLLYWOOD

1940–1950
Ricardo Montalbán
Latin Lovers
Carmen Miranda
Down Argentine Way
Rita Hayworth
The Woman from Shanghai

1950–1960
Cantinflas
Around the World in Eighty Days
Anthony Quinn
Viva Zapata!

1960–1970
Rita Moreno
West Side Story
Martin Sheen
Catch 22

1970–1980
Cheech Marin
Cheech and Chong
Fernando Rey
Zoot Suit

1980–1992

Raúl Julia
The Addams Family; Romero;
Moon over Parador;
Kiss of the Spider Woman
Charlie Sheen
Platoon; Men at Work
Rubén Blades
Milagro Beanfield War; The Two Jakes

Julie Carmen
Milagro Beanfield War
Edward James Olmos
Stand and Deliver; American Me
Jimmy Smits
Old Gringo; Vital Signs; Switch

Después de ver

In groups of three, associate the following people or animals with a product and share your ideas with the class: Toto, E.T., Roseanne Arnold, Cher, Jimmy Smits, Pat Sajak, Tammy Bakker. Then select a product, write a commercial for it, and present it to the class.

NOMBRE _____ FECHA _____

Capítulo 5

LOS COLORES OLÍMPICOS

Antes de ver

Mira las siguientes banderas. ¿Sabes de qué países son y qué colores tienen?

_____   _____   _____

_____   _____   _____

_____   _____   _____

Mientras ves

A.   Ahora vas a ver diferentes banderas en un anuncio comercial. Elige tres de las siguientes banderas y escribe en cada bandera los colores que tiene. Luego compara las respuestas con tus compañeros. ¿Sabes de qué países son estas banderas?

   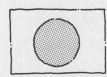   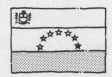

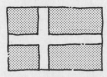   

B.   Mira el anuncio nuevamente y marca qué deporte se asocia con qué país. Luego compara las respuestas con un compañero.

Países	Deportes
Costa de Marfil	gimnasia
Japón	saltar con pértiga *(pole vaulting)*
Suecia	hacer clavadismo *(diving)*
Estados Unidos	saltar vallas *(hurdles)*
Brasil	nadar
Inglaterra	karate
Venezuela	voleibol

Después de ver

Después de ver el anuncio, contesta las siguientes preguntas.

1. ¿Por qué piensas que Kodak tiene este anuncio?

_____

2. ¿Cuándo y dónde son las próximas olimpiadas de verano?

_____

3. ¿Cuándo y dónde son las próximas olimpiadas de invierno?

_____

4. ¿Cuál es un deporte que te gusta ver en las olimpiadas?

_____

5. ¿Practicas uno de estos deportes? ¿Cuál?

_____

¿Lo sabían?

El presidente del Comité Olímpico Internacional, Juan Antonio Samaranch, es catalán. Gracias a su intervención, las olimpiadas de verano de 1992 tuvieron lugar en Barcelona, España.

NOMBRE _____ FECHA _____

LA ROPA DE MODA

Antes de ver

En parejas, hagan una lista de cinco cosas que se llevan típicamente en invierno. Luego compartan su lista con la clase.

1. _____
2. _____
3. _____
4. _____
5. _____

Mientras ves

A. Vas a ver un anuncio comercial del Corte Inglés, una gran tienda de Madrid. Cierra el libro y concéntrate en la ropa que llevan las personas del anuncio.

B. Ahora mira la siguiente lista y marca las imágenes del anuncio que recuerdas. Luego compara tus respuestas con un compañero.

_____ unas mujeres llevan trajes de baño

_____ una mujer lleva un abrigo blanco y gafas de sol

_____ un hombre lleva un abrigo beige

_____ una mujer lleva un vestido negro

_____ unos hombres llevan trajes grises con corbatas rojas

_____ una mujer lleva un bikini amarillo

_____ un hombre lleva una guayabera con pantalones marrones

_____ unas mujeres llevan sombreros negros

_____ un hombre lleva una chaqueta de cuero

¿Lo sabían?

En países hispanos como España, Venezuela y México hay grandes tiendas como la del anuncio comercial. También desde los años 70, se ven más y más centros comerciales o *shopping centers* como los de Estados Unidos, que abren todos los días de la semana. Sin embargo, es más común encontrar tiendas pequeñas distribuidas por toda la ciudad o zonas comerciales (muchas tiendas en varias cuadras *(blocks)* a lo largo de una calle).

Después de ver

En grupos de tres, preparen un desfile de modas para el verano. Uno de Uds. es el locutor y los otros son los modelos.

Capítulo 6

UN BAILE TÍPICO (I)

Antes de ver

Nombra bailes que son típicos de los Estados Unidos. Describe cómo son: formales/informales; rápidos/lentos; fáciles/difíciles; se bailan solo/en parejas, etc.

Mientras ves

Ahora vas a ver el Baile de los Pastores *(shepherds)* por el grupo Nobleza Baturra de Zaragoza, España. Mira el baile y numera las acciones que se presentan. Luego compara las respuestas con la clase.

_____ Los hombres forman un círculo pequeño.

__1__ Los hombres empiezan a bailar con un bastón *(cane)* en la mano.

_____ Las mujeres caminan debajo de los bastones.

_____ Las mujeres tocan las castañuelas y bailan.

_____ Las parejas comienzan a bailar muy rápidamente.

_____ Las mujeres forman un círculo y los hombres saltan.

_____ Los hombres levantan las faldas de las mujeres.

_____ Los hombres y las mujeres bailan juntos.

_____ Los hombres intercambian bastones.

_____ Cada pareja lleva un bastón detrás de ellos.

Después de ver

¿Hay en tu país un baile similar a éste?

¿Lo sabían?

La jota es popular en diferentes regiones de España, como Zaragoza, Aragón y Navarra. Este baile lo bailan tradicionalmente los campesinos *(peasants)* y pastores y llevan sus trajes típicos. ¿Cómo son sus trajes típicos?

UN BAILE TÍPICO (II)

Antes de ver

¿Sabes qué es el baile flamenco y dónde se baila?

¿Lo sabían?

Mucha gente piensa que el flamenco es un baile representativo de toda España; pero en realidad, este baile es popular sólo en el sur del país, en la región de Andalucía. Este baile tiene influencia árabe y gitana *(gypsy)*. En general, no se usan las castañuelas en el flamenco puro, sino el pito *(finger snapping)* y las palmadas *(clapping)*.

Mientras ves

Mira el siguiente baile flamenco y escribe acciones que hacen cada una de estas personas. Luego compara tus respuestas con las de un compañero.

Acciones

Mujer _____

Hombres sentados _____

Hombres de pie/parados _____

Después de ver

A. Sin mirar el vídeo nuevamente, completa las siguientes oraciones para indicar dónde está cada persona durante el baile.

1. Los guitarristas están _____ de la bailarina.

2. El hombre que canta está _____ de los guitarristas.

3. _____ de los guitarristas hay una casa blanca.

4. Los hombres que dan palmadas están _____ de los guitarristas.

B. Habla sobre las diferencias que encuentras entre el flamenco y la jota.

_____

_____

IMÁGENES DE LATINOAMÉRICA

Antes de ver

En parejas, escriban una lista con tres bellezas naturales de Latinoamérica que se mencionan en su libro de texto. Luego compartan su lista con la clase.

1. _____

2. _____

3. _____

Mientras ves

A. Mientras ves la siguiente sección, presta atención a la canción. Cada ves que escuches uno de los países de la tabla, escribe la belleza natural que ves en el vídeo en ese momento. Luego compara tu tabla con la de un compañero.

País	Belleza Natural
Perú	
Bolivia	
Brasil	
Chile	

B. Ahora completa parte de la canción "Canción con todos" de Mercedes Sosa mientras ves esta sección nuevamente.

Todas las voces _____

Todas las _____ todas

Toda la sangre puede ser canción en el _____

Canta conmigo _____

Hermano _____

Libera tu esperanza con un grito en la voz.

Después de ver

Después de completar parte de la canción, contesta las siguientes preguntas.

1. ¿A quién le habla Mercedes Sosa en esta canción?

   _____

2. ¿De qué habla ella?

   _____

¿Lo sabían?

Mercedes Sosa es una cantante argentina muy famosa en el mundo hispano. Ella canta particularmente canciones que hablan de los problemas sociales latinoamericanos y de la necesidad de la unión latinoamericana para solucionar los problemas comunes de la región. ¿Conoces a otros cantantes que canten canciones como las de Mercedes Sosa?

Capítulo 7

ENTREVISTA A UNA ACTRIZ

Antes de ver

En parejas, hablen sobre las siguientes preguntas. Luego compartan sus respuestas con la clase.

1. ¿Cómo se llama esta actriz?

_____

2. ¿De dónde es?

_____

3. ¿En qué programa de televisión trabajó?

_____

4. ¿Cómo se llama su personaje en ese programa?

_____

5. Nombren dos adjetivos que describen a este personaje.

_____

¿Lo sabían?

La influencia de la televisión norteamericana en el mundo hispano es muy grande. Muchos países hispanos reciben programas como "Los Simpsons", "El show de Cosby", "MacGyver" y "La ley de Los Ángeles", doblados al español. ¿Qué prefieres tú, ver películas en el idioma original con subtítulos o dobladas al inglés?

Mientras ves

Ahora vas a ver una entrevista con Joan Collins que es en inglés con subtítulos en español. Marca si las siguientes oraciones son ciertas (**C**) o falsas (**F**). Luego comparte las respuestas con la clase.

_____ El entrevistador se llama Terry.

_____ Joan escribió cinco libros.

_____ Ella dice que a veces no hay que creer lo que dice el periódico y la televisión.

_____ Joan odia hablar sobre su personaje Alexis.

_____ Joan trabajó como princesa británica en una película.

Después de ver

Terrenci Moix entrevistó a Joan Collins en inglés en un programa para la televisión española. ¿Qué ocurre en los Estados Unidos cuando entrevistan a una persona que no habla inglés? ¿En qué ocupaciones es bueno saber un segundo idioma? ¿Por qué?

¿QUÉ VENDE ESTE ANUNCIO COMERCIAL?

Antes de ver

Muchas veces escuchamos la televisión pero no la miramos. Ahora vas a cerrar los ojos y a escuchar un anuncio comercial. Intenta imaginar y/o escuchar qué producto se ofrece y qué ocurre en el anuncio. Luego comparte las respuestas con la clase.

Mientras ves

Ahora vas a mirar el anuncio para ver si adivinaste o entendiste el producto que se ofrece. Escribe tres cosas que ves en el anuncio.

1. _____
2. _____
3. _____

Después de ver

¿Qué relación hay entre la música del anuncio y el producto que se ofrece?

_____

_____

LAS COSTUMBRES

Antes de ver

Antes de ver el vídeo, contesta las siguientes preguntas.

1. ¿Qué está haciendo este hombre?

   _____

2. ¿Cuánto crees que pese *(weigh)* este objeto?

   _____

¿Lo sabían?

Durante las fiestas patronales en la región vasca en España, parte de las celebraciones consiste en realizar competencias de fuerza. Ejemplos de estos juegos son: levantar pesas y cortar troncos *(logs)*.

Mientras ves

Mientras ves el anuncio comercial marca sólo las cosas que ves.

_____ una cuajada *(yogurt-like dessert)* en una mesa

_____ leche en la nevera

_____ un hombre con un hacha *(ax)*

_____ un hombre con un cuchillo

_____ un hombre con algo muy pesado

_____ una mujer con algo muy pesado

_____ unos niños que juegan

_____ unos hombres que tiran de una soga *(rope)*

Después de ver

A. Compara tus respuestas con las del resto de la clase.

B. ¿Qué relación piensas que hay entre el producto y las acciones que se ven en el anuncio?

_____

_____

Capítulo 8

GUATEMALA

Antes de ver

Antes de ver este segmento sobre un mercado en Guatemala, contesta las siguientes preguntas.

1. ¿Hay mercados al aire libre donde tú vives?
2. Nombra tres cosas que se pueden comprar en un mercado al aire libre.
3. ¿Qué diferencia hay entre un mercado al aire libre y una tienda?

Mientras ves

A. Tu profesor/a va a bajar el volumen del siguiente segmento. Concéntrate en las imágenes y marca sólo las cosas que ves. Luego comparte las respuestas con la clase.

_____ gente adentro de una iglesia   _____ comida

_____ gente sentada   _____ vasijas *(clay pots)*

_____ cámaras de fotos   _____ muchos turistas

_____ algunos niños   _____ hombres con sombreros blancos

B. Ahora mira y escucha el mismo segmento y escribe por lo menos tres artículos que se venden en este mercado. Luego, comparte las respuestas con la clase.

1. _____

2. _____

3. _____

¿Lo sabían?

El mercado que se ve en este segmento está en Chichicastenango, Guatemala. Este mercado abre los jueves y los sábados cuando vienen los indígenas de los pueblos vecinos a comprar y vender comida, ropa y artículos de artesanía. Es un espectáculo ver este colorido mercado, pero hoy día no es fácil encontrar muchas ofertas porque el lugar está muy comercializado.

Después de ver

En parejas, el/la estudiante A cubre el papel B y el/la estudiante B cubre el papel A. Lean las instrucciones para su papel y mantengan una conversación en el mercado de Chichicastenango.

Papel A

Tú eres un/a turista y necesitas comprar dos vasijas para regalar a tu familia. No sabes el precio pero sí sabes que es posible regatear *(bargain)* en este mercado. No te muestres muy interesado/a en las vasijas para ver si el/la vendedor/a te hace un descuento.

Papel B

Tú vendes vasijas en el mercado de Chichicastenango y ahora viene un/a turista a comprar. Intenta venderle vasijas por el precio más alto que puedas.

UN ANUNCIO COMERCIAL

Antes de ver

Vas a ver un anuncio comercial de un producto que se llama Porcelanosa. ¿Qué piensas que es este producto y por qué?

Mientras ves

A. Ahora mira el anuncio para ver si adivinaste.

B. Mira el anuncio nuevamente y escribe por lo menos cuatro acciones que hace la mujer del anuncio.

1. _____
2. _____
3. _____
4. _____

Después de ver

A. Ahora comparte tus respuestas con la clase. ¿Cuántas cosas hace esta mujer?

_____

B. ¿Por qué piensas que escogieron a esta persona para el anuncio?

_____

¿Lo sabían?

La mujer que aparece en el anuncio que acabas de ver se llama Isabel Preysler. Ella es la ex-esposa de Julio Iglesias, y es una de las personas más conocidas y controvertidas *(controversial)* del "jet-set" español.

Capítulo 9

LA COMIDA (II): UNA RECETA

Antes de ver

En grupos de tres, háganse preguntas sobre las siguientes ideas.

1. ¿Les gusta cocinar?
2. ¿Qué cosas saben cocinar?
3. ¿Cómo aprendieron a cocinar?

Mientras ves

A. Ahora vas a ver parte de un programa de televisión que se llama "Manos en la masa". Mira la introducción al programa y decide qué tienen en común las diferentes imágenes que aparecen.

B. Ahora vas a ver la primera parte de esta receta de cocina, pero sin sonido. Encuentra por lo menos cuatro ingredientes que se necesitan y anótalos aquí.

1. _____

2. _____

3. _____

4. _____

C. Ahora mira otra vez la misma sección pero con sonido. Revisa los ingredientes que anotaste en la actividad anterior y añade la cantidad que se necesita de cada uno.

D. Ahora mira la segunda parte de la receta y pon en orden estas instrucciones. Luego comparte las respuestas con tus compañeros.

_____ añadir los piñones *(pine nuts)*

_____ poner ½ limón y una manzana en el pollo

_____ cortar las manzanas

_____ ponerle sal al pollo

_____ añadirle Cointreau al pollo

_____ ponerle jugo de limón al pollo

_____ cocinar el pollo

_____ poner un cubito de caldo en el pollo

_____ ponerle las ciruelas *(prunes)* al pollo

_____ añadir romero *(rosemary)*

¿Lo sabían?

Teresa Rabal, una actriz y cantante española, es la mujer que presenta la receta en este programa que acabas de ver. El plato, pollo con ciruelas, es típico de la región de Cataluña, España. Muchos vegetales y frutas típicos de las Américas fueron llevados a Europa por los conquistadores. Entre ellos están la papa, el tomate, la piña y el maíz.

Después de ver

En parejas, uno de Uds. es el/la conductor/a del programa "Manos en la masa" y el otro es un/a invitado/a norteamericano/a que va a enseñarle al público español cómo preparar una de las siguientes comidas típicas norteamericanas:

1. sándwich de mantequilla de maní *(peanut butter)* y mermelada
2. macarrones con queso
3. torrijas *(French toast)*

¿ESTE PRODUCTO ES PARA TI?

Antes de ver

Antes de ver el siguiente anuncio comercial, entrevista a un/a compañero/a usando estas ideas.

1. cuántas horas por día mira televisión
2. cuántos anuncios comerciales cree que ve por día
3. qué tipos de anuncios le interesan

comidas	deportes	ropa
restaurantes	películas de cine	productos para limpiar

4. a qué hora del día se puede ver un anuncio dirigido a *(aimed at)* él/ella y durante qué tipo de programa aparece

Mientras ves

A. Ahora vas a mirar un anuncio comercial sin sonido. Mientras miras concéntrate en buscar esta información.

1. ¿Qué producto se ofrece?
2. ¿A quién está dirigido este anuncio?
3. ¿A qué hora del día se puede ver?
4. ¿Durante qué tipo de programa aparece?

Después de mirar el anuncio, comparte tus opiniones con la clase.

B. Mira el anuncio otra vez, esta vez con sonido, e intenta averiguar la siguiente información.

1. ¿Cómo se llama este producto en España?

_____

2. ¿Cómo se llaman los tres personajes que aparecen?

_____

Después de ver

Describe la relación entre los tres personajes y qué diferencia hay entre el anuncio y el cuento original. ¿Recuerdas algunos anuncios comerciales donde aparezcan personajes de cuentos o de dibujos animados *(cartoons)*? ¿Por qué piensas que se usan estos personajes?

Capítulo 10

UN DEPORTE POPULAR

Antes de ver

En muchos países hispanos el fútbol es un deporte muy popular. Ahora, antes de ver una noticia sobre un partido de un campeonato de fútbol, hagan, en parejas, una lista de las siguientes cosas.

palabras que creen que van a escuchar: _____

_____

sonidos que creen que van a oír: _____

_____

cosas que creen que van a ver: _____

_____

Mientras ves

A. Ahora verifiquen su lista mientras ven la primera parte de la noticia. Si encuentran otras cosas, pueden incluirlas en su lista.

B. Ahora mira esta primera parte otra vez e intenta completar la siguiente tabla.

Partido de fútbol

Ganador _____

Perdedor _____

Marcador _____

Lugar del partido _____

Número de personas en el estadio _____

C. Ahora vas a escuchar a Chus Pereda, el entrenador del equipo español. Completa lo que él dice mientras da su opinión sobre el campeonato.

unas grandes _____

un juego _____

una técnica _____

una calidad de jugadores _____

el equipo _____

Ahora compara tus frases completas con las del resto de la clase.

D. Ahora mira el tercer segmento y escribe por lo menos tres países que jugaron contra el equipo español.

1. _____

2. _____

3. _____

Después de ver

A. En grupos de cuatro, hablen sobre alguna competencia (deportiva, musical, etc.) en la que participaron en la escuela primaria, en la escuela secundaria o en la universidad. Expliquen qué competencia era, qué pasó, si ganaron o perdieron, cómo se sintieron después, etc.

B. El fútbol es un deporte muy popular en Europa y en muchos países de América Latina. Sin embargo, no es muy popular en los Estados Unidos. Hay una teoría que dice que el fútbol no es popular en este país porque, a diferencia del fútbol americano, del béisbol y del basquetbol, es un juego con muy pocas interrupciones y por eso si se transmite por televisión no puede haber muchos anuncios comerciales. Por eso se dice que a los canales de televisión y a las compañías que quieren vender sus productos no les interesa mucho. En grupos de tres, digan qué piensan sobre esta teoría.

¿UN ANUNCIO PARA NIÑOS?

Antes de ver

Ahora vas a ver un anuncio de un producto que se llama Cola Cao. En parejas, escriban dos ideas sobre lo que puede ser este producto. Luego compartan sus ideas con la clase.

1. _____

2. _____

Mientras ves

A. Ahora, mientras ves el anuncio de Cola Cao sin sonido, escribe por lo menos cuatro acciones que ves.

1. _____

2. _____

3. _____

4. _____

B. Ahora escucha el anuncio y concéntrate en buscar la siguiente información.

1. ¿Qué producto se anuncia? _____

2. ¿Qué otra cosa se ofrece? _____

3. ¿Qué juegos olímpicos se mencionan? _____

Después, comparte tus ideas con la clase.

¿Lo sabían?

El chocolate o *xocolatl*, en azteca, significa "agua amarga" *(bitter)* y era la bebida de los aristócratas aztecas. La bebida era una combinación de granos de cacao y agua. El conquistador Hernán Cortés llevó el cacao a España, donde le añadieron azúcar y pronto se convirtió en la bebida favorita de la corte española.

Después de ver

A. Después de ver el anuncio, entrevista a un/a compañero/a usando el siguiente cuestionario.

¿Le gusta el chocolate caliente?   Sí _____   No _____

¿Lo tomaba cuando era niño/a?   Sí _____   No _____

¿Alguna vez ganó un sorteo *(raffle)*?   Sí _____   No _____

¿Cree que en general tiene buena suerte?   Sí _____   No _____

¿Cree que en general tiene mala suerte?   Sí _____   No _____

B. En este anuncio de Cola Cao se ofrecen camisetas para atraer a los consumidores a comprar el producto. En parejas, hagan una lista de cinco cosas que se están ofreciendo ahora en su ciudad o en el país para atraer a los consumidores a comprar diferentes productos.

1. _____   4. _____

2. _____   5. _____

3. _____

Capítulo 11

UN ACCIDENTE

Antes de ver

Ahora van a ver una noticia sobre un accidente. Antes de ver la noticia, escriban, en grupos de tres, por lo menos cuatro preguntas generales que esperan que se contesten en el segmento.

1. _____

2. _____

3. _____

4. _____

Mientras ves

A. Ahora mira la noticia sin sonido y haz una lista de por lo menos cuatro cosas que ves. Luego intenta adivinar lo que ocurrió.

1. _____

2. _____

3. _____

4. _____

B.   Ahora mira la noticia, pero con sonido. Concéntrate en buscar la información que falta para completar las siguientes oraciones.

Francisco, el niño, tiene _____ años.

El bebé tiene _____ meses.

El bebé estaba _____ en su casa.

El bebé se cayó del _____ piso de una casa.

El bebé se subió a una _____.

Francisco estaba _____ con unos niños.

El bebé no tiene ninguna _____, pero sí tiene varias _____.

Después de ver

A.   En parejas, averigüen si su compañero alguna vez vio o tuvo un accidente grave. Hagan preguntas con las siguientes palabras: cuándo, dónde, cómo, por qué, cuántos, etc.

B. En grupos de tres, miren la siguiente imagen e inventen una noticia sobre un accidente diferente del que vieron en el segmento.

Capítulo 12

MÚSICA Y BAILE CUBANO

Antes de ver

Antes de ver la primera parte sobre música y baile cubano contesta las siguientes preguntas.

1. ¿Conoces algún tipo de música o baile de la región del Caribe? ¿Cuál?

   _____

2. ¿Qué otro tipo de música hispana conoces?

   _____

Mientras ves

A. Vas a mirar la primera parte de este segmento, pero sin sonido. Concéntrate en buscar la siguiente información. Luego comparte tus respuestas con la clase.

acciones:
instrumentos musicales:
lugares:

B. Ahora mira la misma parte del segmento con sonido y completa las siguientes ideas principales sobre la historia de la música y el baile cubano.

1. La música folklórica de origen _____ usa instrumentos como la

   _____.

2. La música negra de origen _____ usa instrumentos como el

   _____.

3. El bolero es una música _____ y tuvo mucho éxito en los años

   _____.

4. La rumba es un baile _____.

C. Ahora mira la siguiente sección del segmento sin sonido y escribe el nombre de la canción de Pablo Milanés, y por lo menos tres imágenes que ves.

Nombre de la canción: _____

Imágenes: _____

_____

_____

¿Lo sabían?

El cantante y compositor cubano Pablo Milanés pertenece al movimiento llamado la Nueva Trova, que comenzó en los años 70. Como los antiguos trovadores cubanos, estos músicos tocan la guitarra y cantan canciones de contenido social sin criticar el régimen de Cuba.

NOMBRE _____ FECHA _____

D. Ahora mira la sección con sonido y completa esta parte de la canción.

Yo pisaré las _____ _____

de lo que fue Santiago ensangrentada

y en una _____ _____ liberada

me detendré a _____ por los _____.

Yo vendré del desierto calcinante

y saldré de los bosques y los lagos.

Y evocaré en un cerro de Santiago

a mis _____ _____ _____ antes.

E. Ahora vas a escuchar otra canción de Pablo Milanés que se llama "Amo esta isla". Intenta entender la idea general de la canción y mira las imágenes que se asocian con esta canción.

Después de ver

Ahora compara las dos canciones de Pablo Milanés que escuchaste. ¿En qué son diferentes? Usa dos adjetivos para describir cada una de estas canciones.

"Yo pisaré las calles"   "Amo esta isla"

_____   _____

_____   _____

Capítulo 13

EL METRO

Antes de ver

En parejas, discutan las siguientes preguntas.

1. ¿En qué ciudades hay metro?
2. ¿Cómo son estos metros (limpios, sucios, peligrosos, modernos, etc.)?
3. ¿Qué clases de personas se encuentran generalmente en las estaciones de metro?

Mientras ves

A. Ahora vas a mirar la introducción de un segmento sobre el metro de Madrid. Mira y escribe tres imágenes que se asocian con el metro.

_____

_____

_____

B. Ahora mira la primera parte de este segmento y busca cuáles son las tres formas de entrar al metro.

1. _____

2. _____

3. _____

C. Ahora vas a ver una parte adicional sobre los tipos de personas que se ven en las estaciones de metro. Mira la primera parte y averigua quiénes son estas personas y qué hacen.

Quién	Qué hace

D. Ahora vas a ver una entrevista con un chico que se llama "El Muelle", que pinta su nombre en las paredes de las estaciones del metro y otros lugares de Madrid. Escucha la entrevista y concéntrate en escribir por lo menos cinco palabras que escuches. Luego comparte las palabras con la clase para intentar comprender la idea general de la conversación.

_____   _____

_____   _____

_____   _____

_____   _____

_____   _____

E. En esta última parte del segmento, concéntrate en los diferentes tipos de pintadas que aparecen. Luego comparte esta información con la clase.

Después de ver

En grupos de cuatro, hablen sobre las siguientes ideas.

1. si hay pintadas en sus ciudades o en otras ciudades que conozcan
2. quiénes típicamente hacen las pintadas y por qué
3. qué usan estas personas para hacer sus pintadas
4. qué lugares pintan
5. ¿Las pintadas son un problema o un arte? Justifica tu respuesta.

Capítulo 14

RUINAS DE MÉXICO

Antes de ver

En grupos de cuatro, hablen sobre los siguientes temas.

1. ¿Saben qué civilizaciones indígenas vivían en México y en qué partes?
2. ¿Han estado en México?
3. ¿Visitaron algunas ruinas?

Mientras ves

A. Ahora mientras ves el segmento asocia una palabra de la columna A con una palabra o frase de la columna B.

A   B

Tlaloc   templos con dibujos geométricos
Monte Albán   en la selva de Chiapas
Mitla   la serpiente emplumada *(feathered)*
Palenque   dios de la lluvia
Queztalcoatl   acrópolis zapoteca y mixteca

¿Lo sabían?

Quetzalcoatl, la serpiente emplumada, era un dios en la cultura tolteca de México. Nunca se supo si fue una persona o simplemente una figura mitológica. Pero la religión azteca decía que un día iban a llegar a México descendientes de Quetzalcoatl para gobernar el país. Cuando en 1519 el conquistador Hernán Cortés llegó a México, el gobernador Moctezuma, en vez de defender el país, le abrió las puertas pensando que Cortés era descendiente de Quetzalcoatl. En 1521 Cortés terminó de destruir el imperio azteca.

B. Ahora mira el segmento nuevamente y escribe los siguientes lugares en este mapa de México: **Monte Albán, Palenque, Teotihuacán, Mitla.**

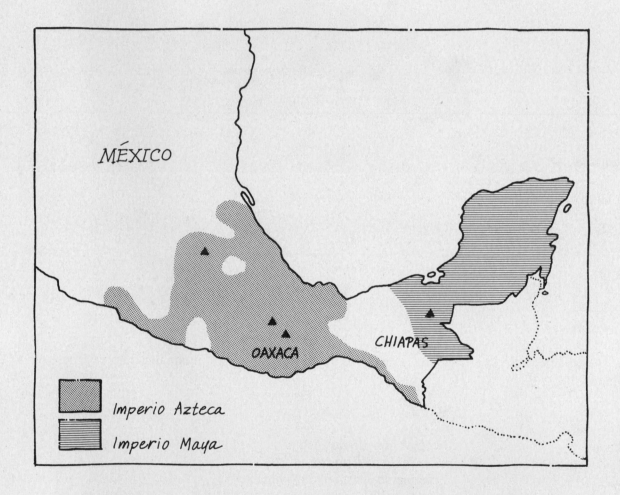

Después de ver

En grupos de tres, hablen de los siguientes temas.

1. dónde hay grandes concentraciones de indígenas en los Estados Unidos
2. cuáles son los nombres de algunas tribus
3. de dónde se cree que vinieron estos indígenas originalmente
4. cómo influyeron en la cultura de este país

EL DÍA DE LOS MUERTOS

Antes de ver

En grupos de tres, hablen de días en los Estados Unidos en que se conmemora a las personas muertas.

Mientras ves

A. Esta sección del segmento habla de un libro sobre los mexicanos, *El laberinto de la soledad,* que escribió Octavio Paz, un escritor mexicano. Mira esta parte del programa y averigua con qué compara Octavio Paz a los mexicanos y por qué. Escribe la información aquí.

_____

_____

B. Octavio Paz también dice que en México hay una mezcla de muchas culturas. Di qué culturas crees que existan en México. Luego mira el segmento y escribe qué ejemplo se da de esta mezcla de culturas.

_____

C. En la próxima sección, Paz habla sobre los cambios en las sociedades. Averigua si dice que los cambios son lentos o rápidos. Luego di si estás de acuerdo con la idea de Octavio Paz y por qué.

D. En esta sección se habla del Día de los muertos. Mira la sección y completa la siguiente tabla.

El día de los muertos
el día que se celebra:
cómo se celebra:
cómo se siente el mexicano ante la muerte:
qué se le ofrenda *(offer)* a los muertos:

¿Lo sabían?

El cristianismo llevó a México la costumbre de celebrar el Día de todos los santos y el Día de los difuntos *(dead)*, que los mexicanos aceptaron y adaptaron. En esa fecha, el dos de noviembre, muchas familias preparan comidas especiales para ofrendar a los espíritus de los muertos. La gente va a los cementerios y decora las tumbas con *zempaxúchitl*, la flor de la muerte.

E. Mira la última parte del programa y observa qué comen los niños en el Día de los muertos.

Después de ver

En grupos de tres, hablen sobre los siguientes temas.

1. cómo se conmemora en los Estados Unidos a una persona que está muerta
2. en qué fechas en particular se les conmemora
3. si se conmemora su fecha de nacimiento o su fecha de muerte
4. cómo es la actitud hacia la muerte en los Estados Unidos

EL JUEGO DE LAS SÍLABAS

Antes de ver

Antes de ver el segmento, vas a jugar al juego de las sílabas. Tu profesor/a va a explicarte las reglas del juego.

BAR	EM	DE	SA
BAL	CA	RO	MA
CAL	NA	GA	LLA
GRA	MO	RI	DO

Mientras ves

A. Ahora mientras ves el juego, compara las palabras que tu equipo encontró con las palabras que encuentran los chicos de este programa. Si escuchas palabras diferentes, escríbelas aquí.

_____   _____

_____   _____

_____   _____

B. Ahora mira la sección donde les dan los premios *(prizes)* a los participantes. Escucha y escribe por lo menos cuatro cosas que escoge la última participante.

1. _____

2. _____

3. _____

4. _____

Después de ver

En grupos de tres, hablen de los siguientes temas.

1. juegos de televisión para adultos
2. juegos de televisión para adolescentes
3. premios que, en general, se les dan a los participantes

Capítulo 15

EL HORÓSCOPO: ¿CÓMO SOMOS?

ARIES  *(22 de marzo– 20 de abril)*	**TAURO**  *(21 de abril– 21 de mayo)*	**GÉMINIS**  *(22 de mayo– 21 de junio)*	**CÁNCER**  *(22 de junio– 23 de julio)*
LEO  *(24 de julio– 23 de agosto)*	**VIRGO**  *(24 de agosto– 23 de septiembre)*	**LIBRA**  *(24 de septiembre– 23 de octubre)*	**ESCORPIÓN**  *(24 de octubre– 22 de noviembre)*
SAGITARIO  *(23 de noviembre– 22 de diciembre)*	**CAPRICORNIO**  *(23 de diciembre– 20 de enero)*	**ACUARIO**  *(21 de enero– 19 de febrero)*	**PISCIS**  *(20 de febrero– 21 de marzo)*

Antes de ver

Encuentra a un/a compañero/a que sea de un signo del zodíaco diferente del tuyo preguntando "¿De qué signo eres?" Luego pregúntale las siguientes cosas:

1. si lee el horóscopo
2. si cree que es posible saber el futuro de una persona
3. una descripción de su personalidad usando por lo menos tres adjetivos
4. si piensa que las personas de un mismo signo tienen personalidades similares

Mientras ves

Ahora vas a ver una entrevista con Mónica Batiste, una joven experta en astrología que habla sobre la personalidad típica de cada signo. Escucha y escribe por lo menos dos o tres adjetivos que ella usa para describir tu signo y el signo de tu compañero/a de la actividad anterior.

Tu signo:	Su signo:
Adjetivos	Adjetivos

Después de ver

A. Ahora compara los adjetivos que te dio tu compañero/a con los de tu lista. ¿Son similares o diferentes?

B. ¿Qué factor piensas que influya más en la personalidad de alguien, la herencia o el medio ambiente?

Capítulo 16

EL DESPERTAR

Antes de ver

En grupos de tres, haz preguntas a tus compañeros sobre las siguientes ideas relacionadas con los sueños y el dormir:

1. si recuerdan sus sueños
2. si tienen pesadillas (sueños malos)
3. si hay algún tema que se repite en sus sueños
4. si piensan que los sueños son importantes
5. a qué hora se despiertan, en general
6. si alguien los despierta o si usan un reloj despertador para despertarse
7. si se despiertan de mal o de buen humor

Mientras ves

A. En la primera parte de este programa que se llama "El despertar", una mujer tiene una pesadilla. Mira esta parte e intenta averiguar la siguiente información. Escribe tus respuestas aquí.

1. ¿Qué está soñando la mujer? _____

2. ¿Cómo se siente cuando se despierta? _____

B. La mujer se levanta tarde, tiene prisa y por supuesto tiene problemas. Mira la siguiente parte del segmento y completa la tabla con los cuatro problemas que tiene la mujer.

Problemas
1.
2.
3.
4.

C. Ahora mira esta parte otra vez y busca información para contestar las siguientes preguntas.

1. ¿Qué está haciendo el esposo de la mujer? _____

2. ¿Dónde trabaja él? _____

3. ¿Qué opina ella de su trabajo? _____

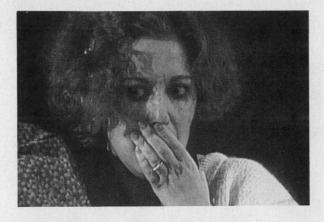

D. Finalmente, la mujer está lista para ir a trabajar, pero tiene otro problema. En parejas, antes de ver la siguiente parte, escriban dos problemas posibles que Uds. piensan que puede tener la mujer.

Problemas posibles:

1. _____

2. _____

Luego miren esta parte para confirmar o corregir sus predicciones.

E. Para encontrar lo que perdió, la mujer trata de recordar lo que ocurrió la noche anterior. Mira la siguiente parte del segmento y concéntrate en buscar información para contestar estas preguntas.

1. ¿Adónde fue ella la noche anterior? _____

2. ¿Qué compró? _____

3. ¿Dónde puso lo que compró? _____

F. Luego, ella continúa recordando lo que ocurrió anoche y finalmente se acuerda dónde está la llave, pero tiene otro problema. Mira la siguiente parte y contesta estas preguntas.

1. ¿Dónde estaba la llave? _____

2. ¿Cuál es el nuevo problema que tiene? _____

Después de ver

Todos hemos hecho alguna vez una cosa tonta o ridícula como la mujer del vídeo. En grupos de cuatro, hablen sobre algo tonto o ridículo que Uds. han hecho y compartan sus experiencias con la clase.

Capítulo 17

GOYA, EL GRECO Y DIEGO RIVERA

Antes de ver

En los próximos segmentos vas a ver cuadros de tres artistas hispanos: Goya, El Greco y Diego Rivera. ¿Has oído hablar de estos artistas? ¿Sabes de dónde eran estos pintores? ¿Sabes qué cuadros famosos pintaron? ¿Has visto algunas de sus pinturas? ¿Qué otros pintores hispanos conoces?

Mientras ves

A. Ahora mientras ves el siguiente cuadro busca esta información.

Museo: _____

Nombre del cuadro: _____

Pintor (fechas): _____

Opinión de un hombre: Este pintor es _____

_____

El pintor puso a la reina en el centro del cuadro porque _____

_____

¿Lo sabían?

El pintor español Francisco de Goya se caracterizó por la variedad de sus estilos, comenzando con un estilo alegre en su juventud hasta llegar a un estilo negro. Varios cuadros muestran el horror de las invasiones francesas a España a principios del siglo XIX.

B. Ahora mira el siguiente cuadro y completa esta información:

Lugar: _____

Nombre del cuadro: _____

Pintor (fechas): _____

Opinión de una mujer: El cuadro está dividido en dos partes: _____

_____

El niño en el cuadro quizás sea _____

¿Lo sabían?

El Greco se caracteriza por sus pinturas religiosas y por sus figuras alargadas. Algunas personas atribuyen la deformación de estas figuras a un problema visual del artista; otros dicen que usaba como modelos a enfermos mentales de un asilo; otros dicen que ése simplemente era su estilo.

C. El siguiente es un cuadro del mexicano Diego Rivera que se llama *Sueño dominical de una tarde en La Alameda*. Mira esta sección del segmento y escribe cuáles son los dos temas que se mencionan y haz una lista de, por lo menos, seis imágenes que ves.

Temas

1. _____

2. _____

Imágenes

1. _____

2. _____

3. _____

4. _____

5. _____

6. _____

Después de ver

En parejas, el/la estudiante A es el/la conductor/a de un programa de televisión y el/la estudiante B es una persona en un museo. Lean sólo las instrucciones para su papel.

Papel A

Eres el/la conductor/a del programa "¿Esto es arte?" Tienes un micrófono en la mano. Ahora vas a entrevistar a una persona que está en un museo. Quieres saber qué sabe del pintor y qué piensa del cuadro que está mirando. Usa expresiones como: **¿Qué sabe Ud. de la vida de . . . ?, ¿Qué le parece . . . ?, ¿Le gusta . . . ?**

Papel B

Estás en un museo y de repente viene una persona con un micrófono para hacerte preguntas. Contesta las preguntas lo mejor posible porque vas a aparecer en la televisión. Usa expresiones como: **Pienso que . . . , Me parece que . . . , (No) me gusta porque . . . , Es increíble como el artista . . .**

¿Lo sabían?

Diego Rivera (1886–1957) fue un pintor muralista. Estudió en Europa y regresó a su país en 1921 después de la Revolución Mexicana. Él pintó murales sobre la vida social y política de México. Estuvo casado con Frida Kahlo, otra pintora mexicana muy famosa.

¿QUÉ SUGIERE ESTE PRODUCTO?

Antes de ver

En grupos de tres, hablen de sus postres favoritos y de los ingredientes que se necesitan para prepararlos.

Mientras ves

A. Mientras ves el siguiente anuncio comercial, escribe dos usos de la leche condensada, La Lechera.

1. _____

2. _____

B. Escucha al locutor y completa esta frase que él dice.

La Lechera. Una gran sugerencia _____.

Ahora habla con tus compañeros sobre el juego de palabras que hay en esta frase.

Después de ver

Las galletas Graham no son muy conocidas en el mundo hispano. En grupos de tres, preparen un anuncio sobre estas galletas para la televisión hispana. Intenten imitar el estilo del anuncio comercial de la leche condensada.

Capítulo 18

ANILLOS DE ORO

Antes de ver

El nombre del episodio que vas a ver se llama "Cuestión de principios". En grupos de cuatro, hagan una lista de posibles principios que pueden aparecer en este programa.

1. _____

2. _____

3. _____

4. _____

Mientras ves

A. En esta primera parte vas a ver a dos señoras en un balcón. ¿Qué relación hay entre las señoras y qué están haciendo?

_____

B. Ahora Trini, una de estas señoras, va a hablar con su hermana Concha sobre alguien que llamó para alquilar una habitación. Escucha la conversación y averigua la siguiente información:

1. ¿Cuántas personas quieren alquilar la habitación?

_____

2. ¿Qué les van a pedir Trini y Concha a estas personas?

_____

C. En esta parte del programa las dos hermanas hablan sobre su situación económica. Escribe las palabras que entiendas conectadas con esta situación. Luego comparte las palabras con el resto de la clase.

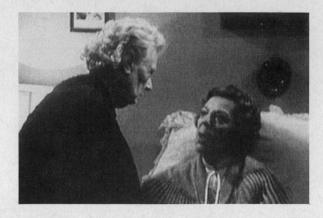

_____

_____

_____

_____

D. Mira la próxima parte donde Trini escoge un vestido para recibir a las personas que quieren alquilar una habitación. ¿Qué piensa su hermana del vestido que ella elige?

_____

E. Mira la próxima parte y busca la siguiente información sobre las personas que quieren alquilar la habitación.

Persona #1	Persona #2
Hombre/Mujer	Hombre/Mujer
¿Edad?	¿Edad?
¿Qué relación crees que haya entre ellos?	

F. En la siguiente parte las dos personas interesadas en la habitación hablan con las dos hermanas. Mira esta parte y contesta las siguientes preguntas.

1. ¿Qué días quieren estas personas una habitación y una sala?

_____

2. ¿Cuál es el estado civil *(marital status)* de estas personas?

_____

3. ¿Para qué creen las hermanas que estas personas necesitan la habitación y la sala?

_____

4. ¿Para qué crees tú que estas personas necesitan la habitación y la sala?

_____

G. Mira esta sección para confirmar tu respuesta a la pregunta 4 de la actividad anterior.

H. Ahora los abogados van a firmar el contrato, pero hay un problema. Mira la próxima parte y escribe cuál es el problema.

_____

Luego di qué piensas que va a ocurrir ahora.

I. Mira la siguiente sección para ver cómo las dos hermanas reaccionan a la noticia de la actividad anterior. También debes buscar información para completar las oraciones debajo de la tabla.

Reacción de . . .
Concha:
Trini:

El hombre regresa a la casa porque _____.

La señora cree que él regresa porque _____.

J. Mira ahora la última parte del programa y busca información sobre cómo termina esta historia. Completa lo que ocurre con las siguientes personas.

Concha: _____.

Trini: _____.

Los abogados: _____.

Después de ver

A. En grupos de tres, hablen sobre las siguientes preguntas.

1. ¿Por qué piensan que este programa se llama "Cuestión de principios"? ¿A qué principio se refiere?
2. ¿Cómo será la vida de Trini ahora?

B. En parejas, escojan una escena de este episodio para representar delante de la clase.

Workbook Answer Key

CAPÍTULO PRELIMINAR

Práctica mecánica

Actividad 1: *Llamarse.* 1. llama 2. llamo 3. llamas 4. llama 5. se llama 6. Me 7. te llamas 8. se llama

Actividad 2: *Ser.* 1. soy 2. es 3. eres 4. es 5. es 6. eres 7. es 8. soy

Actividad 3: *Estar.* 1. está 2. estás 3. está 4. está

Actividad 4: ¿Cómo se escribe? 1. Ce-a-ere-a-ce-a-ese 2. Te-e-ge-u-ce-i-ga-a-ele-pe-a 3. Ese-a-ene jota-u-a-ene 4. Cu-u-i-te-o 5. Ese-a-ene-te-i-a-ge-o 6. Ele-a hache-a-be-a-ene-a 7. Eme-a-ene-a-ge-u-a 8. Eme-o-ene-te-e-uve-i-de-e-o

Actividad 5: El diccionario. 1. 1, 3, 2 2. 2, 1, 3 3. 3, 2, 1

Actividad 6: Los acentos. 1. — 2. fácil 3. — 4. — 5. Ramón 6. México 7. ridículo 8. — 9. — 10. fantástico 11. — 12. invitación

Actividad 7: Puntuación. (Manolo 1) ¿Cómo te llamas? (Ricardo 1) Me llamo Ricardo. ¿Y tú? (M2) Me llamo Manolo. (R2) ¿De dónde eres? (M3) Soy de La Paz.

Práctica comunicativa

Actividad 8: ¿Cómo te llamas? Some of the answers may vary slightly. For example: (Álvaro 1) llamas (Teresa 1) llamo Teresa; tú (Á2) Me llamo (*or* Soy) Álvaro. (T2) dónde (Á3) (Yo) soy de; tú (T3) (Yo) soy de

Actividad 9: ¿Cómo se llama Ud.? Some of the answers may vary slightly. For example: (Sr. García 1) Buenas tardes. (Sr. G2) Me llamo Roberto García. ¿De dónde es Ud.? (Sr. G3) Soy de Barcelona, España.

Actividad 10: Buenos días. (Pepe 1) Buenos días. (Sr. Torres 1) ¿Cómo te llamas? (P2) Me llamo (Sr. T2) eres (P3) (Yo) soy de (P4) ¿cómo se llama Ud.?

Actividad 11: La capital es . . . 1. La capital de Panamá es Panamá. 2. La capital de Honduras es Tegucigalpa. 3. La capital de Colombia es Bogotá. 4. La capital de Puerto Rico es San Juan. 5. La capital de Chile es Santiago.

Actividad 12: Países. Canadá, Inglaterra, España, Uruguay, Puerto Rico, Colombia, Costa Rica, Perú, Venezuela, Estados Unidos

Actividad 13: ¡Hola! Answers will vary. For example: (Carlos 1) Hola, Mariel. ¿Cómo estás? (Mariel 1) ¿y tú? (C2) Chau.

Actividad 14: ¿Y Ud.? Answers will vary. For example: (Sr. Martín 1) Buenos días. (Sr. Camacho 1) Buenos días, Sr. Martín. ¿Cómo está Ud.? (Sr. M2) Muy bien. ¿Y Ud.? (Sr. C2) Regular. (Sr. M3) Hasta luego. (Sr. C3) Adiós.

CAPÍTULO 1

Práctica mecánica I

Actividad 1: Los números. 1. veinticinco (*or* veinte y cinco) 2. quince 3. setenta y tres 4. catorce 5. sesenta y ocho 6. cuarenta y seis 7. diecisiete (*or* diez y siete) 8. cincuenta y cuatro 9. treinta y nueve 10. noventa y uno

Actividad 2: Verbos. 1. se llama 2. tienes 3. soy 4. tiene 5. se llama 6. tienes 7. es 8. eres 9. tiene; tiene 10. es

Práctica comunicativa I

Actividad 3: En orden lógico. (1) 7 (2) 9 (3) 4 (4) 2 (5) 6 (6) 3 (7) 8 (8) *1* (9) 10 (10) 5

Actividad 4: ¿Quién es? Answers will vary. For example: Ella se llama Claudia Dávila Arenas, tiene veintiún años y es de Bogotá, Colombia. Su número de pasaporte es 57968. Él se llama Vicente Mendoza Durán, tiene veintiséis años y es de San José, Costa Rica. Su número de pasaporte es 83954.

Actividad 5: La suscripción. Answers will vary. For example: (1) Betty Smith (2) 74 Oak St., Apt. 6 (3) Glens Falls, N.Y. 12801 (4) VISA (5) 4297-650-183-012 (6) (signature)

Actividad 6: ¿Cuál es tu número de teléfono? 1. cuatro, setenta y tres, cuarenta y siete, noventa y ocho 2. tres, sesenta y cinco, cero tres, cincuenta y dos 3. ocho, veinticinco (*or* veinte y cinco), treinta y dos, catorce

Práctica mecánica II

Actividad 7: Las ocupaciones. 1. ingeniera 2. doctor 3. actor 4. abogado 5. secretario 6. artista 7. profesor 8. directora 9. camarera 10. dependienta

Actividad 8: Verbos. 1. son 2. tienen 3. somos 4. tiene; es 5. tenemos 6. son 7. se llama; tiene; es 8. son

Actividad 9: Preguntas y respuestas. Answers will vary. For example: 1. Sí, soy de Chile. No, no soy de Chile. (*or* No, soy de Nicaragua.) 2. Sí, soy de Colombia. No, no soy de Colombia. (*or* No, soy de Perú.) 3. Sí, se llama Piedad. No, no se llama Piedad. (*or* No, se llama Carmen.) 4. Sí, son de España. No, no son de España. (*or* No, son de Puerto Rico.) 5. Sí, tenemos veintiún (*or* veinte y un) años. No, no tenemos veintiún (*or* veinte y un) años. (*or* No, tenemos veintiséis [*or* veinte y seis] años.)

Actividad 10: Las preguntas. Answers may vary slightly. For example: 1. ¿Es Ramón? 2. ¿De dónde son ellos? 3. ¿Cuántos años tienen Uds.? 4. (Tú) te llamas Ramón, ¿no? 5. ¿Cómo se llaman ellos? 6. ¿Qué hace él? 7. Ella es doctora, ¿no? 8. Él es abogado, ¿no?

Práctica comunicativa II

Actividad 11: ¿Recuerdas? Answers may vary slightly. For example: 1. Isabel es de Chile y Juan Carlos es de Perú. 2. No, Álvaro es de España. (*or* No, Álvaro no es de Perú.) 3. Isabel tiene veinticuatro (*or* veinte y cuatro) años. 4. El padre de Claudia es médico y es de Colombia. 5. Juan Carlos es el Sr. Moreno. 6. No, Teresa es de Puerto Rico. (*o.* No, Teresa no es de Colombia.) 7. Diana es de los Estados Unidos. 8. El padre de Vicente es economista y su madre es abogada. 9. Los padres de Vicente son de Costa Rica. Ella tiene cuarenta y nueve años, y él tiene cincuenta y siete años.

Actividad 12: La respuesta correcta. c; b; a; a

Actividad 13: En el aeropuerto. 1. Soy 2. son; Somos de Panamá; soy 3. llaman 4. ¿Cuántos años tienen Uds.? ¿Cuántos años tienen Uds.?

Actividad 14: Un párrafo. Answers will vary. Remember that verbs agree with their subjects and that occupations may change endings for a man or a woman.

Actividad 15: La tarjeta. 1. Es el Sr. Hincapié. 2. Humberto es ingeniero industrial. 3. Es de Colombia. 4. Sus números de teléfono son el 828-107 y el 828-147.

Actividad 16: Jorge Fernández Ramiro. Answers may vary slightly. For example: (Animador 1) ¿Cómo se llama Ud.? (Jorge 1) Jorge Fernández Ramiro (A2) ¿Cómo se llama su padre? (A3) ¿Y cómo se llama su madre? (A4) ¿Cuántos años tienen sus padres? (A5) ¿Y cuántos años tiene Ud.? (A6) ¿Tiene Ud. novia? (*or* ¿Cómo se llama su novia?) (A7) ¿Qué hacen Uds.? (*or* ¿Qué hacen Ud. y su novia?) (A8) ¿Y qué hacen sus padres? (A9) ¿De dónde son Uds.?

Actividad 17: ¿Quién es quién? (1) *Alejandro;* Fernández; González; 19; Bolivia (2) Miguel; Rodríguez; *Martínez;* 22; Colombia (3) Ana; Kraus; Sánchez; *24;* Chile (4) Ramón; Pascual; Martini; 21; *Argentina*

CAPÍTULO 2

Práctica mecánica I

Actividad 1: *El, la, los* o *las.* 1. la 2. las 3. el 4. los 5. las 6. los 7. el 8. las 9. la 10. el 11. el 12. las 13. el 14. las 15. los

Actividad 2: Plural, por favor. 1. las ciudades 2. las naciones 3. unos estudiantes 4. unas grabadoras 5. unos relojes 6. los papeles 7. los artistas 8. los lápices

Actividad 3: La posesión. 1. El lápiz es de Manuel. 2. Los papeles son del director. 3. El estéreo es de mi madre. 4. El libro es de la profesora. 5. La computadora es del ingeniero.

Actividad 4: Los gustos. 1. me gustan 2. a Ud.; gusta 3. le gustan 4. mí; gustan 5. ti; gusta 6. le gusta

Práctica comunicativa I

Actividad 5: La palabra no relacionada. 1. silla 2. disco 3. lápiz 4. cinta 5. cepillo

Actividad 6: Las asignaturas. (*a*) 1. b 2. i 3. f 4. c 5. j 6. d 7. e 8. a 9. h 10. g (*b*) Answers will vary. For example: 1. Tengo arte e inglés. 2. Me gusta la

química. 3. No me gusta la sociología. 4. Me gusta más el arte.

Actividad 7: ¿De quién es? Answers may vary slightly. For example: 1. La guitarra es de Pablo y Mario. 2. La silla y la cama son de Ricardo. 3. La planta y el teléfono son de Manuel.

Actividad 8: Los gustos. Answers will vary. For example: 1. A mí me gusta la música clásica. 2. A ella no le gustan los exámenes. 3. A vosotros os gustan las computadoras. 4. A ti no te gusta el jazz. 5. A él le gusta el café de Colombia.

Práctica mecánica II

Actividad 9: Los días de la semana. 1. miércoles 2. sábado 3. sábados; domingos 4. martes 5. martes y jueves (Answers will vary.)

Actividad 10: Verbos. 1. van; esquiar 2. me gusta; nadar 3. tenemos; estudiar 4. vas; hacer 5. voy; escribir 6. tiene; trabajar

Actividad 11: Preguntas y respuestas. Answers may vary slightly. For example: 1. Mañana voy a leer una novela. 2. Él tiene que trabajar. 3. Sí, nos gusta nadar. 4. Sí, tengo que escribir una composición. 5. Los estudiantes tienen que estudiar mucho. 6. No, mis amigos no van a tener una fiesta el sábado. (*or* No, mis amigos van a tener una fiesta el viernes.)

Actividad 12: Asociaciones. 1. escuchar 2. leer 3. mirar, escuchar 4. escribir, leer 5. leer 6. leer 7. escuchar 8. escuchar 9. escuchar 10. hablar, escuchar

Práctica comunicativa II

Actividad 13: Tus gustos. Answers will vary. For example: (*a*) 1. A mí (no) me gustan . . . A mis padres (no) les gustan . . . 2. A mí (no) me gusta . . . A mis padres (no) les gusta . . . 3. A mí (no) me gusta . . . A mis padres (no) les gusta . . . 4. A mí (no) me gusta . . . A mis padres (no) les gusta . . . 5. A mí (no) me gusta . . . A mis padres (no) les gusta . . . 6. A mí (no) me gusta . . . A mis padres (no) les gusta . . .
(*b*) (1) (No) nos gustan los vídeos de Eddie Murphy. (2) (No) nos gusta correr. (3) (No) nos gustan las cintas de U2.

Actividad 14: Planes y gustos. Answers will vary. For example: (1) leer (2) muchos libros (3) bailar (4) estudiar (5) ir a una fiesta

Actividad 15: Yo tengo discos. Answers may vary slightly. For example: (Marisel 1) tiene (Isabel 1) tengo; de (Teresa 1) tenemos (Vicente 1) Tenemos; las (T2) tienes; tenemos (M2) llevar (M3) tengo

Actividad 16: Gustos y obligaciones. Answers will vary. For example: 1. Tengo que estudiar. 2. Van a ir a la casa de Manolo. 3. Nos gusta ir al parque para correr. 4. Vamos a estudiar para el examen de español.

Actividad 17: Hoy y mañana. Answers will vary. (*a*) Use **voy a** + *infinitive.* (*b*) Use **tengo que** + *infinitive.*

Actividad 18: La agenda de Álvaro. Answers may vary slightly. For example: 1. El sábado Álvaro va a ir a una fiesta. 2. El lunes tiene que estudiar cálculo. 3. El miércoles va a salir a comer con Diana y Marisel. 4. Tiene que llevar cintas y una grabadora a la fiesta.   5. Va a nadar el miércoles.

Actividad 19: Tus planes.   Answers will vary. To check your datebook, compare it with Álvaro's datebook in *Actividad 18* for examples. When writing your paragraph remember to use **ir a** + *infinitive* for things that you are going to do and **tener que** + *infinitive* for things that you have to do.

CAPÍTULO 3

Práctica mecánica I

Actividad 1: Nacionalidades.   1. María es boliviana. 2. Hans es alemán.   3. Peter es inglés.   4. Gonzalo es argentino.   5. Jesús es mexicano.   6. Ana y Carmen son guatemaltecas.   7. Irene es francesa.   8. Nosotros somos ecuatorianos.   9. Frank es canadiense.   10. Somos norteamericanos (*or* estadounidenses).

Actividad 2: *Al o a la.*   1. al   2. a la   3. al   4. a la 5. a la

Actividad 3: Verbos.   1. habla   2. bailan   3. comes 4. leemos   5. escuchar   6. Venden   7. bebo 8. regresamos   9. comprar   10. escribimos   11. toca 12. corres   13. viven   14. trabaja   15. salgo   16. están 17. miramos   18. esquían   19. aprende   20. miran

Actividad 4: Más verbos.   1. Conozco a los señores García. 2. Traduzco cartas al francés.   3. Yo salgo temprano. 4. Traigo la Coca-Cola.   5. Veo bien.   6. Sé las respuestas. 7. ¿Qué hago?   8. Pongo los papeles en el escritorio.

Práctica comunicativa I

Actividad 5: ¿De dónde son?   1. Teresa es puertorriqueña. 2. Vicente es costarricense.   3. Claudia es colombiana. 4. Marisel es venezolana.

Actividad 6: Los lugares.   *Horizontales:* 2. biblioteca 4. agencia   7. Parque   8. piscina   10. tienda   11. escuela *Verticales:* 1. librería   3. teatro   5. iglesia   6. mercado 7. playa   9. cine

Actividad 7: ¿Dónde están?   (Salvador 1) está   (Paquita 1) está   (S2) están en   (S3) está en   (P2) Dónde están (S4) Están en; estoy; estás   (P3) Estoy en

Actividad 8: Una nota.   (1) tenemos   (2) regresamos (3) miran   (4) van   (5) comen   (6) beben   (7) estudian (8) tener   (9) está   (10) nada   (11) molestan   (12) sales (13) estudias   (14) usas

Actividad 9: Dos conversaciones.   *First conversation:* (Ramón 1) veo   (Paco 1) sé   (R2) conozco   (P2) traduce (R3) conoce   *Second conversation:* (Ana 1) traigo (Germán 1) traes   (A2) hacer   (G2) hago; Tengo (G3) pongo

Actividad 10: Los problemas.   (1) soy   (2) tengo (3) escuchamos   (4) bailamos   (5) toco   (6) canta (7) estudiamos   (8) gusta   (9) leer   (10) estamos (11) tengo   (12) es   (13) estoy   (14) soy   (15) conozco (16) tienes

Actividad 11: La rutina diaria.   Answers will vary. For example: 1. Voy con Roberto.   2. Sí, nado con Elena y Marta en la piscina de la universidad.   3. Sí, corro con mis amigos. Corremos en un parque.   4. En las fiestas bebemos

sangría.   5. Viajo poco. No, no viajo con mi familia. 6. Viajamos a Puerto Rico.   7. Escribo muchas cartas.

Práctica mecánica II

Actividad 12: Opuestos.   1. feo   2. bajo   3. malo 4. inteligente   5. viejo   6. rubio   7. antipático   8. mayor 9. gordo   10. interesante

Actividad 13: El plural.   1. son guapos   2. somos inteligentes   3. son simpáticas   4. son delgados

Actividad 14: ¿Cómo son?   1. simpáticos   2. guapa 3. Mis; aburridas   4. Sus; altos   5. Nuestras; interesantes 6. borrachos   7. clásica   8. listos   9. Su; bueno   10. mis

Actividad 15: ¿*Ser* o *estar*?   1. están   2. son   3. estoy; es 4. Estás   5. estamos   6. es   7. es   8. eres   9. está 10. estamos

Actividad 16: En orden lógico.   1. Pablo y Pedro son altos.   2. Los profesores son inteligentes.   3. Tengo un disco de Bon Jovi.   4. Tenemos muchos amigos simpáticos. 5. Su madre tiene tres farmacias.

Práctica comunicativa II

Actividad 17: Una descripción.   Answers will vary. Check adjective agreement: Ella es delgada. Él es gordo. (etc.)

Actividad 18: ¿Cómo están?   1. Está cansada.   2. Está aburrido.   3. Están enamorados.   4. Está triste.   5. Están enojados.

Actividad 19: La familia típica.   Answers will vary. For example: La madre es gorda y tiene pelo corto y rubio. Ella está enojada. (etc.)

Actividad 20: Eres profesor/a.   (1) regreso —> regresamos (2) nuestro —> nuestras   (3) viven —> vive   (4) es —> está (5) guapo —> guapa   (6) simpático —> simpática (7) sus —> su   (8) le —> les   (9) baila —> bailan

Actividad 21: Hoy estoy . . .   Answers will vary. For example: 1. regresar a casa; cansado/a   2. al cine; aburrido/a 3. ir al banco; dinero   4. bailar; contento/a

Actividad 22: El cantante famoso.   Answers will vary. Check to see if the adjectives agree with the nouns they modify. Check to see if verbs agree with their subjects. When discussing future plans use **ir a** + *infinitive* to discuss future actions.

CAPÍTULO 4

Práctica mecánica I

Actividad 1: Las partes del cuerpo.   1. la cabeza   2. el ojo   3. la nariz   4. la boca   5. la cara   6. el dedo   7. el estómago   8. la rodilla   9. la pierna   10. el pie   11. la mano   12. el brazo   13. el codo   14. la espalda   15. la oreja (*or* el oído)   16. el hombro   17. el pelo

Actividad 2: ¿Qué están haciendo?   1. está cantando 2. está lavándose   3. están bailando   4. estoy escribiendo 5. está esquiando

Actividad 3: Los verbos reflexivos.   1. me levanto   2. se afeita   3. se lavan   4. nos levantamos; nos desayunamos

5. Te duchas; te bañas   6. me cepillo   7. se pone   8. se maquillan

Actividad 4: Posición de los reflexivos.   1. Me voy a lavar el pelo.   2. Estamos maquillándonos.   3. Juan se está afeitando.   4. Nos tenemos que levantar temprano.

Actividad 5: *A, al, a la, a los, a las*.   1. a la   2. al   3. A   4. a   5. —   6. —   7. a los   8. —   9. al   10. a las

Práctica comunicativa I

Actividad 6: ¡Qué tonto!   Answers may vary slightly. For example: 1. El señor se afeita la barba (*or* la cara). 2. La señora se maquilla la cara (*or* los ojos).   3. Me levanto, me ducho y me pongo la ropa.   4. Después de levantarme, me peino el pelo.   5. Antes de salir de la casa, me cepillo los dientes y me maquillo la cara (*or* los ojos).

Actividad 7: Una carta.   Answers will vary. For example: (1) name of university   (2) year   (3) estoy bien (4) infinitive or singular object   (5) another action (6) adjectives   (7) infinitive or singular object   (8) Use reflexive verbs to describe activities.   (9) actions

Actividad 8: También tiene interés Claudia.   (1) a (2) a   (3) a   (4) a   (5) a   (6) a las   (7) —   (8) a las (9) —   (10) a   (11) a   (12) a   (13) a   (14) al

Actividad 9: El detective.   1. Está maquillándose. (*or* Se está maquillando.)   2. Está cepillándose el pelo. (*or* Se está cepillando el pelo.)   3. Está saliendo de su apartamento. 4. Está caminando por el parque.   5. Está comprando una grabadora.   6. Está hablando en la grabadora.   7. Está vendiendo el cassette.

Actividad 10: Una familia extraña.   (1) se levantan (2) se ducha   (3) lee   (4) se cepilla   (5) se maquilla (6) se ducha   (7) se afeita   (8) se cepilla   (9) se peina (10) se desayunan   (11) se cepillan   (12) salen   (13) me levanto   (14) me desayuno   (15) Me cepillo   (16) miro

Práctica mecánica II

Actividad 11: Las fechas.   1. el cuatro de marzo; primavera; otoño   2. el quince de diciembre; invierno; verano   3. el treinta de agosto; verano; invierno   4. el veinticinco (*or* veinte y cinco) de octubre; otoño; primavera 5. el primero de febrero; invierno; verano

Actividad 12: El tiempo.   1. Llueve.   2. Hace sol. 3. Hace calor.   4. Hace viento.   5. Nieva.   6. Hace frío. 7. Hace fresco.   8. Está nublado.

Actividad 13: ¿*Saber* o *conocer*?   1. Conoces   2. sé 3. Saben   4. conocen   5. Sabe   6. Saben   7. conozco 8. sabe

Actividad 14: ¿*Éste, ése* o *aquél*?   1. Esas   2. estos 3. aquel   4. Ésta; aquélla

Actividad 15: ¿*Se* impersonal o *se* pasivo?   1. se venden 2. Se habla   3. se abre   4. se compran   5. se estudia

Práctica comunicativa II

Actividad 16: Fechas importantes.   Answers will vary. For example: 1. *madre:* el once de agosto   2. *padre:* el veintiuno de enero   3. Pedro: el primero de julio   4. Betty: el tres de octubre   5. Bob: el diecinueve de agosto   6. *mis padres:* el once de abril   7. *español:* el diecinueve de mayo 8. historia: el diecisiete de mayo   9. biología: el quince de

mayo   10. matemáticas: el quince de mayo   11. *último día del semestre:* el veintidós de mayo   12. primer día de las vacaciones: el dos de junio

Actividad 17: Asociaciones.   Answers will vary. For example: 1. verano, hace calor   2. hace fresco, marzo 3. hace calor, hace buen tiempo, nadar   4. invierno, hace frío, exámenes   5. enero, nieva   6. primavera, abril 7. otoño, llueve

Actividad 18: Lógica.   1. agosto   2. hace calor   3. pasta de dientes   4. aquel libro   5. otoño, invierno   6. diciembre 7. la mano

Actividad 19: ¿Qué tiempo hace?   Answers will vary. For example: (Amigo 1) hace fresco y hace viento aquí (A2) Sí, sí, llueve también. ¿Qué tiempo hace allí?   (Tú 1) Hace muy buen tiempo.   (Tú 2) Está a treinta y cinco grados.

Actividad 20: El fin de semana.   Answers will vary. For example: Voy a Málaga porque hace sol y me gusta ir a la playa.

Actividad 21: Una conversación.   (Marcos 1) c (Luis 1) a   (M2) b   (L2) a   (M3) c

Actividad 22: Muchas preguntas pero poco dinero. Answers will vary. For example: 1. Sabes; Sí, el número de teléfono es 497-2785.   2. Conoces; Sí, conozco a Robert Redford.   3. Sabes; Toco el piano muy, muy mal. 4. Conoces; Sí, mi amigo Pepe es un fotógrafo bueno. 5. Conocen; No, ellos no compran nuestros productos.

Actividad 23: *Éste, ése* y *aquél*.   Answers will vary. **Este señor** refers to someone in the foreground; **ése/a** to someone farther away; **aquélla** to someone in the back-ground. Make sure adjectives agree with the noun they modify.

Actividad 24: Palabras.   Answers will vary. For example: libros, clases, biblioteca, profesores, cafetería, piscina, estudiar, leer, papel, lápiz, bolígrafo, trabajar

Actividad 25: Un día normal.   Use the impersonal **se** in sentences like: Se estudia mucho. Se toman cuatro o cinco clases. Se come en la cafetería de la universidad.

CAPÍTULO 5

Práctica mecánica I

Actividad 1: ¿Qué hora es?   1. Son las nueve y cuarto. 2. Son las doce y cinco.   3. Es la una y veinticinco (*or* veinte y cinco).   4. Son las seis menos veinte.   5. Es la una menos cuarto.   6. Son las siete y media.

Actividad 2: En singular.   1. Puedo ir a la fiesta. 2. Duermo ocho horas cada noche.   3. No sirvo vino. 4. Me divierto mucho.   5. Me acuesto temprano.   6. Juego al fútbol.

Actividad 3: Verbos.   1. puede   2. cierran   3. preferimos 4. se viste   5. entiendo   6. empieza   7. piensa 8. sirviendo   9. volvemos   10. quieren   11. Vienen 12. divirtiéndose   13. digo   14. comienza   15. quieren

Práctica comunicativa I

Actividad 4: ¿A qué hora?   Some of the answers will vary. For example: 1. Empieza a las nueve.   2. Sí, me gustaría ver

"Remington Steele". 3. Tengo clase. 4. Empieza a las once y cinco. 5. "El mirador" termina a las nueve y veinte. 6. "Juzgado de guardia" viene después de "El precio justo". 7. Me gusta mucho ese programa. 8. Mis amigos y yo preferimos ver "El precio justo".

Actividad 5: ¿Tiene calor, frío o qué? 1. tiene miedo 2. Tengo frío. 3. Tenemos sueño. 4. Tengo vergüenza. 5. tiene sed 6. Tenemos hambre. 7. tienen calor

Actividad 6: Una carta a Chile. Some of the answers will vary. For example: (1) es (2) está (3) entiende (4) es (5) me divierto (6) salgo (7) queremos (8) estar (9) es (10) Se viste (11) encuentro (12) Sé (13) se prueba (14) conocer (15) Viven (16) quieres (17) puedes (18) pensar

Actividad 7: Dos conversaciones. *First conversation:* (1) queremos (2) empieza (3) sé (4) miras (5) Quieren (6) vuelve (7) quieres (8) cuesta (9) me divierto; *Second conversation:* (1) se acuesta (2) se despierta (3) Me despierto (4) se duerme (5) duermo (6) entiendo (7) dormimos

Actividad 8: El detective. Answers may vary slightly. For example: 1. Son las ocho y diez. La mujer está despertándose. 2. Son las nueve menos diez. La mujer está vistiéndose. 3. Es la una y cuarto. La mujer está preparando el almuerzo. 4. Es la una y media. El hombre está volviendo al apartamento. 5. Son las dos. La mujer está sirviendo el almuerzo. 6. Son las tres y media. El hombre está saliendo del apartamento. 7. Son las cuatro menos cuarto. La mujer está durmiendo.

Práctica mecánica II

Actividad 9: La ropa. 1. el suéter 2. la blusa 3. la falda 4. el sombrero 5. la camisa 6. la corbata 7. el saco 8. el abrigo 9. los pantalones 10. los zapatos

Actividad 10: En orden lógico. 1. Ella tiene mi suéter azul de lana. 2. Yo voy a comprar camisas de algodón para el verano. 3. Me gustan tus pantalones rojos.

Actividad 11: *Por o para.* 1. para 2. para 3. por 4. para 5. por 6. por 7. para 8. para

Actividad 12: *Ser o estar.* 1. es 2. están 3. son 4. están 5. es 6. están 7. es 8. está 9. es 10. Son

Práctica comunicativa II

Actividad 13: La importación. Answers will vary. For example: 1. Mi camisa es de China. 2. Es de seda. 3. Sí, son de los Estados Unidos. 4. Mis zapatos son de España. 5. Sí, son de cuero.

Actividad 14: Descripción. Answers will vary somewhat. For example: El hombre lleva un traje con una corbata roja con rayas blancas. Es de seda. (etc.)

Actividad 15: Tu ropa. Answers will vary. Make sure adjectives and articles agree with the nouns they modify. Most descriptive adjectives follow the nouns they modify.

Actividad 16: ¿Dónde están? Some answers may vary. For example: 1. empieza; Están en el cine. 2. cuesta; Están en un hotel. 3. Son; come Ud.; Están en un restaurante. 4. Quiero; durmiendo; Están en casa.

Actividad 17: Viajando. Answers will vary. For example: 1. La princesa Diana es de Inglaterra. Está en Canadá. 2. Sting es de Inglaterra. Está en Francia. 3. Mis padres son de Cleveland. Están en Chicago. 4. Julio Iglesias es de España. Está en los Estados Unidos.

Actividad 18: ¡A comprar! Some of the answers will vary. For example: (Dependiente 1) puedo (D2) Para (Cliente 1) Para; es de; para (D3) bien (C2) Azul; rojo; amarillo (C3) seda (D4) pero; son de (C4) prefiero (D5) ¿Sabe Ud. su talla? (D6) elegantes (D7) cuestan (C5) amarilla (*or* roja, etc.) (C6) para (C7) seda (D8) una corbata; es (D9) pagar (D10) bien; por

CAPÍTULO 6

Práctica mecánica I

Actividad 1: Los números. 1. quinientos sesenta y cuatro 2. mil quince 3. dos mil novecientos setenta y tres 4. cuatro millones setecientos cuarenta y tres mil diez

Actividad 2: ¿Dónde están? 1. cierto 2. falso/entre 3. falso/lejos de 4. cierto 5. falso/a la derecha de 6. cierto 7. cierto 8. falso/a la izquierda de 9. cierto 10. cierto

Actividad 3: El pasado. 1. hablé 2. bebimos 3. fue 4. hizo 5. corrieron 6. fui 7. busqué; comí 8. bailaste 9. Recibió 10. escribiste 11. pagué 12. hicieron 13. lloró 14. empecé 15. terminó

Actividad 4: ¿Qué hiciste? Answers will vary. For example: 1. Fuimos a la casa de mi tío. 2. No, ella no recibió tu carta. 3. Volvimos a las once y media. 4. Sí, visité a mis padres por dos semanas el verano pasado. 5. No, no pagué. 6. Sí, tomé el autobús esta mañana. 7. No, Felipe compró Coca-Cola. 8. Sí, aprendimos mucho en clase. 9. Sí, ellos escribieron la carta. 10. Roberto llamó.

Actividad 5: ¿Infinitivo o no? 1. cantamos; bailamos 2. asistió a 3. a empezar a 4. comer 5. estudio 6. estudiar 7. esquiar 8. fui; nadé

Práctica comunicativa I

Actividad 6: ¿Dónde está? Answers will vary. For example: 1. La toalla está debajo del cepillo. 2. La lámpara está al lado de la cama. 3. La guitarra está encima del escritorio.

Actividad 7: ¿Qué ocurrió? Answers will vary. For example: (1) Sí, ella salió con nosotros. (2) Marisel, Andrés, Paco y Elena fueron. (3) Fuimos al restaurante Los Pinos y después bailamos en una discoteca. (4) Sí, habló mucho con él. (5) Bailó con él toda la noche. (6) Yo bailé con Andrés un poco.

Actividad 8: Un día horrible. Answers may vary slightly. For example: (1) fue (2) hicieron (3) Fuimos (4) comimos (5) dejé (6) dejó (7) volvimos (8) encontré (9) Volvimos (10) encontramos (11) hicieron (12) llegó (13) recibió (14) saqué (15) pagué

Actividad 9: Una carta. Answers will vary. The first three paragraphs will need the preterit tense to narrate past occurrences. The last paragraph will need **ir a** + *infinitive* or **tener que** + *infinitive* to discuss future plans or obligations. Make sure verbs agree with their subjects.

Actividad 10: La telenovela. Answers will vary. For example: (1) con (2) tú (3) yo (4) dejó (5) empezó (6) sin (7) ti (8) recibir (9) habló con Javier por teléfono (10) no dijo nada (11) la casa de Javier (12) abrió (13) otra mujer (14) hacía

Práctica mecánica II

Actividad 11: La familia. 1. tía 2. abuelo 3. hermanos 4. prima 5. madre 6. tía (política) 7. tío 8. sobrinos 9. nietos 10. prima

Actividad 12: Complementos indirectos. 1. Le 2. me 3. te 4. les 5. Nos

Actividad 13: Preguntas y respuestas. Answers will vary. For example: 1. No, mi padre no me dio dinero. 2. Sí, le ofrecieron el trabajo. 3. Sí, ellos me dieron el dinero. 4. No, no te voy a escribir. 5. No, no nos explicaron nada. 6. Sí, te estoy hablando.

Actividad 14: Negativos. 1. No estudio nunca. (*or* Nunca estudio.) 2. No hago nada. 3. Él no sale con nadie. 4. No voy al parque nunca. (*or* Nunca voy al parque.) 5. No compró nada.

Actividad 15: La negación. 1. No, no esquío nunca. (*or* No, nunca esquío.) 2. No, no bailé con nadie anoche. 3. No fue nadie a la fiesta. (*or* Nadie fue a la fiesta.) 4. No le regalé nada. 5. No, no uso el metro nunca. (*or* No, nunca uso el metro.) 6. No, no tengo nada.

Práctica comunicativa II

Actividad 16: El transporte. (1) aviones (2) taxi (3) autobuses (4) barcos (5) tren (6) metro (7) autobuses (8) taxis (9) metro (10) coche (*or* carro, auto)

Actividad 17: Mi familia. (b) Answers will vary. Present tense will be needed to describe what the person is like, what he/she does, and what his/her likes and dislikes are. The preterit is needed to tell what they have done in the past.

Actividad 18: ¿Hiciste todo? Answers will vary. For example: (1) Sí, le mandé la carta a tu tía esta mañana. (2) Sí, te compré el champú, pero no compré la pasta de dientes. Me costó $2,87. (3) Sí, le di la composición después de la clase. (4) No, le voy a dejar la nota al profesor de literatura mañana. (5) No, no nos dio nada. (6) Sí, te busqué el libro. Aquí está. (7) Sí, esta noche les voy a decir a ellos que no puedes ir a esquiar mañana. (8) Sí, te puedo comprar el papel.

Actividad 19: Niño triste. (1) nadie (2) nunca (3) nada (4) Nadie (5) nadie (6) nada (7) algo (8) alguien (9) siempre

CAPÍTULO 7

Práctica mecánica I

Actividad 1: En el hotel. 1. una habitación sencilla 2. una habitación doble 3. el/la empleado/a 4. el/la recepcionista 5. una habitación con media pensión 6. una habitación con pensión completa

Actividad 2: Hablando por teléfono. 1. c 2. i 3. a 4. f 5. b 6. d 7. e 8. g

Actividad 3: Los verbos en el pasado. 1. pusiste 2. pude 3. comenzó 4. supo 5. trajimos 6. vinieron 7. repitió 8. tuve 9. leyó; escribió 10. pedí 11. quise; pude 12. construyó 13. dijeron 14. Oíste; se murió 15. durmió

Actividad 4: ¿Cuánto tiempo hace? Answers will vary slightly. For example: 1. Hace dos años que empecé la universidad. 2. Hace cuatro años que terminé la escuela secundaria. 3. Hace tres semanas que visité a mis abuelos. 4. Hace cinco horas que me desayuné. 5. Hace dos días que escuché las cintas para la clase de español.

Actividad 5: Negativos. 1. ninguna 2. ninguno 3. algún 4. algunos 5. algunos

Práctica comunicativa I

Actividad 6: En el hotel. Answers will vary somewhat. For example: (Recepcionista 1) En qué (Huésped 1) habitación (R2) ¿Con baño o sin baño? (R3) ¿Con pensión completa? (H2) ¿Cuánto cuesta? (R4) ¿Por cuántas noches?

Actividad 7: La vida universitaria. Answers will vary. For example: 1. Dormí ocho horas anoche. 2. Mentí hace una semana. 3. Estudié muy poco para mi último examen. 4. Saqué una "C" en mi último examen. 5. Fui a una fiesta hace dos semanas. 6. Sí, la última vez que salí de la universidad por un fin de semana, llevé los libros. 7. Hace tres años que leí una novela para divertirme. 8. Anoche comí mal.

Actividad 8: Las obligaciones. Answers will vary. For example: (A) Tuve que estudiar. Tuve que comprar champú. Tuve que llamar a mi profesora de historia. (B) Quise hablar con el profesor. Quise llevarle el estéreo a Marta. Quise terminar la composición. (C) Tengo que comprar un libro. Tengo que ir a la biblioteca. Tengo que hablar con mis amigas.

Actividad 9: La lista de compras. (1) ninguna (2) algunas (3) ningún (4) ninguno (5) algunos (6) algunos

Práctica mecánica II

Actividad 10: *Lo, la, los, las.* 1. No lo veo. 2. No los tenemos. 3. Elisa está comprándola. (*or* Elisa la está comprando.) 4. No lo conoció. 5. Juan y Nuria no los trajeron. 6. Vamos a comprarlas. (*or* Las vamos a comprar.)

Actividad 11: De otra manera. 1. Los tengo que comprar. 2. Estoy invitándote a la fiesta. 3. Estamos escribiéndolo. 4. Nos van a ver mañana.

Actividad 12: Pronombres de los complementos directos. Answers will vary. For example: 1. Sí, te quiero. 2. No, no voy a traerlas. (*or* Las voy a traer.) 3. Sí, estoy invitándolos. (*or* Los estoy invitando.) 4. No, no la llevo. 5. Sí, la compré.

Actividad 13: ¿Presente o pretérito? Answers will vary. For example: 1. Hace tres meses que estudio español. 2. Hace cinco horas que comí. (*or* Comí hace cinco horas.)

3. Hace un año que vivimos aquí.   4. Hace media hora que estoy esperándolos.   5. Hace tres años que asisto a esta universidad.

Práctica comunicativa II

Actividad 14: El itinerario.   Answers will vary somewhat. For example: 1. No, no es posible. (*or* No, el vuelo sale el viernes.)   2. No, no puede. (*or* No, sólo puede ir los miércoles y los sábados.)   3. Ud. puede ir los viernes y los domingos a las 22:25.

Actividad 15: Información.   Answers will vary somewhat. For example: 1. ¿A qué hora llega el vuelo de LAN Chile a Caracas?; ¿Hay retraso?   2. No, está a tiempo.; Sale a las 14:20 de la puerta número siete.; Es el 357.; De nada.

Actividad 16: La respuesta apropiada.   b; a; a; c; b; b

Actividad 17: Las definiciones.   Answers will vary.

Actividad 18: Número equivocado.   Answers will vary somewhat. For example: *First conversation:* (Camila 1) Está   (Señora 1) Ud. tiene el número equivocado   (S2) ella no vive aquí   *Second conversation:* (Camila 1) Quisiera el número de   (C2) Muchas gracias.   *Third conversation:* (Señor 1) ¿Aló?   (Camila 1) ¿Está Imelda, por favor?   (S2) ¿de parte de quién?   (C2) De parte de

Actividad 19: Los descuentos.   1. c; a; a; b; b   The answers to items 2–3 may vary slightly. For example: 2. Cuesta $8,00 por mes.   3. Hay que marcar directamente con "Reach Out" América.

Actividad 20: ¿Cuánto tiempo hace que . . . ?   Note: answers will change based on the present year.   1. trabajó; Hace —— años que Mario trabajó como reportero. 2. toca; Hace —— años que Mario toca el piano profesionalmente.   3. terminó; Hace —— años que Mario terminó sus estudios universitarios.   4. vende; Hace —— años que Mario vende computadoras para IBM.

Actividad 21: Una conversación.   (Marta 1) vi (Antonio 1) trabajas   (M2) escribí; expliqué (A2) pediste   (M3) dijeron; dieron   (A3) mintieron (M4) fui   (A4) Estás   (M5) es

CAPÍTULO 8

Práctica mecánica I

Actividad 1: La primera actividad.   1. segundo   2. tercer 3. quinta   4. séptima   5. cuarto   6. tercero   7. primero 8. noveno   9. primer   10. décima

Actividad 2: La casa.   1. la cocina   2. la sala (*or* el dormitorio)   3. el dormitorio   4. el comedor   5. el baño 6. el dormitorio

Actividad 3: Buscando.   1. esté   2. tenga   3. sea 4. tenga   5. cueste

Actividad 4: ¿Subjuntivo o indicativo?   1. escribe 2. sea   3. sepa   4. tiene   5. sea   6. baile   7. pueda 8. empiece   9. da   10. explica   11. pague   12. viva 13. tenga   14. voy   15. guste

Práctica comunicativa I

Actividad 5: ¿En qué piso?   Answers may vary slightly. For example: 1. Vive en el quinto piso.   2. Vive en el cuarto piso.   3. Sí, viven en el primer piso.   4. No, ella vive en el tercer piso.

Actividad 6: El apartamento perfecto.   Answers will vary. Use subjunctive to describe the apartment. For example: Voy a buscar un apartamento que tenga dos dormitorios . . .

Actividad 7: Habitación libre.   Answers will vary. Use subjunctive to describe the ideal roommate. For example: Busco un compañero que sepa cocinar.

Actividad 8: Una clase fácil.   Answers will vary. Use the subjunctive to describe the instructor. For example: Necesito una clase fácil con un profesor que sea simpático.

Actividad 9: Los anuncios personales.   Answers will vary. When describing your friend, use the indicative, and when describing what he's looking for in a girlfriend, use the subjunctive. For example: Soy inteligente, por eso busco una mujer que sea inteligente también.

Práctica mecánica II

Actividad 10: La casa.   1. en la sala   2. en el baño 3. en la cocina   4. en el dormitorio   5. en la sala (*or* el dormitorio)   6. en el comedor   7. en el baño   8. en la cocina   9. en la sala (*or* en el dormitorio)   10. en el dormitorio

Actividad 11: La influencia.   (Ana 1) vayas   (Marta 1) llames   (A2) comprar   (M2) viajes   (A3) sea (M3) comiences   (A4) escribas   (M4) aceptar (A5) tengas   (M5) te diviertas

Actividad 12: ¿Ya o todavía?   1. ya   2. ya   3. todavía 4. Ya   5. Todavía

Práctica comunicativa II

Actividad 13: Necesitamos . . .   Answers will vary. For example: (1) una lámpara y un sillón   (2) un sofá, unas mesas, una alfombra y dos estantes   (3) necesitamos cinco sillas y una lámpara   (4) una cama   (5) tiene un escritorio y una cómoda   (6) otra cama, otro escritorio, otra cómoda y dos sillas   (7) un fregadero y una estufa   (8) no tenemos una nevera

Actividad 14: Ayuda.   Answers will vary. For example: 1. sea barato   2. es $450 por mes por un apartamento con un dormitorio   3. un mes de fianza   4. vivan cerca de la línea de autobuses

Actividad 15: La grabadora.   Answers will vary. Use subjunctive in your responses to give advice.

Actividad 16: *Ya/todavía*.   Answers will vary. For example: 1. Tengo que estudiar todavía.   2. Ya la compré. 3. Ya le escribí la carta.   4. Tengo que hablar con ellos todavía.   5. Ya fui al laboratorio de español.   6. Todavía tengo que aprenderlas.   7. Ya lo saqué.

Actividad 17: Tu hermano menor. Answers will vary. Use subjunctive in your responses.

Actividad 18: Estudiante frustrado. (1) guste (2) estudies (3) empieces (4) vuelvas (5) usar (6) comenzar (7) terminar (8) escribir (9) estudies (10) saques (11) hables

CAPÍTULO 9

Práctica mecánica I

Actividad 1: Los pasatiempos. 1. c 2. d 3. i 4. j 5. h 6. a 7. b 8. e 9. f 10. g

Actividad 2: La mesa y la cocina. 1. el/la sartén 2. la olla 3. el plato 4. la taza 5. el tenedor 6. el vaso 7. la servilleta 8. el cuchillo 9. la cuchara

Actividad 3: Por las dudas. 1. venga 2. hagas 3. tenemos 4. cosa 5. juegue 6. sepa 7. puedo 8. debes 9. da 10. llegue 11. pescan 12. quieran 13. va 14. escribes 15. esté

Actividad 4: ¿Cómo? 1. Generalmente ellas estudian en la biblioteca. 2. Mis hermanos hablan continuamente por teléfono. 3. Yo dudo que él venga inmediatamente. 4. Ellos pescan frecuentemente. 5. Nosotros podemos encontrar trabajo en Caracas fácilmente.

Actividad 5: La hora y la edad. 1. Eran las ocho cuando me levanté. 2. Era la una y diez cuando empecé el examen. 3. Mi padre tenía veinticinco (or veinte y cinco) años cuando se casó. 4. Eran las once cuando llegué anoche. 5. Tenía diecisiete (or diez y siete) años cuando terminé la escuela secundaria.

Práctica comunicativa I

Actividad 6: Los pasatiempos. Answers will vary.

Actividad 7: Un fin de semana. Answers will vary.

Actividad 8: Tal vez . . . Answers will vary. Use subjunctive in your responses.

Actividad 9: Tu impresión. Answers will vary. (1) indicative (2) subjunctive (3) subjunctive (4) indicative (5) subjunctive (6) indicative

Actividad 10: ¿Qué hora era? Answers may vary slightly. For example: 1. Eran las nueve menos diez cuando ella se vistió. 2. Era la una y cuarto cuando ella cocinó. 3. Era la una y media cuando él llegó (entró, volvió a casa). 4. Eran las dos cuando ellos comieron. 5. Eran las tres y media cuando él salió.

Actividad 11: ¿Cuántos años tenías? Answers will vary. For example: 1. Tenía trece años cuando terminé la escuela elemental. 2. Mi madre tenía 29 años cuando yo nací. 3. Tenía 19 años cuando empecé la universidad. 4. Tenía 11 años cuando George Bush ganó.

Práctica mecánica II

Actividad 12: Rompecabezas. 1. lechuga 2. cebolla 3. aceite 4. salsa 5. frutas 6. huevos 7. vinagre 8. jamón 9. tenedor 10. pimienta *El dicho secreto:* Está rojo como un tomate.

Actividad 13: ¿Por o para? 1. por 2. por 3. Para 4. para 5. por; por 6. por 7. por 8. Para

Actividad 14: ¡Qué emoción! 1. leas 2. haya 3. sacar 4. acepten 5. estés 6. poder 7. guste 8. prepare 9. tener 10. ver

Práctica comunicativa II

Actividad 15: La comida. Answers will vary. Possible responses include: 1. b, h, i 2. b, e, f, g, i, j, l 3. a, b, d, e, f, g, h, i, j, l 4. b, h 5. c, k 6. h

Actividad 16: Una receta. Answers will vary. For example: (1) se corta (2) se lava (3) se corta (4) Se pone (5) se añade (or se pone) (6) cortar (7) añadas (8) se añaden (9) se añade (10) se revuelve

Actividad 17: Las mentes inquisitivas quieren saber. Answers will vary. All phrases except **creo que** take the subjunctive.

Actividad 18: El futuro inseguro. Answers will vary. Use subjunctive in your responses.

CAPÍTULO 10

Práctica mecánica I

Actividad 1: El correo. 1. la carta 2. la estampilla (or el sello) 3. la dirección 4. el remite 5. el sobre 6. el buzón

Actividad 2: Más verbos. 1. me parece 2. les fascinan 3. te duele 4. necesita 5. le duelen 6. le fascinó 7. ayudas 8. le falta

Actividad 3: Combinando. 1. Voy a escribírtela. (or Te la voy a escribir.) 2. Se los regalé. 3. Se la pidió. 4. ¿Quieres que te la mande? 5. Estoy preparándotelo. (or Te lo estoy preparando.)

Actividad 4: De otra manera. 1. Voy a comprártelo. 2. Estoy cosiéndoselo. 3. Tienes que lavármelos. 4. Está leyéndonoslo.

Práctica comunicativa I

Actividad 5: El paquete. Answers will vary for the dialogue-completion portion of the activity. For example: (1) Quiero mandar un paquete. (2) Va a España. (3) No, sólo contiene contratos. (4) Lo quiero mandar urgente. ¿Cuándo va a llegar? (5) Muy bien. ¿Cuánto cuesta? *Destinatario:* Diego Velazco Ramírez, Hotel Meliá Castilla, Capitán Haya 43, 28020 Madrid, España *Remitente:* Your name and an address you invent in Mexico. *Contenido del paquete:* Contratos

Actividad 6: La universidad. Answers will vary. Begin by saying: 1. Me fascina/n . . . 2. Me molesta/n . . . 3. Me parecen . . . 4. Sí, me falta . . . (or No, no me falta nada.)

Actividad 7: El esposo histérico. Answers will vary. For example: (1) te lo compré (2) Sí, lo puse en la nevera hace una hora. (3) te la limpié (4) No, no debes ponértela. (5) limpiártelos

Práctica mecánica II

Actividad 8: Los deportes. 1. d; h 2. a; b; c; d 3. a; b; c; d; e; f; g 4. a 5. e 6. a; f; h 7. g 8. a; c; d; e

Actividad 9: Describiendo. 1. iba 2. comía 3. jugaban 4. era; trabajaba 5. tenían; había 6. pintaba 7. era 8. preguntaba

Actividad 10: ¿Pretérito o imperfecto? 1. era; tenía 2. fuimos 3. jugábamos; perdía 4. estudiaba 5. era; tenía 6. tuve 7. almorzábamos; íbamos 8. llevaba 9. llegó 10. escribía; eran 11. empezó 12. llegó; preparó; miró 13. fueron; había 14. tenía; aprendí 15. Eran; llamó

Práctica comunicativa II

Actividad 11: Un anuncio. 1. _X_ levantar pesas; _X_ hacer ejercicio Answers to questions 2 and 3 will vary. For example: 2. No buscan personas que tengan experiencia porque van a enseñarles a ser instructoras. 3. Creo que es un gimnasio para mujeres. Porque el anuncio pregunta si "quieres ser instructora" y porque la persona que se ve en el dibujo en el anuncio es una mujer.

Actividad 12: Mi vida en Santiago. (1) me levantaba (2) Caminaba (3) vivía (4) Trabajaba (5) Enseñaba (6) eran (7) necesitaban (8) eran (9) iban (10) gustaban (11) salíamos (12) Comíamos (13) íbamos (14) era/es

Actividad 13: Un campeonato final sin final. (1) había (2) Hacía (3) estaban (4) esperaba (5) Eran (6) empezó (7) estaba (8) decía (9) tuvo (10) pudo (11) ganó

Actividad 14: El robo. Answers will vary. For example: (1) Eran las siete y cuarto. (2) Yo estaba enfrente de la tienda de ropa y él estaba en la esquina. (3) Le robó el paquete a la víctima. (4) Era alto y delgado con bigote y con el pelo corto. Llevaba "jeans" y una camisa. (5) No, tenía bigote. (6) Era un Ford Fiesta azul, bastante viejo. (7) No sé. No lo vi.

Actividad 15: Los niños de hoy. Answers will vary. (1) imperfect (2) imperfect (3) present indicative (4) present indicative

Actividad 16: ¡Cómo cambiamos! Answers will vary. Use imperfect to describe what she used to look like and what she used to do. Use present indicative to describe what she looks like and what she does now.

CAPÍTULO 11

Práctica mecánica I

Actividad 1: La medicina. 1. aspirina 2. sangre 3. vendaje 4. inyección 5. escalofrío 6. diarrea 7. náuseas 8. radiografía 9. fiebre 10. píldora

Actividad 2: La salud. 1. c 2. f 3. a 4. g 5. h 6. d 7. e

Actividad 3: ¿Imperfecto o pretérito? 1. traducía; completaba 2. fui; hacía; nadaba; levantaba 3. pasaba; encantaba 4. trabajaron; Vivieron 5. estuve (estaba); tuve 6. manejaba; paró 7. me duchaba; llamó; contesté 8. viajábamos; fuimos

Práctica comunicativa I

Actividad 4: Los síntomas. Answers will vary. (1) Describe symptoms. (2) Add more symptoms. (3) Use present tense to describe symptoms.

Actividad 5: Los remedios. Answers will vary. For example: (1) toma Ud. una aspirina (2) tomar una cápsula (3) Claro que sí. (4) pastillas de Tylenol y jarabe para la tos (5) Ud. necesita comprar vendajes

Actividad 6: Tu salud. 1. b 2. b 3. c 4. a

Actividad 7: ¿Qué le pasaba? (1) entraba (2) pasé (3) estaba (4) podía (5) estaba (6) creía (7) iba (8) me levanté (9) sabía (10) dijo (11) ponía (12) empezó (13) pensaba (14) era (15) sabía

Actividad 8: El informe del detective. Answers will vary. For example: Su esposo pasó la primera parte de la mañana trabajando. Pero a las once, salió de su trabajo. Se sentó en un café y mientras tomaba un café llegó una mujer guapa que se sentó con él. Los dos entraron en una tienda de ropa para mujeres. Mientras ella se probaba un vestido, su esposo compró un perfume. Entonces, su esposo volvió a su trabajo.

Actividad 9: La verdad. Answers will vary. For example: (Él 1) trabajé en la oficina (Ella 1) trabajaste (Él 2) cuando salí (Él 3) conocí (Ella 2) salías con otra mujer (Él 4) una amiga y me ayudó a comprar los regalos (Ella 3) Una amiga me lo dijo

Actividad 10: ¿Qué estaban haciendo? Answers may vary slightly. For example: 1. estaba arreglando un carro cuando oyó la explosión 2. estaba preparando la comida cuando oyó la explosión 3. estaba leyendo el periódico cuando oyó la explosión 4. estaba jugando al fútbol cuando oyó la explosión 5. estaba durmiendo cuando oyó la explosión 6. estaba lavándose el pelo cuando oyó la explosión

Práctica mecánica II

Actividad 11: El carro. _El interior:_ 1. el acelerador 2. el aire acondicionado 3. el embrague 4. el espejo (_or_ retrovisor) 5. el freno 6. el/la radio 7. el volante _El exterior:_ 1. el baúl 2. el limpiaparabrisas 3. las luces 4. la llanta 5. el parabrisas 6. la puerta 7. el tanque de gasolina

Actividad 12: ¿Pretérito o imperfecto? 1. conoció 2. íbamos 3. tenía; fue; tuvo 4. supe; dije 5. sabía; llamó 6. tuvimos; ayudó 7. iban; empezó 8. iba; perdió 9. viví; volví; necesité (necesitaba); conocía 10. fue; conoció

Actividad 13: Describiendo. 1. cerrada 2. sentado 3. lavada 4. preocupada 5. usados 6. arreglado; lavado 7. bañados; vestidos 8. traducido

Práctica comunicativa II

Actividad 14: Problemas, problemas y más problemas. (1) frenos (2) limpiaparabrisas (3) baúl (4) luces (5) aire acondicionado

Actividad 15: Las excusas. 1. Iba; tuve 2. Tenía 3. Iba; fui; tuve; Tuve

Actividad 16: El telegrama. (1) reservada (2) alquilado (3) preparado (4) vendidas

Actividad 17: ¿Qué hiciste?   Answers will vary. Use preterit in all answers.

Actividad 18: ¿Cómo era?   Answers will vary. Use imperfect in all answers.

Actividad 19: La carta.   Answers will vary. Use preterit to narrate the action and use the imperfect to set the scene. Refer back to answers given in Act. 17 and Act. 18.

CAPÍTULO 12

Práctica mecánica I

Actividad 1: La palabra que no pertenece.   1. batería
2. cordero   3. pavo   4. saxofón   5. ajo   6. trombón
7. coliflor   8. carne

Actividad 2: Los platos.   1. melón con jamón, churrasco, flan   2. espárragos con mayonesa, medio pollo, fruta
3. judías verdes, bistec, helado

Actividad 3: ¿Pretérito o imperfecto?   1. vi   2. nadaba
3. vivíamos; íbamos; estaba   4. se quejaba; tenía
5. estábamos; empezó   6. asistió; vino   7. molestaban
8. mandaba; dio   9. hablaba; supe   10. dormía; empezó

Actividad 4: Describiendo.   1. roto   2. servida
3. muerta   4. lavadas; puesta   5. cerradas; abiertas
6. escrito

Actividad 5: Negando.   Answers will vary slightly. For example: 1. No, no bailé con nadie.   2. No, no revisó ni el aceite ni la batería.   3. No vino nadie anoche. (*or* Nadie vino anoche. *or* No vino ninguno.)   4. No, no voy a la biblioteca nunca. (*or* No, nunca voy a la biblioteca.)   5. No, no pude comprar ni la carne ni los espárragos.

Práctica comunicativa I

Actividad 6: El aniversario de plata.   Answers will vary. For example: (1) los Redonditos de ricota   (2) la música de los años cuarenta y cincuenta   (3) muchos amigos de mis padres   (4) bailar

Actividad 7: El encuentro.   Answers will vary.
(1) imperfect   (2) imperfect   (3) imperfect; imperfect; imperfect   (4) preterit   (5) adjective   (6) imperfect
(7) imperfect   (8) preterit

Actividad 8: La comida.   Answers will vary. For example:
Primer plato: 1. Sopa de verduras   2. Ensalada rusa
Segundo plato: 1. Medio pollo al ajo con papas fritas
2. Lasaña   *Postre:* Torta de chocolate   *Champán:* Sí
Primer plato: Espárragos con mayonesa   *Segundo plato:* Ravioles (con queso)   *Postre:* Torta de chocolate

Actividad 9: Un sobreviviente.   *Párrafo 1:* (1) iba
(2) llegué   (3) estaba   (4) volaba   (5) parecía   (6) tuve
(7) dijeron   (8) había   (9) encontraron   *Párrafo 2:*
(1) pasaron   (2) subieron   (3) salió   (4) dijo
(5) teníamos   (6) preocupó   (7) volvía   (8) hacía
(9) fue   *Párrafo 3:* (1) oí (*or* oímos)   (2) lloraba
(3) gritaba   (4) tuve

Actividad 10: Los terroristas.   Answers will vary. Remember that past participles as adjectives agree with the nouns they modify and that you use the imperfect to describe a scene. For example: La ventana del piloto estaba rota.

Práctica mecánica II

Actividad 11: La variedad geográfica.   1. e   2. g   3. b
4. a   5. i   6. c   7. f   8. d   9. h

Actividad 12: Comparando.   Answers will vary. For example: 1. Michael Jordan es mejor que Larry Bird.
2. México es el más grande de los tres.   3. Mis hermanos son más jóvenes que tus hermanos.   4. El carro cuesta más de diez mil dólares.   5. El Sr. Reagan es el más viejo de los tres.   6. Danny DeVito es más bajo que Dustin Hoffman.

Actividad 13: Exagerando.   1. Clara Inés es guapísima.
2. Pablo es altísimo.   3. El examen fue facilísimo.   4. El pelo de ella es larguísimo.   5. El programa fue malísimo.

Práctica comunicativa II

Actividad 14: La geografía.   Answers are given with accents, but accents are omitted from crossword puzzles.
Horizontales: 4. autopista   6. colina   7. río   8. selva
11. valle   12. lago   13. océano   14. mar   *Verticales:*
1. puente   2. catarata   3. campo   5. isla   9. volcán
10. costa

Actividad 15: ¿Cuánto sabes?   Wording of the corrections will vary. For example: 1. F (El Aconcagua es la montaña más alta del hemisferio.)   2. F (Hay menos de veinticinco países de habla española en el mundo.)   3. C   4. C   5. F (La papa es más importante en Suramérica que en Centroamérica y en México.)   6. F (Pablo Casals fue el mejor violonchelista del mundo.)

Actividad 16: Alquiler de carros.   Answers will vary somewhat. For example: 1. Hertz tiene oficinas en trece países latinoamericanos.   2. Hertz contrasta las ruinas arqueológicas con las ciudades modernas.   3. Menciona magníficas playas, paisajes montañosos, selvas y miles de maravillas naturales.   4. Es posible que esté lejos de Centroamérica.   5. Sí, te puede garantizar el precio.

Actividad 17: El ejercicio y la salud.   Answers will vary. For example. 1. Cuerposano da más clases que Musculín.
2. Musculín es el más caro de los tres.   3. La piscina de Cuerposano es la más grande de las tres.   4. Musculín tiene más miembros que Barriguita.   5. Musculín es el mejor gimnasio porque . . .

Actividad 18: La familia Villa.   1. David, 26, estudiante (no trabaja)   2. Felipe, 25, dentista   3. Felisa, 32, arquitecta
4. Maribel, 34, doctora   5. Ana, 27, secretaria

Actividad 19: ¿Cómo es tu familia?   Answers will vary. Use superlatives and comparatives in your description.

CAPÍTULO 13

Práctica mecánica I

Actividad 1: Definiciones.   1. traslado   2. propina
3. itinerario   4. opcional   5. entradas   6. guía
7. almuerzo   ¿Qué es algo que nadie quiere pagar? impuestos

Actividad 2: ¿Lo has hecho?   1. ha esquiado   2. has comido   3. he bebido   4. hemos escrito   5. Han visto
6. Ha pasado   7. ha tenido   8. hemos hecho

Actividad 3: Espero que hayas entendido. 1. haya llegado 2. vengan 3. vuelvan 4. sea 5. hayan salido 6. hayan tenido 7. hayas dejado 8. vengan 9. diga 10. entienda

Actividad 4: ¡Ay, ay, ay! 1. A mí se me olvidó el examen. 2. A los niños se les rompió la ventana. 3. A Ramón se le perdieron los niños. 4. A ti se te cayeron los libros. 5. A nosotros se nos olvidó pagar.

Práctica comunicativa I

Actividad 5: Tus preferencias. Answers will vary. For example: (a) 1. Me gusta más tener mucho tiempo libre. 2. Prefiero alquilar un carro e ir con un grupo pequeño. 3. Prefiero probar los restaurantes locales. (b) Me gustaría tomar el viaje II porque ofrece mucho tiempo libre y la oportunidad de probar los restaurantes locales.

Actividad 6: Las aventuras. Answers will vary. For example: 1. No, nunca he saltado de un avión. 2. Sí, he dormido toda la noche en un carro. 3. No, no me han despertado mis amigos a las cuatro de la mañana para salir con ellos. 4. Sí, hemos nadado sin traje de baño. 5. No, nunca me he enamorado de nadie a primera vista. 6. No, no he llamado al trabajo nunca diciendo que estaba enferma y he salido después con mis amigos. 7. Sí, he dejado un buen trabajo para hacer un viaje.

Actividad 7: Deseos y probabilidades. Answers will vary. For example: 1. haya heridos 2. haya estudiado inglés y que no tenga hijos 3. no haya tomado el avión de las tres 4. haya escrito 5. haya ganado

Actividad 8: Un puesto vacante. (Olivia 1) ha vivido (Sergio 1) ha trabajado (O2) haya tenido (S2) haya aprendido (O3) ha hecho (O4) haya aceptado

Actividad 9: ¡Qué desastre de familia! 1. se me olvidaron 2. se le rompió 3. se nos quemó 4. se le cayeron 5. se le perdió

Práctica mecánica II

Actividad 10: Las joyas. 1. b, h 2. j, l 3. e, f 4. c, k 5. a 6. g, i 7. d

Actividad 11: ¿Qué está haciendo? 1. Está cruzando la calle. 2. Está doblando a la izquierda 3. Está bajando las escaleras. 4. Está doblando a la derecha. 5. Está subiendo las escaleras.

Actividad 12: Dando direcciones. 1. Cruce la calle. 2. Doble a la izquierda. 3. Baje las escaleras. 4. Doble a la derecha. 5. Suba las escaleras.

Actividad 13: Los mandatos. 1. Salga de aquí. 2. No copien en el examen. 3. Póngaselo. 4. Cómalo. 5. No los compren. 6. No los busque. 7. Háganlo ahora. 8. No me lo dé. 9. No se lo digan. 10. Vuelva a su casa.

Actividad 14: Comparaciones. Some of the answers may vary slightly. For example: 1. Isabel es tan alta como Paco. 2. El pelo de Pilar es más largo que el pelo de Ana. 3. Paula es tan bonita como María. 4. Pepe está tan cansado como Laura. 5. Los ojos de Elisa son más pequeños que los de Juana.

Práctica comunicativa II

Actividad 15: Los regalos y las compras. Answers will vary. For example: 1. Sí, alguien me ha regalado un anillo.

Mi madre me lo regaló para mi cumpleaños. 2. No, no he comprado un reloj en el último año. 3. Sí, le he regalado una joya a alguien. Le regalé unas perlas a mi hermana. 4. Me gustaría recibir una pulsera de oro este año.

Actividad 16: ¡Ojo! Answers will vary. For example: 1. No la tome. 2. Siéntese. 3. No fumen. 4. No naden en el mar.

Actividad 17: Mandatos. Answers will vary. For example: 1. No lo pierda. 2. Páguenlos. 3. No las olviden. 4. Alquílenlos temprano. 5. Llénenlas inmediatamente.

Actividad 18: Los anuncios. Answers will vary. Follow the model and check to make sure adjectives agree with the noun they modify.

CAPÍTULO 14

Práctica mecánica I

Actividad 1: Asociaciones. 1. g 2. e 3. f 4. b 5. d 6. j 7. i 8. c 9. a

Actividad 2: Mandatos. 1. Dísela. 2. Escríbemelo. 3. No salgas ahora. 4. Ponlo allí. 5. Búscame después de la clase. 6. No lo toques. 7. Hazlo. 8. Aféitate. 9. No se lo digas a nadie. 10. No lo empieces ahora.

Actividad 3: Más mandatos. 1. sé 2. salgan 3. traiga 4. va 5. hagas 6. lleven 7. es 8. vayamos

Práctica comunicativa I

Actividad 4: Una visita al dentista. Answers will vary. For example: (Paciente 1) Me hice una limpieza de dientes hace tres años. (Dentista 1) dos veces al año (P2) empastes (D2) muela de juicio

Actividad 5: En el banco. Answers may vary slightly. 1. Está firmando. 2. Está sacando dinero del banco. 3. Está cambiando dinero. 4. Está comprando cheques de viajero.

Actividad 6: La vida de los niños. Answers will vary. Remember that object pronouns follow and are attached to affirmative commands and precede negative commands. For example: ¡No lo hagas! ¡Cómelo! Lávate las manos. No hables.

Actividad 7: Una vida de perros. 1. Siéntate. 2. Trae el periódico. 3. Baila. 4. No molestes a la gente. 5. No subas al sofá. 6. Acuéstate. 7. No comas eso. 8. Quédate allí.

Actividad 8: Cómo llegar a mi casa. Answers will vary. Note example given in text.

Actividad 9: ¡Qué desastre de amigo! 1. No cruces. 2. No la toques. 3. No te duermas. 4. No las olvides.

Actividad 10: ¿Una amiga? Answers will vary. For example: (1) es muy difícil; la molestan mucho (2) busque un trabajo nuevo (3) llame

Práctica mecánica II

Actividad 11: Pidiendo el desayuno. Answers will vary. For example: 1. Quiero dos huevos fritos, tostadas y café. 2. Me gustaría un croissant, mantequilla, mermelada de fresa y jugo. 3. Quisiera churros y chocolate.

...vidad 12: Evitando la redundancia. 1. Tengo unos ...ntalones negros y unos blancos. 2. Quiero la blusa de ...ayas y también la azul. 3. ¿Compraste las sillas de plástico y las rojas? 4. Necesito tener unos vídeos modernos y unos viejos.

Actividad 13: La posesión. 1. El carro mío es alemán. 2. La casa suya es grande. 3. ¿Los documentos suyos están aquí? 4. ¿Dónde está el abrigo mío? 5. Los hijos nuestros son pequeños todavía.

Actividad 14: Los pronombres posesivos. 1. Me fascinan los tuyos. 2. ¿Tienes el mío de Rubén Blades? 3. Ellos no necesitan traer las suyas. 4. Los nuestros son de Visa pero los suyos son de American Express.

Práctica comunicativa II
Actividad 15: Desayunando en el Hotel O'Higgins.
Answers will vary. For example: *Habitación 508:* 10:00; huevos revueltos; tocino; té; limón para el té (pedido especial). *Habitación 432:* 8:00; café; té; huevos revueltos; tostadas; un jugo de tomate si hay y otro de papaya o mango (pedido especial).

Actividad 16: La corbata manchada. (Sr. Sanz 1) una (Dependiente 1) unas; unas (Sr. Sanz 2) las; la (Sr. Sanz 3) la

Actividad 17: ¡Qué desorden! 6; 8; *1;* 7; 2; 9; 4; 5; 10; 3

Actividad 18: Los anuncios. Answers will vary. Follow the example.

Actividad 19: Los compañeros. Answers will vary. For example: (Eduardo 1) mío nunca lava los platos (Verónica 1) mía no lava los platos; la mía deja la ropa por todos lados (E2) mío no paga el alquiler a tiempo (V2) mía usa la ropa mía sin pedirme permiso; la mía nunca limpia el cuarto de baño (E3) la novia de ese compañero mío siempre está en el apartamento (V3) sea mejor (E4) hacerlo yo

CAPÍTULO 15

Práctica mecánica I
Actividad 1: Los animales. 1. león 2. toro 3. mono 4. gato 5. caballo 6. osos 7. elefante 8. pájaro 9. vaca 10. perros

Actividad 2: El medio ambiente. 1. energía solar 2. reciclan 3. extinción 4. energía nuclear 5. lluvia ácida 6. conservación; basura 7. contaminación 8. fábrica

Actividad 3: El futuro indefinido. 1. venga 2. traduzcas 3. empezó 4. acabe 5. volvamos 6. dio 7. termine 8. saqué

Actividad 4: ¡Vámonos! 1. ¡Bailemos! 2. ¡Sentémonos! 3. ¡Bebámoslo! 4. ¡No se lo digamos! 5. ¡Levantémonos! 6. ¡Cantemos! 7. ¡No se lo mandemos! 8. ¡Escribámoslo!

Actividad 5: *¿Qué o cuáles?* 1. Cuál 2. Qué 3. Cuáles 4. Cuáles 5. Qué 6. Cuál 7. Cuál 8. Qué 9. qué 10. Qué

Práctica comunicativa I
Actividad 6: La conciencia. 1. X 2. X 3. — 4. — 5. — 6. X 7. X 8. — 9. — 10. X

Actividad 7: El político. Answers will vary. Remember to use the subjunctive after **no creer** and **es posible.**

Actividad 8: El pesimista. Answers will vary. Use subjunctive in all responses.

Actividad 9: ¿Qué piensas? Answers will vary. For example: 1. Cuáles; Se pueden reciclar periódicos, latas y botellas. 2. Qué; Reciclo latas y periódicos. 3. Cuál; La energía solar es la forma de energía más limpia. 4. Qué; Sé que la lluvia ácida mata los peces. 5. Qué; Hay una fábrica que hace carros y otra que hace papel. 6. Cuáles; La fábrica que hace papel produce contaminación.

Actividad 10: Invitaciones y soluciones. Answers will vary. For example: 1. ¡Bailemos! 2. Entonces, no se lo digamos. 3. Volvamos a la casa. 4. Alquilemos un carro. 5. Sentémonos en una mesa.

Práctica mecánica II
Actividad 11: Todos son diferentes. 1. orgullosa 2. sensata 3. ambiciosa 4. perezoso 5. valiente 6. cobarde 7. sensible 8. ignorante 9. amable 10. agresivo 11. honrada

Actividad 12: Hablando del pasado. 1. Nosotros habíamos comprado la comida antes de llegar a casa. 2. La profesora había dado el examen cuando yo entré. 3. Ellos habían vendido el carro cuando nosotros llegamos. 4. Yo había salido cuando tus hermanos tuvieron el accidente.

Actividad 13: Expresiones. 1. Por casualidad 2. por lo menos (*or* por suerte) 3. por hora; por suerte 4. Por si acaso 5. por eso 6. Por supuesto

Actividad 14: Uniendo ideas. 1. que 2. que 3. lo que 4. que 5. lo que 6. quien 7. quien 8. que

Práctica comunicativa II
Actividad 15: La conferencia. (1) La llaman agresiva. (2) Lo llaman cobarde. (3) Lo llaman perezoso. (4) La llaman sensible. (5) Las llama ignorantes.

Actividad 16: ¡Qué día! 8; 5; 3; 11; *1;* 9; 7; 2; 10; 4; 6

Actividad 17: La historia. Answers will vary. For example: 1. Ponce de León ya había llegado a la Florida cuando Núñez de Balboa vio el Pacífico por primera vez. 2. Cortés ya había tomado México cuando Pizarro tomó Perú. 3. Magallanes ya había muerto cuando Elcano terminó de darle la vuelta al mundo. 4. Cuando Pizarro terminó con el imperio incaico en Perú, Cuauhtémoc ya había muerto. 5. Moctezuma ya había muerto cuando murió Atahualpa. 6. Cuando Hernando de Soto encontró el Misisipí, Núñez de Balboa ya había visto el Pacífico. 7. Cuando los peregrinos fundaron la colonia de Plymouth, Hernando de Soto ya había encontrado el Misisipí.

Actividad 18: Uniendo ideas para aprender historia. Answers may vary somewhat. For example: 1. Cristóbal Colón habló con los Reyes Católicos, de quienes recibió el dinero para su primera expedición.   2. Ponce de León exploró la Florida en busca de la fuente de la juventud que en realidad no existía. Lo que encontró fueron indios y bellezas naturales.   3. A principios del siglo XVI, los españoles llevaron el catolicismo a los indios, lo que significó para los indios un cambio en su vida y en sus costumbres.   4. Hernando de Soto fue uno de los conquistadores españoles que tomaron Perú para España.   5. Simón Bolívar liberó parte de Hispanoamérica, que hoy en día incluye Colombia, Venezuela, Ecuador y Panamá.

CAPÍTULO 16

Práctica mecánica I

Actividad 1: La fotografía.   1. una cámara (de fotos)   2. un flash   3. una cámara de vídeo   4. un álbum   5. un rollo   6. unas diapositivas   7. unas pilas

Actividad 2: El futuro.   1. tendré   2. se casarán   3. podrás   4. diremos   5. se quedará   6. seré   7. hablará   8. saldré; traeré

Actividad 3: Formando hipótesis.   1. harías   2. diría   3. podría   4. entenderían   5. copiaría   6. se irían   7. haría   8. saldrían   9. se divertiría   10. tendríamos

Actividad 4: Lo bueno.   Answers may vary. For example: 1. lo bueno; lo malo   2. lo interesante; lo aburrido   3. lo fácil; lo difícil

Práctica comunicativa I

Actividad 5: Tu futuro.   Answers will vary. For example: *Para hacer:* 1. Compraré aspirinas.   2. Llamaré a mi tío.   3. Estudiaré para el examen.   *Para hacer si hay tiempo:*   1. Debo salir con Juan.   2. Debo ir a nadar.   3. Debo lavar mi carro.

Actividad 6: Predicciones.   Answers will vary. Use the future tense in your responses. For example: Teresa y Vicente se casarán. Vivirán en San Juan, Puerto Rico y tendrán tres hijos.

Actividad 7: El futuro.   Answers will vary. Use the future tense in all responses. For example: El próximo presidente de los Estados Unidos tendrá que subir los impuestos.

Actividad 8: ¿Qué harías?   Answers will vary. Use the conditional in all responses. For example: En tu lugar yo le diría que vas a llamar a su esposa si esto continúa.

Actividad 9: Los planes.   (1) me dejó una nota   (2) Sí, dijo que iría.   (3) las compraría   (4) que nos vería a las nueve   (5) Sí, dijo que iría.

Actividad 10: Este año.   Answers will vary. Most answers will utilize the preterit tense.

Práctica mecánica II

Actividad 11: El trabajo.   1. experiencia; título   2. solicitud; curriculum; recomendación   3. entrevista   4. sueldo; seguro médico   5. contrato

Actividad 12: Probabilidad.   1. Estará   2. sería   3. estarán   4. tendrá   5. tendrían   6. Habría   7. estará   8. costará

Actividad 13: ¿Infinitivo o subjuntivo?   1. vengan   2. nieve   3. termine   4. ganar   5. sepa   6. ofrezcan   7. ir   8. sepamos   9. pueda   10. terminar

Práctica comunicativa II

Actividad 14: Posiblemente . . .   Answers will vary somewhat. For example: 1. Estarán sacando fotos.   2. Serán lentes de contacto.   3. Estarán rellenando una solicitud.   4. Hablarán de unas fotos.   5. Estarán mirando unas diapositivas.   6. Estarán en una entrevista.

Actividad 15: Un encuentro raro.   Answers will vary. Use the conditional in your responses. For example: Sería una agente de la CIA.

Actividad 16: La experiencia.   (*b*) (1) llegue la solicitud   (2) parezca más profesional   (3) se vea más limpio   (4) podrías usar su computadora   (5) ellos lo paguen todo   (6) te digan cuánto vas a ganar de sueldo y qué seguro médico u otros beneficios vas a tener   (7) leerlo con cuidado

CAPÍTULO 17

Práctica mecánica I

Actividad 1: El arte.   1. dibujos   2. copia   3. escultor   4. pintores   5. bodegón   6. cuadros   7. obra maestra

Actividad 2: ¿*Pedir* o *preguntar*?   1. pido   2. preguntaron   3. pidió   4. preguntas   5. preguntó   6. pidieron

Actividad 3: El pasado del subjuntivo.   1. pintara   2. tuviera   3. fuera   4. sacara   5. estuvieran   6. viéramos   7. fueran   8. decidiera   9. visitaras   10. muriera

Actividad 4: ¿*Estudie, haya estudiado* o *estudiara*?   1. hayan visitado   2. supiera   3. venda   4. quiera   5. entendiera   6. llevara   7. llegara   8. pudiéramos   9. haya comprado (*or* comprara)   10. tuviera

Práctica comunicativa I

Actividad 5: El preguntón.   (1) preguntaba   (2) preguntó   (3) pidió   (4) preguntó   (5) pidió

Actividad 6: La juventud.   Answers will vary. Use the imperfect subjunctive in all responses. For example: Yo dudaba que mis profesores tuvieran nombres porque siempre les llamábamos señor y señora.

Actividad 7: La telenovela.   Answers will vary. Use the following tenses and moods in the responses. (1) present subjunctive or present perfect subjunctive   (2) present perfect subjunctive   (3) imperfect subjunctive   (4) imperfect or preterit   (5) imperfect or preterit   (6) imperfect subjunctive (7) imperfect subjunctive

Actividad 8: Historia de amor.   Answers will vary. Use the following tenses and moods in the responses in the order given. (1) imperfect subjunctive   (2) imperfect subjunctive   (3) imperfect indicative   (4) imperfect subjunctive   (5) imperfect subjunctive   (6) imperfect subjunctive

...ica mecánica II

..tividad 9: El amor.   1. comprometidos   2. se pelea
..soledad   4. celos; aventura amorosa; separarse   5. se
casó; se divorciaron

Actividad 10: ¿Acciones recíprocas?   1. se abrazaron
2. se besan   3. me besaba   4. la vi   5. se hablan

Actividad 11: Lo hipotético.   1. fuera; diría   2. viajaría;
tuviera   3. pagan; iré/voy a ir   4. tuviéramos; podríamos
5. estuvieras; enseñaría   6. ve; matará/va a matar   7. dijera;
creería

Actividad 12: Todo es posible.   1. corría; vi; haya muerto
2. tenía; viajó; fuera   3. salieron; hayan llegado
4. tuvo; fuera; hablaría   5. vive; vivía; ayudaba; buscaba;
invitaba; daba; íbamos; encontrara

Práctica comunicativa II

Actividad 13: Encontrando tu pareja ideal.   (a) Answers
will vary somewhat. For example: 1. Es una agencia que te
ayuda a encontrar tu pareja ideal.   2. Es una compañía
internacional.   3. Dice que tiene más de diez años de
experiencia y que usa tests científicos.   4. Se debe enviar el
cuestionario.   (b) Answers will vary.

Actividad 14: Soluciones.   Answers will vary. Use the
conditional in all responses. For example: Si estuviera en las
Naciones Unidas, trabajaría para acabar con el terrorismo
internacional.

Actividad 15: Interpretaciones.   Answers will vary. Note:
Víctor's responses should contradict Laura's to some degree.
Use imperfect subjunctive in all responses.

Actividad 16: Los memos.   (b) Answers will vary. For
example: 1. supiera nada de esto   2. hayan visto a alguien
que los conociera   3. se enamorara de su jefa   4. no saldría
con ella   5. lo mataría   6. saliera con él

Actividad 17: Dando las gracias.   Answers will vary.
For example: (1) hayan ganado la competencia   (2) va a ser
inolvidable   (3) podamos hacer algo tan maravilloso

CAPÍTULO 18

Práctica comunicativa

Actividad 1: Corregir.   Answers may vary slightly.
For example: 1. El Salto Ángel e Iguazú son dos cataratas de
Suramérica.   2. Miguel Littín es de Chile.   3. Bolivia tiene
dos capitales, La Paz y Sucre.   4. Las Islas Galápagos son de
Ecuador; allí está el Instituto Darwin.   5. Los mayas y los
aztecas son principalmente de México y Centroamérica y los
incas son de los Andes.   6. Los romanos llevaron su lengua a
España. Esta lengua forma la base del español de hoy día.   7.
El Museo del Prado está en Madrid y tiene la mayor colección
de arte español en el mundo. (or El Museo del Oro está en
Bogotá y tiene la mayor colección de oro precolombino en el
mundo.)   8. Una forma de música muy popular de España es
el flamenco. (or Una forma de música muy popular del
Caribe es la salsa.)   9. En España hay cuatro idiomas
oficiales: el catalán, el gallego, el vasco y el español.

Actividad 2: El crucigrama.   Answers will vary somewhat.
For example: *Horizontales:* 1. Si la camisa es pequeña
necesitas una _____ más grande.   4. Se necesita para viajar
en un tren, un avión, etc.   6. Dinero que te paga una
compañía por trabajar.   7. Persona que decide si un criminal
va a la cárcel y por cuánto tiempo.   8. Piel de un animal que
se usa para fabricar zapatos, cinturones, etc.   10. Quiere.
11. Reunión de un grupo de personas que están protestando
contra algo.   14. Se usa esto para pagar.   15. El opuesto de
"menos".   17. Lo que un político quiere del pueblo.
19. La sacas con una cámara.   24. Santa Claus vive en el
Polo _____ .   25. Primera, segunda, tercera, cuarta, _____ .
26. Frecuentemente se hacen bocadillos (sándwiches) de
_____ y queso.   27. En los Estados Unidos las hojas de los
árboles en la primavera son _____ .   *Verticales:* 1. Tipo de
mensaje que frecuentemente trae malas noticias.   2. Hay
una multa (*fine*) de $200 por tirar esto en la playa.   3. Si
quieres viajar por el agua usas un _____ .   5. Todos los
políticos quieren ganarlas.   8. Persona que quiere ser
elegida al gobierno.   9. Muchas personas dan _____ a la
Cruz Roja.   12. Se usan para parar un coche.   13. Lo que el
matador quiere matar.   16. Cuando contestas el teléfono,
dices "Dígame" o "_____".   17. Se usa para cambiar la
dirección de un carro.   18. Forma de gobierno muy
represiva.   20. Escribo con la _____ derecha.   21. Se pone
en el motor del coche.   22. Cuando nadas, llevas un _____
de baño.   23. Para mandar cartas, las pones en un _____ .

Actividad 3: La política.   (b) Answers will vary. Use the
following tenses and moods in your responses. (1) present
perfect   (2) present subjunctive   (3) future (**ir a** + infinitive)
(4) present indicative   (5) present subjunctive   (6) present
subjunctive   (7) present subjunctive   (8) present subjunctive
(9) present subjunctive   (10) present subjunctive

Actividad 4: Una vida anterior.   Answers will vary. Use
preterit or imperfect in your responses as indicated by the
question. For example: 1. Yo era un indio azteca.   2. Shirley
era un español que vino con Cortés.

Actividad 5: Tus costumbres.   Answers will vary. For
example: 1. Sí, había estudiado español antes de este año.
Hace dos años lo estudié. Lo estudié por un año.
2. Estudiaba diez horas por semana.   3. Una amiga me
preguntaba las palabras.

Actividad 6: Los consejos.   Answers will vary. For
example: 1. estudia con un amigo   2. escúchalas dos o tres
veces   3. haz todos los ejercicios   4. pon atención
5. toma buenos apuntes   6. hables con los otros estudiantes
mientras habla el profesor   7. pienses en inglés

Actividad 7: Una carta a Chile.   Answers may vary
slightly. For example: line 3. estado   5. en   6. que
7. casada   8. muy   9. verano   10. Recuerdas
11. a   13. Carlos   14. Claudia   15. haber   16. iba
17. vas   18. a   18. una   19. sorpresa   20. contenta
22. Antes   23. una   24. meses   25. señor   26. que
27. que   27. el   29. ha   30. partes   31. de   31. a
32. volver   33. porque   33. año   34. año   35. y
36. en   37. que   38. casen   39. porque   40. ejercicio
41. he   42. programa   43. que   43. este   44. la
45. ella   46. escribiendo   47. que   48. tan   49. Un
52. pronto